KB042464

프로파일링 이론과 실제

권일용 저

Profiling Theory
and Practice

박영사

머리말

2017년 4월 30일.

보장된 정년이 몇 년 남았는데 사표를 내고 퇴직하였다.

소임을 다했다고 생각했다. 너무 많은 일들이 있었고, 너무 많은 사건 현장에 나가 있었다.

더 이상 이렇게 살다가는 혹시 죽을지도 모른다는 생각이 들었다.

그래서 남은 일들은 후배들에게 맡겨두고 떠났다.

길고 긴 터널을 겨우 빠져나온 느낌이 들었다.

퇴직이라는 것은 그런 모습으로 나에게 다가왔다.

대한민국 경찰이 처음 프로파일링을 시작한 것은 2000년 2월 9일이다. 당시 서울지방경찰청 CSI(Crime Scene Investigator)로 근무하고 있던 나는 경찰에서 처음으로 이 팀에 발령이 나면서 프로파일러가 되었다. 당시 과학수사실장 윤외출(현 경무관)이 그냥 한번 해보라는 말을 믿고 시작하였다. 생소한 일을 바라보는 조직 구성원들의 시선은 무심하였다. 그러던 중 연쇄살인 사건이 발생하였다. 처음 경험하는 사건을 분석하면서 팀원도 없이 혼자 분석을 한답시고 돌아다니며 고군분투하였다.

연쇄살인범 유영철이 검거되고 난 후 나는 그와 오랜 시간 면담을 하였다. 그에게 들은 이야기는 충격적이었다. 어느 누구에게도 말할 수 없는 이야기들이었다.

그렇게 프로파일러의 삶과 한국의 프로파일링은 시작되었다.

프로파일러는 범죄심리학자와 혼동되어 지칭된다. 프로파일러는 범죄현장에 나가는 사람들이다. 사건이 발생하면 범죄현장에 출동하여 범죄현장에 남겨진 증거물과 범죄자의 행동을 분석하여 범인을 프로필한다. 범죄심리학자들은 범죄의 심리를 연구하는 사람들이다. 실제 사건이 발생한 현장에 나가서 범죄자를 프로필하지 않는다. 프로파일링은 범죄심리학자들이 연구한 많은 내용과 다양한 학문을 융합하여 응용하는 실제 사건 수사를 지원하는 기법이다.

어떤 방식으로 프로파일링을 하면 범인을 검거할 수 있다는 매뉴얼은 전 세계 어디에도 존재하지 않는다. 이 책은 범죄현장에서 프로파일러들이 어떤 일들을 하고, 어떤 방식으로 분석하는지 설명하고자 노력하였다. 어쩌면 다양한 이론과 사례들을 모아놓은 것에 불과할 수 있다. 사례분석 부분은 현직 후배 프로파일러들이 함께 작성한 분석 자료들을 참조하였다. 앞으로 더욱 발전되어 심도 깊은 분석이 진행될 것으로 믿는다.

저자 권일용

차 례

01 프로파일링의 개념과 각국의 운영체계

02 프로파일링의 제 이론

03 프로파일링의 방법에 따른 분류

04 법최면 수사와 프로파일링

05 한국의 연쇄살인사건 프로파일링

06 현대사회 범죄와 프로파일링 - 묻지마, 무동기 범죄 -

07 프로파일링 분석 사례

프로파일링의 개념과
각국의 운영체계

01

프로파일링의 개념과 각국의 운영체계

: 프로파일링의 개념

대중에게 '프로파일링(Profiling)'으로 알려진 수사기법은 1972년 FBI 행동과학팀(BSU)에서 연쇄살인범의 프로필(Profile)을 작성하여 **범죄수사에 활용**한다는 의미로 개념화된 용어이다.

그러나 일부 국내 언론을 통해 프로파일러가 연쇄살인범의 자백을 받거나 심리를 분석하는 범죄 심리학자로 잘못 표현되고 있다. 본질적으로 프로파일링은 범행의 동기와 목적을 분석하고, 용의자 검거와 신문 전략을 수립하여 **범죄수사를 지원하는 것**을 목적으로 실시된다. 동기와 목적, 신문 전략 등을 수립하기 위하여 심리학적 분석이 포함되는 것이다.

프로파일링 결과를 도출하기 위해서 가장 우선되어야 할 것은 범죄자의 행동을 과학적으로 재구성하는 것이다. 현장 재구성(Crime scene reconstruction)은 사건 현장에서 수집된 증거의 해석을 통한 행위의 분석(event analysis)이다. 객관적인 사실의 관찰, 논리적 추론을 통한 범죄현장 재구성은 프로파일링에 있어서 반드시 선행되어야 할 요소이며 프로파일링과 밀접한 관련을 갖고 있다. 범죄현장이 재구성되지 않은 상태에서 단편적인 몇 가지 행동으로 범죄자의 심리나 범행동기 분석을 시도하는 것은 프로파일링이 아니라 개인의 견해나 의견일 뿐이다.

과학적인 범죄현장 재구성(crime scene reconstruction)을 통해 '어떤(What)' 범죄가 일어났는지 알 수 있다면 '왜(Why, Motive)', '누가(Who)' 범죄를 저질렀는지 분석이 가능하다.

> 피해자가 방 안에 누워서 잠을 자고 있는 상태에서 저항이 없음에도 무차별 공격한 살인사건(what) – 원한, 분노의 표출(why) – 갈등관계 있는 자(who)

범죄를 저지르는 자들에 관한 심리 · 사회학적 원인과 예방에 관한 연구를 하는 것은 범죄학자 또는 범죄심리학자의 역할이다. 학자들의 연구 내용을 사건이 발생한 현장에서 적용하고 응용하여 범인을 검거하기 위한 분석을 하는 사람들이 '프로파일러'이다. CSI(Crime Scene Investigator)가 범죄현장에 나가서 직접 증거물을 수집, 분석하는 것과 같다.

프로파일러는 현장에서 보내준 서류만 보고 분석을 하지 않는다. 사건이 발생하면 현장감식요원과 함께 현장에 출동하여 행동증거를 수집하고 분석한다. 이후 현장증거물과 행동분석증거들을 종합분석하는 과정을 거쳐 프로파일링을 완성한다.

범인이 검거되고 모든 범죄혐의가 밝혀진 이후에는 범죄자를 심층 면담하여 범죄자의 유형별 특성을 분류하고 유사사건간 연계성을 파악하여 여죄수사에 활용한다.

　　CSI는 범죄현장에 남겨진 물리적 증거를 수집하고 프로파일러는 범죄현장에 남겨진 범죄자의 행동을 분석하고 수집한다. 이를 통해 범행의 동기와 목적을 분석한다. 이외에도 범죄행동 분석 자료의 증거활용, 검거 및 심문 전략 제시 등 강력범죄 수사를 지원하는 일련의 활동이 이어진다. 이러한 일련의 수사지원 활동은 CSI, 법과학 각 분야와의 긴밀한 공조와 협조를 통해서 이루어진다.

★ 사건발생 시 CSI와 프로파일러의 협업 진행과정

사건발생 현장임장(현장지휘관, CSI, 프로파일러, 검시조사관 등) → 현장 증거물에 대한 분석(프로파일러, CSI, 검시조사관, 화재, 혈흔분석 등 각 분야 전문가 합동 분석) → 현장 재구성 회의 → 범행동기, 범죄자 유형 특성 분석, 검거를 위한 수사방향 설정, 용의자 신문 전략 수립, 브리핑 자료 작성 → 수사팀 브리핑/검거 → 면담 → 면담 내용 데이터 입력 SCAS(Scientific Crime Analysis System) → 연구 및 향후 유사사건 발생 시 활용

:프로파일링 대상 범죄

　　프로파일링은 발생한 사건의 가해자와 피해자의 인과관계(因果關係)가 불분명하고 가학적인 방법으로 살해하였거나 시신이 훼손된 경우, 이상(abnormal) 성적(性的) 행동, 연쇄방화 등의 범죄에서 범죄자의 심리적, 행동적 특징들을 파악할 수 있는 조건들이 충족되면 적용이 가능하다. 마약이나 기타약물, 알코올 관련 범죄의 경우에는 범죄자의 심리적·성격적 형태가 일관성을 찾기 어렵기 때문에 적합하지 않은 경우가 많다.

⦙ 프로파일링에 대한 학자들의 정의

Rider는 "개인의 고유한 심리행동적인 성격특성의 묘사", Geberth
는 "범죄자의 유형에 관한 구체적인 정보를 수사기관에 제공하기 위한
훈련된 시도",[1] Douglas는 "범죄행동의 분석을 통해 행위자 개인의 특
성과 성격적 특성을 확정하는 기법"[2]이라고 했다. 그리고 Pinizzotto
등은 "범죄행위자의 개인적 특성을 유사한 범죄행위를 행한 다른 범
죄자의 특성과 비교하여 확정하는 수사기법",[3] Turvey는 "범죄행위자
의 개별적인 성격특성을 추론하는 과정",[4] Alison 등은 "범인의 행위현
장 행동분석을 통해 범죄자의 성격, 행동패턴, 범죄유형에 따른 인구
사회학적 특성을 분석하여 수사대상자를 선정하는 데 활용할 수 있는
수사기법"[5]으로 정의하고 있다.

[1] V. Geberth, Practical Homicide Investigation(New York: CRC Press, 1996),
pp. 707−791. An educated attempt to provide investigative agencies with
specific information as to the type of individual who committed a certain
crime.

[2] J. E. Douglas, R. K. Resler, A. W. Burgess & C. R. Hartman, "Criminal
profiling Form Crime Scene Analysis", Behavioral Science and the Law Vol. 4,
1986. p. 405.

[3] A. J. Pinizzotto & N. J. Finkel, "Criminal Personality Profiling: An outcome
and process study", Law and human Behaviour 14, 1990. p. 216.

[4] B. Turvey, Criminal Profiling: An Introduction to Behavioral Evidence
Analysis(San Diego: Academic Press, 1999), p. 1.

[5] Laurence Alison, Craig Bennell & Andreas Mokros, "The Personality
Paradox in Offender Profiling: A Theoretical Review of the Processes
Involved in Deriving Background Characteristics from Crime Scene Actions",
Psychology, Public and Law Vol. 8, American Psychology Association, 2002.
3, p. 3.

⁝프로파일링의 종류

분석의 목적과 역할에 따라 범죄자 프로파일링(Offender Pro-
filing), 지리학적 프로파일링(Geographic Profiling), 심리학적 프로
파일링(Psychological Profiling), 행동 분석(Behavioral Interpretation,
Behavioral Analysis) 등으로 나뉜다.

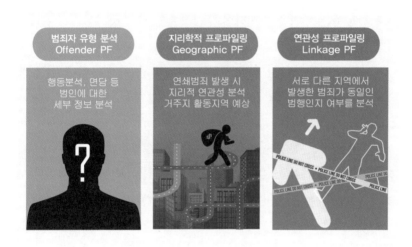

1. 범죄자 프로파일링(offender profiling)

사건이 발생하면 수사관들은 범행의 동기와 범인을 찾기 위해 노
력하지만 동기가 불분명한 경우에는 수사 대상자를 선정하기 어렵다.
프로파일러는 범죄현장 행동분석을 통해 범인의 성격, 직업적 특성,
대인관계 방법 등 다양한 프로필을 찾아 낼 수 있다.

자신과 주변 사람들을 잘 관찰해 보자. 사람들이 행동하는 것만

보아도 그들의 성격, 학력, 심리적 특성 등 많은 프로필을 추론해 낼 수 있다. 범죄자 프로파일링 기법은 범죄자를 특정하는 것이 아니라 유형(type)을 찾고 용의자 또는 우선 수사를 시작해야 할 대상자를 압축하는 것에 의미가 있다.

2. 지리학적 프로파일링(Geographic Profiling)

동일인에 의한 연쇄범죄가 발생할 경우 범죄자의 거주지, 직장 등 주로 활동하는 지역을 분석하여 수사력을 우선 집중하는데 활용하는 기법이다.

사람들은 누구나 마음의 지도(mind map)를 가지고 있다. 건물, 횡단보도, 지하도 등 평소 길을 걸어가면서 선호하는 길이 있고, 불편함을 느끼는 도로가 있다.

지리적 프로파일링은 지리정보시스템(GIS: Geographic Information System)과 실제 범죄자들의 이동에 관한 데이터를 접목하여 활용한다. 범죄는 장소의 물색, 시신의 처리, 도주 장소 등과 같이 기본적으로 지리적 이동성이 필연적으로 존재한다. 특히 연속되거나 연쇄적으로 발생하는 범죄분석에 있어서 지리적, 공간적 패턴을 분석함으로써 범죄자에 대한 많은 정보를 알아낼 수 있다. 현재 한국의 경찰들은 2009년부터 자체 개발하기 시작한 GeoPros(Geographic Profiling System)를 수년간 보완 수정하면서 연쇄범죄 분석에 활용하고 있다. 범죄가 발생한 위치들로부터 지리적인 중심 위치를 분석하는 공간분포방식(Spatial Distribution, Centrographic), 사건이 발생한 영역 안의 모든 위치와 범죄 발생 위치와의 거리를 분석하여 범인의 주 거점(anchor point) 지역을 분석하는 확률거리방식(Probability Distance) 등이 대표적으로 활용되고 있다.

3. 연관성 프로파일링(Linkage Profiling)

발생한 여러 사건들 중에서 동일인에 의해 저질러진 범죄를 밝혀내는 기법이다.

연관성 분석을 위한 기법 중 대표적인 것이 범죄 수법(MO: Method of Operation)과 서명(Signature)의 분석이다. 한국 경찰은 SCAS(Scientific Crime Analysis System)에 프로파일러들이 입력한 범죄자, 피해자, 범죄행동, 범행동기 등과 같은 범죄현장의 데이터를 범죄 연관성 분석에 활용하고 있다.

★ 연쇄사건 범죄현장 프로파일링 진행과정

여러 사건 중 한 명에 의해 저질러진 사건들을 찾아냄(Linkage profiling) → 발생된 장소의 지리적인 특성을 분석하여 범인의 거점 지역을 분석(Geographic profiling) → 선정된 지역 내에서 어떤 특성(offender profiling)을 가진 사람을 우선 수사대상자로 선정할 것인지 분석하여 수사팀에 정보 제공

연쇄사건의 프로파일링은 세 가지 프로파일링 기법을 모두 활용하여 수사팀에 정보를 제공하는 것을 목적으로 진행된다.

위 내용들과 같이 프로파일링은 학문적 이론의 발견과 연구를 위해 시도된 것이 아니다. 수사의 실무적 차원에서 이상심리에 의한 범죄자들의 유형을 분류하기 위한 목적으로 연구가 진행되었기 때문에, 심리학, 사회학 기타 학문에서 연구된 결과들을 적용하고 응용한다.

수사과정에서 여러 명의 목격자가 나타난 경우 일관된 목격진술은 수사에 큰 도움이 될 수 있다. 그러나, 각자 엇갈리는 목격진술을 할 경우 목격진술에 대한 타당성 평가, 진위 평가 등을 통해 실제 중요한 단서를 갖고 있는 목격자를 찾거나 목격진술을 수사하기 위한 우

선순위를 결정하여야 한다. 이런 경우 심리학의 여러 이론들을 적용하여 분석할 수 있다.

초기 FBI 프로파일링은 범죄자의 성격(Character)을 파악하는 것을 기본 바탕으로 했다. 성격은 행동으로 알 수 있다는 성격심리학의 여러 전제를 바탕으로 범죄행동을 분석하면 그 사건 범인의 성격특성과 유형 파악이 가능하다는 것이다. 수명의 용의자가 있을 경우 프로파일에 맞는 성격유형을 가진 자를 우선 수사대상자로 선정한다는 의미이다. 성격유형으로 용의자를 선정한다는 것은 현대 범죄수사에서는 매우 불합리할뿐더러 수사대상자 선정 자체에 위험성을 내포하고 있지만 초창기 프로파일링이 이상(abnormal) 범죄를 저지르는 자들에 대한 특성과 유형(type)분석을 목적으로 시작되었기 때문에 이에 매우 부합된다고 볼 수 있다.

성격이론은 파블로프의 자극조건부터 사회적 학습에 의한 성격형성과 구조 등을 설명하는 학습이론, 무의식의 정신적 갈등에 의한 성격형성을 주장하는 프로이드(S. Freud)의 정신분석이론, 의식을 강조하면서 전 생애를 통한 성격의 발달을 강조하는 에릭슨(Erickson)의 성격발달이론 등으로 발전되었다. 이를 바탕으로 개인의 주관적 견해와 경험, 감정을 중시하는 칼 로저스(C. Rogers)의 내담자중심이론이나 인간의 자기실현 동기를 강조하는 매슬로우(A. Maslow)와 같은 인본주의적, 실존적 성격이론 등 여러 이론들이 나타났다. 이러한 주장 가운데 특히 개인적 특징성, 일관성을 보다 강조하는 프로이드(Freud)의 초기 '성격이론'[6] 및 전통적인 이론범죄학자에 의해 연구되어 온 범죄인의 신체적, 성격적 특성을 기준으로 범죄자를 유형화한 '성격 유형론' 등이

---

6 Laurence Alison, Craig Bennell & Andreas Mokros, *op. cit.*, p. 4.

초기 프로파일링의 이론적 배경이 될 수 있다.

: 외국의 프로파일링 조직과 운영 체계

프로파일링 기법은 1972년 미국의 연방 수사기관 FBI에서 출발하였다. 각 주마다 다른 경찰 제도를 운영하고 있고 경찰기관 간 강력범죄에 관한 정보 공유가 어려운 상황에서, 기존 강력사건의 정형적인 범주에서 벗어난 이상 심리 범죄가 증가하기 시작하였다.[7] 이에 따라 새로운 범죄분류와 수사기법이 필요하게 되었다. 범죄 수법에 대한 '체계적 분류 작업', 강력범죄에 대한 수사자료 DB 구축과 경찰기관 간 강력범죄 수사자료 공유, 전문 분석팀에 의한 과학적 분석 및 지원활동체계가 구축되었다.

캐나다, 영국 등 유럽 국가들에서도 미국과 유사한 범죄가 나타나기 시작하면서 프로파일링 기법을 수사체제에 적용하기 시작하였으며, 미국 FBI 강력범죄 체포 프로그램(ViCAP: Violent Crime Apprehension Program), 캐나다, 영국 등 유럽국가의 강력범죄 분석 시스템(ViCLAS: Violent Crime Linkage Analysis System) 등 강력범죄 수사자료 관리 및 분석 체계가 구축되었다.

1. 미 연방 수사국 FBI의 프로파일링 운영

1960년대 후반 미국 캘리포니아주 샌 리앤드로(San Leandro, Cali-

---

[7] 1970년대에 들어서면서 미국에서는 매년 대략 2만 건의 살인사건이 발생하고, 매년 25.3%에 달하는 약 5,000여 건의 미결 사건이 남아 있다.

fornia) 경찰서에 근무하던 하워드 테튼(Howard Teten)은 범죄자 프로
파일링을 수사에 적용하는 기법을 개발하여 FBI 국립 아카데미에서
강의를 하였다. 이후 1972년 FBI 국립 아카데미 내 행동과학부(BSU:
Behavioral Science Unit)라는 프로파일링 전담 부서가 설치되어 전문가
양성이 시작되었다. 현재 FBI 행동과학부는 범죄 프로파일링에 대한
연구, 훈련, 자문 및 중요 사건들에 대한 분석과 수사 전략을 제공하
고 있다. 1994년 FBI는 직제를 개편하면서 위기사건 대응국(CIRG: The
Critical Incident Response Group) 산하에 작전지원부(the Operations
Support Branch), 전술지원부(the Tactical Support Branch), 강력범죄분
석센터(NCAVC: the National Center for the Analysis of Violent Crime)
의 3부서를 설치하였다. 그중 프로파일링 업무를 총괄하는 부서는 강
력범죄분석센터(NCAVC: The National Center for the Analysis of Vioent
Crime)이다.

　　강력범죄분석센터는 '행동분석부(BAU: Behavioral Analysis Unit)',
'어린이 학대 및 연쇄살인 수사센터(CASMIRC: Child Abduction Serial
Murder Investigative Resources Center)', '강력범죄 체포프로그램 운영부
(ViCAP: Vioent Criminal Apprehension Program)' 등 세 가지 부서로 구
성되어 있다.

　　ViCAP은 1956년 피어스 브룩스(Pierce Brooks)라는 LA 경찰관
에 의하여 실무적으로 고안되었다. 브룩스는 '하비 머레이 그래트먼
(Harvey Murray Glatman)'[8] 사건(모델 오디션 광고 살인사건) 수사 시 용
의자가 또 다른 광고를 했을 것으로 생각하고 18개월 동안 지역신문

---

[8] Harvey Murray Glatman(1928. 12. 10~1959. 9. 18)은 1950년대 후반에 활동했던
　　미국의 연쇄 살인범이다. 모델 경력에 대한 광고로 피해자를 유인하여 범행을 저질
　　렀다.

자료를 검색하여 단서를 포착하고 결국 범인을 검거하였다. 이후 각종 용역 연구, 정부의 지원 활동 등으로 1983년 NCAVC(The National Center for the Analysis of Violent Crime)가 설립되었고, ViCAP은 NCAVC의 한 부분이 되었다.

1972년 설치, 운영되기 시작한 BSU에서 활약하며 프로파일링 발전에 기여한 인물들로 하워드 테튼(Howard Teten; 1969년부터 프로파일링 업무 수행), 패트 멀리니(Pat Mullany, 1972년부터 프로파일링 업무 수행), 로버트 레슬러(Robert Ressler; 1974년부터 BSU 근무), 존 더글라스(John Douglas; 1977년부터 BSU 근무) 등이 있다.

2. 캐나다 RCMP(Royal Canadian Mounted Police)의 프로파일링 운영

캐나다 RCMP는 범죄분석을 담당하는 부서로 BS(Behavioral Science Branch)를 두고 ViCLAS, Truth Verification,[9] Geographic Profiling, Criminal Profiling 등의 부서를 운영하고 있다. ViCLAS 전문가(Specialist)는 5년 이상의 수사 실무경력을 가진 경찰관이어야 하고, 관련 분야에 대한 학문적 소양과 컴퓨터에 대한 전문 지식을 가지고 있는 수사관을 선발하여 운영하고 있다.

3. 영국의 프로파일링 운영

영국 경찰의 프로파일링은 미제 강력사건을 수사하는 과정에서 발전하였다.

---

[9] Truth Verification 부서에서는 Polygraph, 진술분석(Statement Analysis), 법최면 (Forensic Hypnosis), 음성분석(Voice Stress Analysis) 등의 업무를 수행하고 있다.

영국 서리(Surrey)대학교 심리학교수였던 데이빗 캔터(David Canter) 교수는 1985년에 24건의 연쇄강간사건과 2건의 살인사건, 당시 언론에 의해 '철로 위의 강간자(Railway Rapist)'라고 이름 붙여진 사건에 관하여 경찰로부터 분석 요청을 받았다.

캔터 교수는 범죄행동 전반에 걸쳐 나타난 행동양식을 검토하여 동일범의 소행이라고 판단할 수 있는 자료를 분석하였고, 당시 경찰이 수사하고 있던 용의자 중 우선순위에서 제외된 존 더피(John Duffy)가 가장 유력한 용의자로 부상하였다. 용의자를 대상으로 집중적인 수사를 전개한 경찰은 범행도구로 사용된 특이한 실과 노끈 뭉치 등 법의학적 증거물들을 찾아내고 존 더피를 연쇄 강간 및 살인 혐의로 검거하였다.

영국의 프로파일링 및 수사지원 부서로는, 영국 내무부 소속 과학발전부(Scientific Development Branch), 법과학 정보 지원부서(Forensic science service) 등이 수사를 지원하고 있다. SCAS(Serious Crime Analysis Section)/OSS(Crime operation)/UO(Uniformed operation) 등의 부서가 프로파일링 관련 정보를 입력, 분석, 지원하는 역할을 하고 있다.

미국, 캐나다, 영국 등의 프로파일링 발전 과정, 운영 방법의 공통점 등을 살펴보면, 첫째, 기존 수사방법으로 해결하기 어려운 이상(Abnormal) 범죄에 대처하기 위한 필요에 의해 시작, 발전되었다는 것이다. 한국의 경우 기존 범죄의 유형과 동기(motive)를 벗어난 유영철, 정남규, 강호순 등의 연쇄살인 사건이 해당된다.

둘째, 새로운 양상의 범죄에 대처하기에는 기존의 관념과 체계로는 관리와 분석이 어렵다는 것이다. 가해자와 피해자의 직접적 인과관계가 없는 살인사건에서 살해 전 고문(torture), 심각한 시체훼손, 가학적인 분노가 표출되는 행동이 나타날 경우 수사관들이 기존의 관념과 경험으로 수사를 진행하기 어렵다.

셋째, 수사정보를 체계적으로 관리하고, 동일범에 의해 여러 지역에서 사건이 발생할 경우 수사팀 간 범죄정보를 공유하기 위한 시스템적 접근의 필요성에 의해 설치 운영되었다는 것이다. 연쇄적으로 발생하는 범죄에 대한 적극적 대처를 의미한다.

4. 한국 경찰의 프로파일링 운영

2000년 2월 9일 한국 경찰은 서울지방경찰청 과학수사계에 경찰직제 상 최초로 '범죄분석팀'을 설치하고 프로파일링 업무를 시작하였다. 이후 2005년 심리학, 사회학 전공자 15명을[10] 경장으로 특별채용(경력채용)하여 경찰 기본 교육 이수 후 2006년 1월 5일 각 지방청 수요에 따라 분산 배치하였다. 유영철 사건, 정남규 사건 등을 거치면서 경찰청 단위의 수요가 늘어남에 따라 2006년 12월 1일 경찰청 과학수사과 범죄정보지원계(당시 직제)에 전국 범죄분석 업무를 총괄하고 지원하는 팀이 설치되었다.

2016년 경찰청 과학수사부서 직제가 전면 개편되면서 수사국 소속의 과학수사센터는 과학수사 관리관 체제로 승격되었다. 현재는 경찰청 과학수사 관리관(경무관) 아래 과학수사담당(총경) 소속으로 법과학 분야가 운영되고 있고, 범죄분석 담당(총경) 소속으로 범죄행동분석팀(Criminal Behavior Analysis Team)을 운영하고 있다. 한국 경찰

---

10 1기 범죄분석요원 15명 채용, 중앙경찰학교 경찰 기본 교육 입교 시 1명이 미입교하여 14명이 졸업 후 2006년 1월 5일 각 지방청에 배치됨. 이후 미입교 1명은 2기 분석요원 15명 선발 후 기본교육에 함께 입교하여 2기 교육 후 16명이 배치됨.

의 직제 상 프로파일링 팀의 공식 명칭은 '범죄행동 분석팀'이다.

범죄현장에서 수집된 증거물 및 범죄분석 자료를 구축하고 활용하는 '과학적 범죄분석시스템인 SCAS(Seintific Crime Analysis System)'를 개발하여 사용하고 있다.

FBI는 1972년 BAU를 창설하고 프로파일링 기법을 연구 개발하여 범죄수사에 활용하였으나, 한국 경찰의 경우에는 2000년 2월이 되어서야 비로소 프로파일링 수사기법을 연구하기 시작한 배경에 주목할 필요가 있다.

1960-70년대 미국사회의 범죄는 불특정 피해자(Random victim)를 대상으로 비정상 잔혹행위가 포함된 가학적인 연쇄살인이 여러 차례 발생하였던 시기이다. 가해자와 피해자의 인과관계와 동기(motive)를 찾는 것에서부터 시작하던 기존 수사방법으로는 범인을 검거하기 어렵게 되자 이런 범죄를 저지르는 자들의 행동과 심리, 범죄자 유형(type)을 연구하여 범죄수사에 활용할 수밖에 없는 상황적 요인이 존재한다.

1960-70년대 한국사회의 범죄는 치정과 원한, 금전 등 가해자와 피해자의 인과관계에서 비롯되는 범죄이거나, 동기(motive)가 비교적 뚜렷하다는 특징을 갖고 있었다. 범죄자의 행동분석이나 심리, 유형분석을 할 필요가 없는 범죄가 대부분이었다. 그러나 1989년 미해결 사건으로 남아있는 소위 '화성 연쇄살인' 사건을 시작으로 1994년 검거된 소위 '지존파' 사건, 1996년 검거된 소위 '막가파' 사건 등 불특정 피해자(random victim)를 대상으로 자신의 개인적 감정을 표출하는 범죄가 나타나기 시작하였다. 이 범죄들은 조직적으로 치밀한 계획을 수립하고 피해자 시체를 소각하는 등 철저한 증거 인멸을 시도하기 때문에 현장에 물리적 증거물을 많이 남기지 않았다. 이러한 범죄양상

(aspect)의 변화에 따른 새로운 범죄수사 기법의 요구로 인해 2000년 한국 경찰에서는 '프로파일링'이 나타나게 되었다.

프로파일링의 제 이론

02

프로파일링의 제 이론

: 프로파일링의 목적

프로파일링은 '발생한 사건 범죄자의 범행동기를 찾는 것'이 가장 큰 목적이다. 그리고 범행동기에 따라 신속한 수사방향이 설정될 수 있으며, 피해자 주변인을 대상으로 수사를 진행할 것인가, 강·절도범 수사를 할 것인가를 결정하는 것은 범행의 동기를 분석하는 것에서 시작된다.

범행의 동기를 찾고 범인을 프로파일링하기 위해서는 범죄현장에 나타난 행동이 과학적으로 재구성되어야 가능하다. 사건의 현장에 남겨진 증거들을 조합하여 행동이 재구성(reconstruction)된다면 비로소 범행동기를 찾기 위한 심리적 분석에 접근할 수 있다. 범죄자에 대한 일반적 특성과 심리를 연구하는 것이 심리학의 영역이라고 한다면, 프로파일링은 사건 현장에서 이론들을 적용하여 범인의 심리를 분석하는 것이다.

프로파일링을 하는 목적은 다음과 같다.

첫째, 범죄의 동기와 목적을 밝혀 합리적인 수사방향을 설정한다.

현장 재구성은 과학적인 방법으로 범죄자의 행동을 재구성하는 것이다. 현장에 드러난 범죄자의 행동은 범행동기를 찾는 데 유용하다. 물론 범죄행동만으로 범인이 갖고 있는 모든 심리학적 특성과 범행동기를 분석하는 것은 어렵다. 그러나 범행도구의 준비, 실행방법, 증거인멸 방법 등을 면밀히 분석하면 범행의 목적을 유추할 수 있다. 살인, 방화, 금품물색 등의 범죄가 혼합되어 나타난 범죄현장에서 범인의 가장 궁극적인 목적이 무엇인가를 찾는 것은 수사상 매우 중요한 일이다. 경우에 따라서 연령, 직업, 추가범죄의 가능성을 예측할 수 있는 분석도 가능하다. 예를 들어, 오랫동안 노상 가판에서 냉동 생선을 판매한 경력이 있는 한 범죄자는 피해자의 시신을 훼손하여 유기하는 과정에서 평소 냉동식품을 포장 판매하던 습관대로 검정 비닐봉투 여러 장을 사용하여 시신을 조금씩 담아 유기하였다. 직업적 습성이 시신 유기 상황에서 습관적 행동으로 나타난 사례이다.

둘째, 범인이 사용한 범행도구, 소유물의 심리적 의미를 파악하는 것이다.

범인이 사용한 흉기, 도구나 소지품 등이 가지는 심리적 의미는 범인의 범죄의도를 밝히기 위한 매우 중요한 단서가 될 수 있다. 유영철은 자신이 제작한 쇠망치를 이용하여 일관되게 범행하였다. 피해자의 머리를 무차별 공격하면서 자신의 분노를 표출한 것이다. '제작한 쇠망치', '피해자의 머리(頭部)를 집중 공격' 하는 행동은 범인이 기본적으로 분노에 의한 범죄를 저지르고 있다는 것을 강력하게 시사한다.

강호순은 피해자가 살아있을 때 성범죄를 저지르기 위해 무차별 공격하는 도구를 사용하지 않았다. 성폭행 후 피해자들의 스타킹 등을 이용하여 질식 살해하였다. 성범죄가 주 목적의 살인사건이라는 것을 시사하는 부분이다.

셋째, 수사관에게 수사대상자(용의자)의 압축 및 신문과 관련한 각종 수사상 조언(advice, strategy)을 제공하는 것이다.

범죄사실을 추궁하면 용의자들의 반응은 모두 다르게 나타난다. 진범일 수도 있고 억울한 사람일 수도 있다. 프로파일링은 진범인 경우 수사관의 특정한 질문에 대하여 어떻게 반응할지를 수사관에게 알려줄 수 있다. 따라서 프로파일링은 가장 혐의가 짙은 용의자를 식별하는 데 도움을 주고 확실한 물적 증거가 확보되기 이전에 일선 수사관들이 확신을 가지고 용의자를 계속 추적할 수 있는 근거를 제공해준다. 2004년 서울 서남부 연쇄살인 정남규 사건의 경우 수사관들이 사건 발생 지역 내에서 검문을 할 경우 어떤 식의 질문을 할 것인지 프로파일링 팀에서 제공한 사례가 있다.

: 프로파일링의 심리학적 전제(前提)

프로파일링은 실제 범죄수사에 필요한 정보를 분석한다는 점에서 수사기법으로 정의되며, 다음과 같은 심리학적 전제조건에서 시작된다.

1. 사람은 개인마다 독특한 성격이 있다

성격이란 생각하고, 느끼고, 행동하고, 주변 사람들과 관계를 맺고, 주어진 환경에 대처해 나가는 일관적이고 지속적인 패턴을 말한다. 개인이 가진 지속적이고 중요한 심리적 특징들을 성격으로 정의한다. 성격의 이질성(異質性)으로 인해 각 개인은 독특한 방법으로 인간관계를 맺고 독자적인 행동양식을 가지게 된다.

2. 범죄행동에 범인의 성격이 반영된다

인간의 성격은 행동으로 알 수 있다. 범죄현장에는 범행 전의 준비과정, 범행 중 공격행위, 범행 후 증거인멸을 위한 행동 등 범죄의 목적을 달성하기 위한 다양한 행동이 나타난다. 즉, 범행의 수단 방법에 개인의 성격적 특징이 반영되어 나타난다는 것이다.

3. 연쇄 범죄를 저지르는 자들은 각 범죄마다 동일한 성격 특성 (traits)을 나타낸다

연쇄 범죄자들은 반복해서 범죄를 저지르는 동안 자신에게 익숙하고 편안한 행동을 선택하고, 성공한 범죄수법을 계속해서 사용하게 된다. 이 범죄수법이 패턴이 되고 패턴의 곳곳에 시그니처(signature)가 남게 된다.

범죄현장에 간혹 범인이 독특한 흔적을 남기는 경우가 있는데 이러한 독특한 흔적을 서명(Signature)이라고 한다. 범행방식, 범행순간의 범죄자의 말, 범행현장에 남기는 물건 등이 서명이 될 수 있다.

4. 개인의 성격은 쉽게 변하지 않는다

성격은 유아기에 가족 구성원으로부터의 학습, 유전적 요인 등 개인의 성장과정에서 다양한 영향을 받아 오랫동안 형성된 것이기 때문에 단기간 내에 쉽게 바뀌지 않는다.

따라서, 연쇄 범죄자는 자신이 가진 성격 특성에 부합되는 행동을 범죄행동으로 나타내고 유사한 범죄행동을 반복하게 된다.

:범죄수법(M.O: Method of Operation), 시그니처 (Signature)

연쇄적으로 발생하는 범죄는 범죄자 개인의 의도나 성향을 나타내는 행동이 동반되는 경우가 많다. 의도적으로 남기기도 하고, 범행의 목적과 관련 없는 피해자의 물건을 가지고 가기도 한다. 범행준비, 공격, 증거인멸로 이어지는 범죄자의 행동을 분석하여 수법(MO)과 범죄자 고유의 사인(Signature)을 구분하는 것은 매우 어렵다. 각각의 정확한 개념의 인식과 많은 경험이 필요하다.

범죄수법(MO)은 연쇄 범죄자가 범행을 완성하기 위해 행한 행동을 의미한다. 범죄수법은 범행이 진행될수록 점차 진화되고 발전된다. 범행 시 돌발 상황에 의해 고유한 수법에서 벗어나는 경우도 있다.

범죄자 고유의 행동특성(signature)은 범죄자의 성격적 특성 또는 범행동기와 관련이 있는 행동이다. 수법은 변화되거나, 돌발 상황에 따라 변화될 수 있으나 고유한 행동특성은 보다 본질적인 범죄자의 성향을 바탕으로 하는 행동이기 때문에 잘 변하지 않는다. 이러한 고유한 한 개인의 행동특성을 찾아내기 위해서는 수많은 범죄 현장의 경험과 데이터가 필요하다. 어떤 행동이 범죄수법이고, 어떤 행동이 범죄자의 고유한 행동특성인지 구분하기는 결코 쉽지 않다.

★ 수법과 범죄자의 사인

- 범죄수법(Method of Operation)은 범죄를 실행하는 전 과정에서 반드시 필요한 행위들의 집합이다.
- 범죄자의 사인(Signature)은 범죄를 실행하는 과정에 반복적으로 나타나지만 범죄를 완성하는데 반드시 필요하지 않은 행위들의 집합이다.

1. 사례를 통한 수법과 시그니처 개념 정립

첫 번째 사건은 20대 초반의 직장 여성이 휴일에 가족들에게 병원에 다녀오겠다면서 외출하여 실종, 며칠 후 사망하여 마대자루에 포장된 채 발견된 경우이다.

사건을 수사하던 중 약 4개월이 지난 후 인근 지역에서 주말 오후에 일을 마치고 귀가하던 40대 여성이 실종되었고, 이틀 후 자신의 집 근처 노상에서 포장된 채 발견되었다. 수사팀은 각각의 개별 사건으로 수사를 진행하면서 동일범에 의한 연쇄적인 범죄에 가능성을 두고 수사를 병행하게 되었다.

①　　　　　　　②

① 사건 현장은 첫 번째 피해자 발견 당시 상황으로, 마대자루 2개로 완전히 포장되어 있었고 쓰레기를 수거하는 환경미화원이 최초 발견 당시 사람인 것을 알지 못하였다고 진술하였다(사진에 피해자의 손이 보이는 것은 임장한 CSI 요원이 피해자의 신원 확인을 위해 지문을 채취하기 위해 일부 노출된 것임).

② 사건 현장은 쓰레기가 일부 있으나 환경미화원이 수거하는 곳은 아니고 마대자루가 아닌 대형 마트 홍보용 깔판(돗자리 대용)에 포장이 된 채 발견된 상황이다.

외형상 유사하게 발견된 두 사건이 동일범에 의한 사건인지 여부를 판단하는 것은 쉽지 않다. 두 사건의 발생 지역이 매우 가까운 장소이므로 시신 유기 수법을 모방한 범죄일 가능성도 배제할 수 없다.

2. 범죄행위를 통한 유사성 분석

① 사인(死因): 두 사건 모두 질식사, 흉기 사용 흔적이 없다.
② 포장된 외부 결박 방법: 한 개의 줄로 양쪽 매듭을 짓는 형태이다.

각 피해자들 얼굴 포장 비닐

외형상 나타난 두 가지 사항으로 보면 동일한 범죄자에 의한 범행일 가능성이 높다. 그러나 각기 다른 범죄자일 경우에도 피해자를 공격하는 방법이나 시신을 이동하는 과정에서 노출되지 않기 위한 포장과 매듭을 사용해야 할 상황이었다면 동일범으로 판단하기는 부족하다.

두 사건의 동일성 여부를 외형적으로 나타난 방법으로 본다면 동일범이나 모방범의 구분이 쉽지 않다. 그러나 내부 시신의 모습을 보면 동일범의 가능성을 높이는 행위가 나타나고 있다. 범인은 어떤 이유에서 범행을 하였는지 알 수 없으나 사망한 피해자의 얼굴을 검정 비닐로 여러 겹 포장을 하였으며, 한 명의 피해자는 의복에 있는 모자까지 씌우고 단추를 채워 놓았다.

이러한 행위는 시신을 유기하는 과정에서 반드시 필요하다고 보기 어렵다.

시신을 이동하는 과정에서 얼굴을 가리기 위해 포장을 하였다면 일종의 수법이나 방법(method of operation)이 된다. 그러나 두 사건의 최초 발견 당시 사진을 보면 시신인 것을 전혀 알 수 없음에도 불구하고 피해자의 얼굴을 겹겹이 검정 비닐로 포장하였다면, 이 행위는 동일한 범죄자에 의한 의미를 가진 행동(Signature)으로 볼 수 있다. 결과적으로, 이 두 사건은 동일인에 의한 범행일 가능성이 높다.

: 동기(motive)의 개념과 이론적 배경

1. 동기의 개념

동기(動機, motivation)는 '어떤 일이나 행동을 일으키게 되는 계기'라고 정의된다. 동기는 자신의 무엇인가를 원하는 욕구(need)가 발생할 때 나타난다. 사람들은 특정한 동기와 욕구를 가지고 있으며 이를 해결하기 위해 '목표 지향적'인 행동을 한다. 이러한 자신의 목표 지향적 행동을 실행하게 하는 내적(內的) 상태를 동기라고 정의한다. 동기를 통해 사람들은 행동의 방향이 제시되며, 활성화 되고, 계속 유지하는 힘을 가지게 된다.

욕구(need)는 현재 상태와 자신이 추구하는 이상적인 상태 간에 괴리가 발생하게 되면 긴장을 유발하게 되는데, 이러한 긴장의 정도가 클수록 강한 동기가 유발된다.

즉, 욕구가 활성화 되면 내적 긴장 상태가 야기되며 이때 우리는 긴장 상태를 감소하거나 없애려는 욕구충족의 행동을 하게 되는 것인데, 운동을 한 후 심하게 목이 마르면(욕구 활성화로 인한 내적 긴장 상태) 물을 마시거나 음료수를 마시는 것(긴장 감소, 해소)과 같은 행동이 유발되는 것으로 쉽게 이해할 수 있다. 이때 사람들은 개인의 과거 경험이나 자신이 속한 사회의 문화와 상식에 의해 음료수를 구하는 방법과 종류를 선택하게 되는 것이다.

이와 같이, 동기는 어떤 행동을 자극하는 욕구에 의해 발생하고, 그 결과나 행동이 자신이 만족할 정도의 신념이나 가치에 의해 지속되며, 결과에 이르기 위한 목표 지향적인 행동을 수반하게 된다.

욕구(need)는 크게 생리적 욕구와 사회적 욕구로 나눌 수 있으며 몇 가지 특징을 가지고 있다. 먼저, 욕구는 완전히 충족되는 것이 아니라 한시적으로 이루어진다. 갈증의 해소는 물을 마심으로써 해소되지만 시간이 흐르면 같은 욕구가 계속 이어진다. 둘째, 다양한 욕구가 동시에 발생하면 그 중요도에 따라 우선되는 욕구를 선택하게 된다. 시험기간에는 좋은 성적을 얻기 위해(사회적 욕구의 충족), 잠을 자고 싶은 욕구(생리적 욕구)를 포기하는 것과 같으며, 경우에 따라서는 여러 가지 욕구를 동시에 해결하기도 한다. 셋째, 욕구는 내적으로 활성화되지만 외부 자극에 의해 유발되기도 하며, 몇 가지 욕구가 동시에 발생할 경우에는 갈등을 유발하기도 한다.

이렇게 욕구에 의해 유발되는 행동은 특정 행동이나 그 결과가 자신의 입장에서 바람직하다고 생각하는 지속적인 신념인 가치에 의해 지속되며, 최종 목표를 달성하게 되는 것이다.

이러한 동기의 대표적 특성 몇 가지를 살펴보면, 첫째, 동기는 욕구에 의해 발생된 긴장상태를 감소시킨다. 즉, 함께 술을 마시던 피해자가 시끄럽게 떠든다고 폭력을 행사하여 이를 제지(긴장상태의 감소)하는 것으로 쉽게 이해할 수 있다.

둘째, 동기는 목표 지향적이기 때문에 방향성을 가지고 있다. 위와 같이 시끄럽게 떠들고 있는 사람을 제지하는 방법은 폭력을 행사하는 이외에도 매우 다양한 방법이 존재하지만 범죄자는 폭력이라는 방법을 사용하는 것일 뿐이다.

셋째, 목표 달성의 정도는 동기의 강도에 따라 다르다. 시끄럽게 떠

들고 있는 사람을 조용히 시키고자 하는 목표는 사람마다 달라서 꼭 어떠한 방법을 사용하여 제지할 필요가 없는 경우가 있기 때문이다.

2. 동기의 이론적 검토

1) 매슬로우(Maslow)의 욕구위계 이론

욕구위계 이론은 인간의 욕구들 간에는 우선 순위가 있어서 하위 욕구가 충족되지 않으면 상위 욕구가 발생하지 않는다는 것이다.

즉, 인간의 욕구를 가장 하위 단계로서 생리적 욕구, 신체를 안전하게 보존하려는 안전 욕구, 사회적 소속감의 욕구인 사회적 욕구, 성취와 타인으로부터 인정 받고자 하는 자존 욕구, 자신의 존재감과 자기 인식을 얻으려는 자아실현 욕구의 5단계로 분류하면서 하위 욕구가 충족되어야만 상위 욕구가 발생된다는 것이다.

이러한 매슬로우의 이론은 사회 변화 또는 경우에 따라 상, 하위 욕구가 바뀌어 추구되는 경우가 있으며 상위 욕구에서 하위 욕구로 내려오는 경우가 생기기도 하기 때문에 여러 가지 문제점을 내포하고 있다는 평가를 받기도 한다.

2) 레빈(Lewin)의 장(field) 이론

장(field) 이론은 개체를 둘러싸고 그 행동에 영향을 주는 외적 힘을 의미한다.

인간의 행동을 개인과 그 개인이 처해 있는 환경(심리적, 물리적)과의 상호작용의 결과로 나타나는 역동적이며 전체적인 통합체에 의한 결과로 보는 관점이다. 행동의 방향은 양립하는 환경적인 힘의 강도와 개인 자신의 요구와의 관계에 의해서 결정되는 vector의 개념으로 설명한다. 따라서, 객관적으로 동일한 환경이라도 개인에 따른 다른 행동을 유발하는 동기가 형성된다는 것이다.

사람들은 여러 개의 동기가 복합적으로 나타나거나, 두 개 이상의 동기가 서로 비슷한 강도를 가지고 있을 때 갈등이 발생한다.

(1) 접근-접근 갈등(approach-approach conflict)

욕구의 긴장 해소를 위한 두 가지 이상의 대안이 비슷한 경우 나타나는 것으로, 방탕하고 성격이 맞지 않는 자신의 처와 이혼하고자 하였으나 어린 자식들을 돌볼 사람이 없어 오랜 시간 고민하면서 계속된 스트레스 상황을 경험(갈등)하던 범죄자가 결국 처의 살인이라는 극단적인 행동을 하는 경우가 해당될 수 있다.

(2) 접근-회피 갈등(approach-avoidance conflict)

한 가지 대상에 대해 긍정적인 특성과 부정적인 특성을 모두 인식하고 있을 때 발생한다. 많은 범죄자들은 자신의 이익을 얻기 위해 범죄를 저지르면서 분명히 그로 인한 피해자의 고통과 사회적 문제를 충분히 인식하고 있기 때문에 처벌 받아야 하는 것이다. 대부분의 사람들은 자신의 이익을 얻기 위해 한 행동으로 인해 피해를 입는 사람이 생기고 사회적인 문제를 일으킨다면 그러한 행동을 하지 않고, 합법적이고 사회적 규범을 벗어나지 않는 다양한 행동을 통해 자신의 이익을 추구하기 때문이다.

(3) 회피-회피 갈등(avoidance-avoidance conflict)

두 가지 이상의 대상이 모두 회피하고 싶은 경우에 발생하는 갈등이다. 지속적인 폭력이 있는 가정의 아동은 폭력의 주체인 부모와 접촉하기 싫어 집에 들어가기 싫어하지만 나이가 어려 혼자 독립할 수 없기 때문에 집에 들어가서 다시 폭력에 노출되는 상황이 반복되는 경우가 해당될 수 있다.

: 프로파일링의 절차와 방법

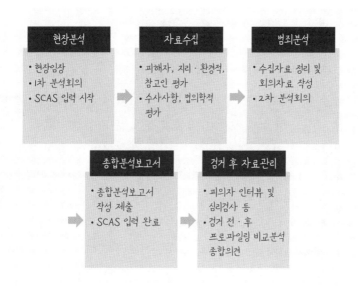

1. 현장분석

사건이 발생하면 범죄현장에 CSI, 검시조사관, 화재 요원 등 사건의 유형에 따라 해당 분야 과학수사요원들이 임장한다. 이때 프로파일러도 동행하여 현장에 임장한다. CSI 요원들이 증거물을 수집하는 동안 프로파일러들은 현장에서 침입의 방법, 시간, 공격도구와 방법, 증거인멸 등 범행이 진행된 일련의 범죄행동을 기록한다.

2. 자료의 수집

현장에서 기록한 범죄행동, CSI가 수집한 증거물의 종류와 위치, 검시조사관의 보고서 등을 토대로 과학적인 범죄행동 재구성(Reconstruct)을 하기 위한 분석 회의를 실시한다. 범행동기에 대한 1차 가설을 설정하고 수사팀의 수사자료를 수집하여 본격적인 분석을 실시한다. 초기에 활용되는 수사팀의 수사자료는 목격자 진술, 피해자 가족, 주변인의 참고인 진술 등이 포함된다.

자료수집 과정은 셜록 홈즈가 사건 발생 현장을 꼼꼼히 살펴보고 돌아와 범죄를 분석하기 위한 가설을 설정한 후에 다시 현장에 가서 가설을 뒷받침할만한 증거를 돋보기를 들고 찾는 것과 같다. '피해자가 잠을 자고 있을 때 범인은 창문을 몰래 열고 침입하였다'는 가설이 설정되면, 그 창문에 남아있는 지문, 발자국, 신발에 묻어 온 흙 등을 살펴보고 CSI 요원들은 법과학적 증거물을 수집하는 것이다. 만약 창문틀에서 외부에서 들어온 침입의 흔적을 발견하게 된다면 이 사건의 범인은 피해자 몰래 침입하였다는 가설이 설정된다. 가설이 '참'이라는 과학적인 단서를 바탕으로 이 범죄현장에서 어떠한 일이 일어났는지 과학적인 재구성을 하게 된다. 정교한 프로파일링을 수행하기 위해 가장 중요한 단계이다.

3. 범죄의 분석

이렇게 가설의 설정과 검증 단계를 거치면서 수집된 자료들을 분석하고 연결하면, 전체적인 사건의 큰 맥락을 이해할 수 있다. CSI 요원들이 큰 산(山)의 나무 하나하나를 본다면, 프로파일러는 숲 전체를 보면서 이 숲의 모양이 어떠한지를 살핀다. 즉, 산의 모양을 파악하는 역할과, 그 산 속에 어떠한 구성 요소들이 있는지를 찾는 것이 서로 간의 역할이다.

이 과정이 지나면 종합 정리된 내용으로 분석보고서를 작성하게 되고, 분석보고서에는 범행의 동기, 범인의 행동을 통해 나타난 심리적 특성 등이 포함된다.

4. 자료의 데이터화

범인이 검거되면 직접 만나 면담을 실시한다. 범인의 지적 수준이나 기타 상황에 맞는 심리검사를 실시하고 사건 전반에 걸친 내용과 범인의 성향에 대한 종합적인 분석을 실시하여 자료화하고 SCAS에 입력한다.

범죄현장 출동 → 현장 관찰을 통한 범죄행동 재구성 → 가설의 설정 → 행동분석 → 2차 가설의 설정 → 최종 분석보고서 작성, 수사팀 브리핑 → 검거 후 범인 면담을 통한 범행동기와 범죄행동에 대한 자료 수집, 자료 입력

프로파일링은 수없이 많은 현장 경험, 범죄자들과의 면담을 통한 다양한 정보 수집과 분석을 통해 이루어진다. 사건이 발생하여 범인이 검거될 때까지 진행된 일련의 수사 활동, 분석, 면담 등을 진행한 분석관의 경험이 적절하게 어우러져 이루어지는 것이다.

∶프로파일링의 유용성

프로파일링은 범죄의 동기가 불분명하거나 비정상적인 심리상태의 흔적, 동일범에 의해 연쇄적으로 발생하는 살인, 강간, 방화사건 등의 범죄에 대해서는 유용성이 있으나, 단순범죄에 대해서는 상대적으로 활용가치가 낮다.

연쇄범죄는 각 사건으로부터 한 범죄와 다른 범죄를 연결하는 일치된 패턴을 확인할 수 있고 범인의 일관된 성격에 대한 추론이 가능하기 때문에 프로파일링의 유용성이 상대적으로 크다.

모든 프로파일링이 언제나 범죄해결에 도움을 줄 수 있는 것은 아니다. 프로파일링이 기본적으로 가지고 있는 학문적 전제가 모든 범죄와 범죄자에게 일관되게 적용될 수 없는 근원적인 한계가 존재하기 때문이다. 범죄행동 중 분석변수의 선택 여부에 따라 분석결과가 달라질 수 있는 위험성과 함께 프로파일러의 전문성이 확보되지 않은 상태에서 경험과 지식, 직관에 의하여 비체계화된 방식으로 프로파일링이 수행되는 경우가 있고, 빈약한 자료를 기초하여 이루어진 프로파일링은 범죄자 유형파악에서 오류를 범할 가능성이 높다.

미국법원에서 프로파일링의 증거능력에 관한 판례를 보면, 프로파일링 증거능력을 부정하는 판례들의 주된 이유는 원칙적으로 증거활용이 금지된 성격증거(Character evidence) 내지 유사사실증거(Similar fact evidence)에 의한 입증은 편견유발 등 사실판단 과정의 오류를 야기할 위험성이 높다는 것과 증거의 신뢰성에 대한 과학적 지지기반이 부족하다는 점을 들고 있다.

그러나 성격 및 유사사실 증거로서의 부정적인 특성 외에도 프로파일링 증거를 사회과학적 지식이 활용된 과학적 증거(Scientific evidence)라는 시각에서 증거능력을 인정한 판례도 있다.[1]

프로파일링 증거능력에 대해서는 각 사건마다 개별적인 검토가 필요하다.

---

[1] Delaware v. Pennell(1991) 사건, Regina v. Stagg(1994) 사건, North Carolina v. Wa-llace(2000) 사건 등.

프로파일링의 방법에 따른 분류

03

프로파일링의 방법에 따른 분류

⠂귀납적 프로파일링

이전에 유사한 범죄를 저지른 다른 범죄자에 대해 범행도구의 준비, 피해자 물색 방법, 침입 및 공격의 패턴, 도주, 증거인멸 등의 범죄행동분석, 검거된 이후 범죄자에 대한 심층 면담 등으로 축적된 자료를 바탕으로 실시하는 프로파일링 기법이다.

대표적인 귀납적 프로파일링은 미국 FBI 행동과학부(BSU)의 프로파일링으로, 범죄 현장의 행동 요소를 바탕으로 체계적 범죄자 또는 비체계적 범죄자로 분류한 이분법적 유형론이 있다.

1. FBI 이분법(二分法)

FBI는 연쇄살인범을 '비체계형 범죄자(disorganized asocial offender)'와 '체계형 범죄자(organized nonsocial offender)' 두 유형으로 분류하여 각 유형의 특징을 자료화 하여 사건 발생 시 프로파일링을 하는 기초 자료로 활용하였다.

이 분류는 범죄의 목적과 동기가 범죄자의 공격성이나 이상심리에 있다고 하는 관점에서 시작한 것이기 때문에 범행동기가 명확하지 않은 사건 범죄자의 유형을 분석할 때 유용하게 사용될 수 있다.

성기의 훼손이나 신체일부가 절단된 성폭행 살인사건의 경우 범죄의 궁극적인 목적과 동기를 밝히기가 어렵다. 성범죄 이외의 잔혹한 공격적 행동이 병행되었기 때문이다. 정신분석 이론은 이러한 경우에 흔히 범죄 행위가 범죄자에 의해 무의식적으로 대상이 전치(displacement)[1]된 복수심이나 사디즘에 의해 유발된 것으로 본다.

이 두 유형의 범죄자들은 특징적으로 사회화 과정에 문제가 있고 고립되어 있다는 공통점이 있다. 비체계형 범죄자의 경우는 그들의 사고가 일반인의 정서와 상반된 불쾌, 혐오, 기괴하다는 느낌을 주는 특성들을 가지고 있기 때문에 사회로부터 고립된 것이고, 체계형 범죄자는 타인과 사회가 자신을 이해하지 못하고 어리석다고 생각하여 스스로 사회와의 접촉을 거부함으로써 고립된 삶을 살아간다. 고립의 의미는 물리적으로 사람들과 떨어져 살아간다는 의미도 있지만 가족들과 함께 살아가면서도 심리적으로 고립된 삶을 살아가는 경우가 포함된다.

---

[1] 전치(displacement): 중립적이고 위협적이 아닌 목표물을 향해서 긴장을 해소하거나 또는 증오감을 표현하는 것이다. "동쪽에서 뺨맞고 서쪽에서 화풀이 한다는 말과 같이 생각할 수 있다"(최정윤 외, 이상심리학, 2001).

✅ 비체계형 범죄자와 체계형 범죄자의 범죄현장 특징

disorganized asocial offender (비체계형)	organized nonsocial offender (체계형)
• 우발적 행동특성 • 불특정인을 상대로 범행 • 피해자를 익명으로 취급 • 피해자와 최소한의 대화 • 혼잡한 범죄현장 • 돌발적 폭력 • 결박 사용 않음 • 살해 후 성폭행 등 잔혹행위 • 사체를 현장에 방치 • 범행도구를 현장에 방치 • 물리적 증거를 남김	• 계획성이 나타남 • 피해자를 사전에 선택 • 피해자를 개인적으로 취급 • 피해자와 통제된 대화 • 통제된 범죄현장 • 피해자에게 복종을 요구 • 결박 사용 • 사망 전 공격적인 행동 • 사체를 옮기거나 숨김 • 범행도구를 은닉 • 물리적 증거의 인멸

✅ 비체계형 범죄자와 체계형 범죄자의 차이점

	비체계형	체계형
성격특징	• 낮은 지능, 낮은 학력 • 사회적인 부적절성 • 육체노동 • 낮은 출생서열(형제간) • 부친직업의 불안정성 • 피학적인 아동시기 • 범행 당시의 높은 불안도 • 소량의 음주습관 • 독거,범죄현장 근처에 거주 • 언론에 대한 무관심 • 범행 후 큰 행동변화 • 야행성, 신변의 불결성 • 비밀스러운 장소의 소유 • 이성관계 없음	• 높은 지능 • 사회적인 유능성 • 높은 출생서열 • 아동시기의 엄한 훈육 • 범행 시 뛰어난 감정조절 능력 • 동거, 지역, 직업적 이동성 • 언론보도를 주시 • 매력 • 정리된 신변 • 모범수 • 성적인 자신감
범행 후 행적	• 범행현장에 되돌아 온다 • 피해자의 장례식에 참여 • 종교에 귀의 • 일기작성과 언론보도물 수집 • 이사, 전직, 행농변화	• 범행현장에 되돌아 온다 • 스스로 경찰과 접촉하여 정보제공 • 경찰의 질문에 대한 대비 • 사체를 이동시킴 • 범죄를 드러낼 목적으로 사체유기
효과적인 심문방법	• 동정심을 보일 것 • 우회적인 표현을 쓸 것 • 상담가와 같은 태도로 임할 것 • 밤에 심문할 것	• 직설적인 심문을 할 것 • 상세하고 구체적인 사실을 제시 • 논리성으로 제압

비체계형 범죄자들은 범죄를 저지를 경우 계획성이 결여되어 있는 경우가 많다. 현장이 혼란스럽고 쉽게 설명되지 않는 행동을 주로 나타낸다. 체계형 범죄자는 범행을 저지를 당시 미리 계획을 수립한 흔적이 보이고 범행 후 검거되지 않기 위해 충분한 증거인멸을 시도한다.

이렇게 범죄자를 체계적인 유형과 비체계적인 유형으로 구분하는 것은 살인범을 두 가지 유형으로 나누는 기준이 된다는 점에서 의미가 있다.

FBI의 로버트 레슬러(Ressler, 1992)는 범죄를 네 가지 과정으로 구분[2]한다.

- 첫 번째 단계: '범죄 이전의 단계', 범죄를 실행하기 이전의 행동이다.
- 두 번째 단계: '범죄의 실행', 이 단계에서는 '살인'이 벌어졌다는 객관적 사실보다는 범행의 과정에 유괴, 고문, 성폭행 등이 행해졌다는 내용들이 포함된다.
- 세 번째 단계: '시체의 유기', 이 단계는 현장에서의 범행 후 조치를 포함한다. 시체를 은닉하여 발견을 지연시키기 위해 노력한 행동이 나타나는지, 시체의 발견 유무에 관심이 없는 경우이다.
- 네 번째 단계: '범죄 후의 행동', 어떤 형태의 범죄자들은 범행 당시의 환상을 지속시키거나 혹은 여러 가지 이유로 인해 살인 사건의 수사에 관련자를 가장하여 끼어들거나, 기타 다양한 방법으로 범죄와 계속 관련을 맺으려고 한다.

---

[2] Ressler, Shachtman(1992). 1단계: 범죄 이전의 단계, 2단계: 범죄의 실행단계, 3단계: 시체의 유기(현장에서의 범행 후 조치), 4단계: 범행 후의 행동.

　범죄의 4단계 과정에 나타난 두 유형의 범죄자를 비교하면 다음과 같다.

　체계형 범죄자의 범행 전 가장 중요한 특징은 범행을 계획한다는 것이다. 순간적인 충동에 의해 범행하는 것이 아니라 미리 계획한다는 것을 말한다. 이들은 대부분 자신과 면식없는 피해자를 선택하며, 자신의 취향에 맞는 특정한 타입을 찾기 위해 미행을 하거나, 거리를 배회하거나, 일정 지역을 돌아다닌다. 차에 남자와 함께 앉아 있는 여성들을 골라 살해한다거나, 하이힐을 신은 여성, 혹은 금발의 여성만을 골라 살해하는 것 등이다.

　피해자의 선택에 있어서 비체계형 살인범은 계획적인 방법을 거의 사용하지 않는다. 때문에 상당히 발각이나 목격의 위험이 높은 상황에서 피해자를 납치하거나, 혹은 자신의 능력에 비해 쉽게 제압할 수 없는 피해자를 즉흥적으로 선택하는 경우가 많다. 그 결과 피해자의 예상치 않은 저항으로 인해 범행 당시 상호간 상처를 입기도 한다.

　범죄 발생 시 체계적인 살인범에 의한 범행일 경우 주된 특성이 '계획'이므로 살인범의 논리가 일반적으로 계획될 수 있는 모든 국면에 나타나게 되지만, 비체계형인 살인범의 경우 그런 정상적인 논리의 결여로 인해 범인이 체포된 뒤 자신의 범행 중 행동을 진술하기 전까지는 범행 전반에 걸친 혼란한 논리를 이해할 수 없는 경우가 많다.

　체계형 범죄자는 범행 중 자신의 행동을 긴급한 상황에 적응시키는 적응력이 있다는 것이다. 그 예로 한 범죄자는 대학 구내에서 두 젊은 여학생을 총으로 쏜 뒤 죽어가는 두 여성을 자신의 차 뒷좌석에 앉혀두고 담요로 덮은 뒤 경비원이 의심하지 않도록 적절히 대응하며 출

구를 빠져 나올 수 있을 만큼 침착했다.[3]

만일, 비체계형 범죄자일 경우 위와 동일한 상황에서 이동 중 경비원을 보고 당황스러움을 감추지 못한 행동을 하거나, 경비원이 있는 정문을 빠른 속도로 통과하는 등의 이상행동으로 주의를 끌었을 가능성이 높다.

체계형 범죄자는 범행 도중 벌어지는 상황에 잘 적응하며, 이동성이 있고, 다음 범죄로 넘어가면서 점점 수법이 발전하고 교묘해진다.

한 범인에 의해 여러 건의 사건이 발생하였다면 첫 번째 범죄는 나머지 범죄보다 덜 계획적일 수 있으며 나중의 범죄에서 더 많은 계획과 교묘한 수법이 사용될 수 있다.

범행도구의 사용에 있어서도 체계형 살인범의 경우는 범행 도구를 치밀하게 준비하여 사용하고, 자신의 차량을 범행 중 목격되지 않도록 적절히 사용하지만, 비체계형 살인범의 경우는 현장 물건을 사용하거나, 주로 대중교통을 이용하고 차가 있을 경우에도 쉽게 목격될 수 있다.

체계형 살인범의 경우 피해자들의 신원을 쉽게 확인할 수 없도록 옷을 벗긴 채로 소지품이나 옷과 시신을 따로 유기하거나 증거를 없애려 노력하지만, 비체계형의 경우 증거물의 인멸을 위한 노력을 거의 하지 않는다.

비체계형 살인범에 의한 범죄현장은 살인범의 혼란스러운 정신을 그대로 드러내고 있기 때문에 피해자의 시체가 끔찍하게 훼손되어 있는 경우가 많고, 특히 시체가 발견된 장소가 범행장소인 경우가 많다.

모든 성과 관련된 살인에 있어서 비록 피해자와의 완성된 성행위

---

[3] http://www.fbi.gov(FBI 홈페이지 사례 참조).

가 없었다고 할지라도 본질적으로는 성과 관련이 있다고 볼 수 있는 경우들이 있다.

체계적인 살인범들은 일반적으로 피해자를 살해하기 전에 그 상황을 최대한 이용하여 강간과 가혹행위를 병행하면서 성폭행을 마친다. 비체계형 살인범의 경우는 흔히 성행위를 아직 하지 않았거나 또는 성행위를 마치지 못한 상태에서 죽거나 정신을 잃은 피해자와도 성행위를 계속하는 경우가 많다. 순간적이고 과도한 폭력을 사용하여 피해자를 신속히 살해한다.

FBI 수사관 Hazelwood는 시체처리를 방치, 은닉, 전시의 세 가지 유형으로 나눈다.

방치는 범인이 공황반응상태(Panic reaction state)를 경험하고 있는 상태로, 오로지 현장과 시체로부터 벗어나는 것에 관심이 있는 경우이다.

은닉은 사전 계획성을 암시하는 것으로 시체를 불태우거나 알아보지 못하도록 절단하거나 암매장한다.

전시는 시체가 발견되기를 바라는 것으로, 그 이유는 첫째, 피해자와 피해자의 가족에게 관심을 표명하는 것이고, 둘째, 가족, 친구, 사회, 경찰 등을 비웃기 위한 행동으로 해석하고 있다.

그 외에도 체계형 범죄자들은 그들의 성장과정에서 주로 부모가 일정한 직업을 갖고 있지만 일관성 없는 처벌을 받는 가정에서 자랐거나, 또는 대부분 자신이 무슨 일이든 할 수 있다고 느끼는 가정에서 성장한 것으로 특징지어진다.

그들은 자신의 마음 속에 상처나 분노, 두려움을 내면화 하지 않고 외면화시키기 때문에 공격적이고 때로는 무분별한 행동을 보임으로써 학교생활에서 쉽게 눈에 띄는 아이들이었다.

범죄자들에 대한 구체적인 연구가 진행되기 전에는 모든 살인범들이 당연히 어린 시절부터 파괴적이거나 눈에 띄게 난폭한 행동을 하였던 자들이라고 인식되어 왔지만, 사실 이런 전형은 체계적인 범죄형에만 적용된다고 할 것이다.

비체계형 범죄자들은 상처나 분노, 두려움을 내면화하기 때문에 내적 분노를 해소할 방법을 알지 못하며, 적절한 상황에 그러한 감정들을 표출할 신체적, 언어적 능력이 결여되어 있는 경우가 많다.

때문에, 학교생활에 있어서도 너무나 조용한 아이였고, 나중에 끔찍한 범죄를 저질러 검거되더라도 학교 친구들로부터 잘 기억되지 않으며, 주로 주변에서 착한 아이, 조용한 아이였던 것으로 기억되는 경우가 많다.

일반적으로 사건 현장에서 비체계형 범죄자가 연쇄적으로 살인을 저질렀을 경우는 대개 그 사건들이 서로 연관성이 결여되어 있기 때문에 수사에 어려움을 겪는 경우가 많다.

즉, 두 사건에 사용된 흉기나 수법이 다르고, 피해자들의 연령대, 성별, 기타 특징들이 상이하게 나타날 수 있기 때문이다.

이렇게 살인범들을 대상으로 한 FBI 행동과학팀의 연구 결과, 살인범의 2/3가 체계형 살인범이고, 나머지 1/3은 비체계형 살인범의 범주에 속한다는 통계를 발표하였다.

그러나 FBI의 이분적인 분류체계는 귀납법 추론이 갖는 한계와 같이 모든 개별적 사실이 반드시 '참'이 아니라는 것이다. 분류기준이 정신분석적인 개념에 기초하고 있기 때문에 기본 가정들의 타당성 여부를 객관적인 방법으로 판단할 수 없다는 문제점을 갖고 있다.

동기가 불분명한 살인이 복수나 사디즘에 의해 유발된다는 정신분석학적인 가정을 뒷받침하는 자료를 객관적으로 얻어낼 수는 없다.

✔ 체계형, 비체계형 범죄 비교

구분	체계형 범죄	비체계형 범죄
범죄비율	살인범의 약 2/3에서 나타남	살인범의 약 1/3에서 나타남
특징적 구분	강박성, 반사회적 성격을 보여주는 것으로 범죄의 의도(범행계획)가 있는 범죄현장과 범죄 용의자	정신장애의 증거가 나타나 있는 범죄현장과 용의자
범행계획	범행계획은 환상에서 시작. 사건 몇 년 전부터 환상이 점점 발전	범행계획은 없고 정신병 때문에 범행
적응성 이동성	범죄 시에도 긴급한 상황에 적응할 수 있는 능력이 있음. 차는 깨끗이 손질되었거나 사건 후 피해자의 차량을 이용	걸어서 다니거나 대중교통 수단을 이용하는 경우가 많음. 차가 있다면 손질이 되지 않고 지저분한 상태일 것임
첫번째 살인	거주지, 근무지, 또는 일시적으로 머문 장소 근처에서 범행 직장에서의 해고 등 스트레스를 받았을 때 범행	범죄 이전에 스트레스는 없고, 정신병에 기인해 살인
범죄현장 특징	범행도구를 가지고 다님 범행 후 범행흔적을 없애려는 노력 범죄현장을 조작해 수사 혼란 초래 희생자의 소지품 등을 기념물로 가져감. 살인하기 전 강간 등 성범죄 자행	범행도구를 현장에서 구함. 범행 흔적을 없애려는 노력은 하지 않음. 기념물 대신 혼란스러운 정신으로 인해 신체 일부, 머리카락, 옷가지 등을 가져감
범죄자 성격	아버지가 일정한 직업을 가졌으며, 일관성 없는 처벌을 받는 가정에서 성장. 상처, 분노, 두려움을 외면화. 사회적으로 눈에 띄는 행동을 많이 함(자주 싸우는 등). 과잉 보상을 받으려는 경향과 우월감	아버지 직업이 일정치 않고 어린 시절 가혹한 처벌을 받는, 알코올중독자, 정신병을 가진 가족이 있는 가정에서 성장. 상처, 분노, 두려움을 내면화. 사회적 관계가 단절되어 있음. 지능은 낮고 열등의식을 가지고 있음.
직업	대부분이 안정적인 직업을 가짐	거의 모두 직업을 갖고 있지 못함
피해자 특성	범인을 모르는 낯선 사람(특정한 타입, 즉 나이, 용모, 직업, 헤어스타일 등을 찾기 위해 미행), 희생자를 인격적으로 대해 줌	쉽게 제압할 수 있는 희생자를 선택. 희생자에 관심이 없고 재빨리 실신시키거나 살인 후 훼손시켜 개성을 말살
사체처리	약 3/4이 시체를 은닉하거나 유기(범죄를 숨기기 위해 또는 피해자와 자신의 신원 파악을 어렵게 하기 위해 시체 훼손)	대부분 시체를 방치(혼란스런 정신으로 범죄를 은닉하기 위한 다른 조치를 취할 수 없기 때문)

또한 시간(屍姦), 심각한 사체훼손 등은 두 부류 모두에게서 충분히 나타날 수 있는 현상이며, 실제로 범죄자 중에는 두 가지 유형이 혼합된 양상을 보이는 사람들이 많은데, 이들에 대한 분류체계가 없다는 점이 비판의 대상이 되고 있다.

두 번째, 이분된 분류체계의 범죄자 특징을 도출하기 위하여 FBI는 재소자들을 상대로 자발적으로 연구에 참여한 연쇄살인범을 조사하였다. 그런데 연구에 자발적으로 응한 연쇄살인범들과 응하지 않은 연쇄살인범들에 대한 성향을 전혀 알 수 없기 때문에 FBI의 체계는 표본상의 편파성에 대한 비판을 벗어나지 못하고 있다.

FBI의 체계, 비체계형 이분법에서 주목할 것은 프로파일링 대상 범죄의 범주를 정신적으로 사고나 현실 검증력이 없는 (혹은 떨어지는) 사람들에 의한 유형과, 이상성격(Abnormal Psychology) 등에 기초하여 유형으로 분류하였다는 것이다.

2. Godwin 체계

FBI 범죄자 프로파일 체계에 대한 여러 가지의 문제점과 비판에 기초하여 Godwin은 "의미론적 요인 모형(thematic facet model)"이라고 불리는 새로운 체계를 연구하였다.

이것은 두 가지 요인, 즉 행동조직성 요인과 집착요인에 의해 4개 범주로 범죄자 유형을 분류한 것이다.

첫 번째 '행동조직성 요인'은 범행 중 범죄자의 공격적 행동이 계획되고 계산된 방식인지 아니면 폭발적이고 무질서한 방식으로 이루어진 것인지를 구분하는 것이고, 두 번째 '집착요인'은 가해자가 피해자에 대하여 가지는 집착(attachment)의 정도를 구분한 것으로, 낮은 수

준의 집착을 갖는 범죄자는 불특정 다수인을 상대로 자신의 분노 등
을 해소할 목적으로 범행하는 것이고,[4] 높은 수준의 집착을 갖는 범죄
자는 특정한 한 사람의 피해자를 상대로 범행하는 것을 말한다.

　Godwin은 이러한 이론의 타당성을 증명하기 위해 96건의 살인
사건 현장에서 나타난 65개의 변인(Variable)들을 분석하고 다차원 척
도법(multidimensional scaling)을 이용하여 평가한 결과 의미론적 모형
에서 가정하는 두 차원(행동조직성차원과 집착차원)이 확인되었다.

● Godwin의 4개 범주표(의미론적 요인 모형)

행동조직성요인	인지적	조직적 높은자기통제 가학적	조직적 높은자기통제 높은 집착 가학적
	정서적	비조직적 낮은 자기통제 낮은 집착 분노적	비조직적 낮은 자기통제 높은 집착 분노적
		저　　　　　　　　고	
		집착 요인	

---

[4] 2002. 9. 24, 그리고 2002. 9. 27. 서울 중랑구에서 연쇄적으로 발생한 살인사건 피의자
는 여성에 대한 자신의 분노를 표출하기 위해 무작위로 노상에서 귀가하는 여성을
상대로 범행한 것으로, 이 경우 피해자 각자에 대해서 갖는 집착의 수준은 낮다고
할 수 있다.

연역적 프로파일링

연역적 프로파일링은 범죄 현장에 있는 법과학 증거, 검시 보고서, 검시 사진, 가해자 연구를 통해 특정한 범죄자의 범행을 재구성(Reconstruction)하여 그 범죄자의 행동 패턴, 성격, 범죄자 수, 감정과 동기 등을 분석하는 것이다. 프로파일러의 수사 경험, 심리학 이론의 적용, 수사 전개과정에서 밝혀지는 사항들을 분석하여 진행되기 때문에 오류 판단 가능성이 한계로 지적된다. 그러나 실제 사건 수사팀이 갖는 의문점을 상당 부분 해석할 수 있기 때문에 초기 FBI 프로파일러들이 유용하게 활용하였다.

FBI의 연역적 프로파일링(Profiling) 사례

1. 비체계형 범죄(Disorganized Offender)[5]

1) 흡혈 살인자(Vampire Killer) 사건[6]

1977. 12. 29. California의 Sacramento County의 한 마을에서 51세의 남자가 자신의 집 앞에 세워둔 자동차에서 식료품을 꺼내기 위해 집에서 나서던 중 22구경 자동권총(22-caliber automatic)으로 흉부를 맞고 살해되었다. 피해자를 뒤따라 나오던 그의 부인은 두 발의

총성을 들었으며, 이웃 사람들도 총소리를 내면서 불상의 차가 지나가는 것을 목격하였다고 진술하였다

경찰은 곧 피해자의 주변을 수사하였지만, 용의자는 물론 범행의 동기조차 찾지 못하였다. 단지 증거물로 피해자의 몸에서 탄알과 길에서 발견된 탄피를 수거하였을 뿐이었다. 사건이 발생되고 약 25일이 지난 1978. 1. 23. 역시 같은 마을에 거주하는 월린은 18:00경 퇴근하여 집으로 돌아왔다가 임신 3개월의 아내 테리가 침실 바닥에 끔찍한 모습으로 죽어 있는 것을 발견하였다.

범인은 피해자 집 부엌에서 스테이크 칼을 가져와 피해자의 내장 장기를 적출하였다. 그리고 현장상황으로 보아 피해자의 혈액을 종이컵으로 퍼내어간 것으로 추정되었지만 현장에서 종이컵이 발견되지 않았다. 시체 옆에 있던 종이컵의 지름과 맞는 여러 개의 고리모양의 흔적을 방바닥에서 발견함으로써 더욱 확실시 되었고, 특정한 신체부위들과 스테이크 칼들이 현장에서 없어진 상태였다(나중에 살인범이 피해자의 피를 마신 것으로 밝혀졌다).

곧 두 사건은 같은 지역에서 일어났으며 기습적으로 피해자들이 살해되었고 범행에 사용된 무기가 두 피해자 모두 22구경 caliber automatic 권총으로 확인되어 서로 연관성이 있는 사건으로 보고 수사가 진행되었다.

수사관들은 기존의 수사방법을 동원하여 단서를 얻기 위해 현장 주변에서 증거물을 찾고자 수색과 수사를 진행하였다. 범행의 동기를 찾기 위해 피해자의 주변인 수사를 진행하면서 두 번째 발생한 사건 피해자의 남편 월린을 집중 수사하는 한편 피해자의 결혼 전 남자친구들과 관계있는 사람들을 수사하였다.

수사진은 이러한 수사를 통해 특이한 점 하나를 발견하였다.

그것은 피해자(테리)의 남편인 윌린의 옛 여자친구가 그들의 결혼 생활을 매우 질투했다는 사실이었다. 그녀는 처음 피해자가 임신한 사실을 알았을 때 친구들에게 종종 피해자를 죽이고 아기를 도려냈으면 좋겠다고 자주 말하고 다녔던 것이다. 그러나 결국 이로 인해 사건에 대한 수상한 점(수사상 혼란스러움)이 가중되었을 뿐 사건은 해결되지 않았다.

두 사건에 대한 수사가 본격적으로 시작되기도 전인 1978. 1. 27. 역시 같은 지역에서 가족 전체가 살해되고 22개월된 아기가 실종된 사건이 발생하였다.

사망한 여인은 36세이며 머리에 3발의 총을 맞고 침대 가장자리에 나체 상태로 발견되었는데 복부가 X자로 절개되어 내장이 적출되어 있었으며 그중 일부는 잘려나갔고 직장 분비물에서는 다량의 정액이 검출되었다. 그녀의 집을 잠시 방문한 52세의 대부와 그녀의 6살 아들은 머리 등 여러 곳을 총에 맞아 사망하였고 22개월된 아기는 피투성이의 아기 침대에서 없어진 상태였다.

두 번째 사건(22세의 임신부 테리)의 살인 현장에서 사라진 칼이 여기에서 발견되었다. 이 칼로 피해자를 처음과 같이 난도질하고 식인 행위 흔적도 발견되었다. 또한 시신을 조사한 결과 복강에서 고무장갑을 발견할 수 있었다(나중에 수사관들은 범인이 스스로 수술을 시행하고 있는 것으로 착각했다는 것을 알았다).

현장의 여러 가지 정황으로 보아 범인은 피해자가 목욕을 하고 있을 때 침입하여 살인을 저지른 것으로 추정되었다. 범인은 피해자의 승용차를 갖고 도주하였으며 당일 저녁 현장에서 약 1마일 떨어진 곳에서 차량이 발견되었다.

당시 이 사건을 담당했던 FBI의 Biond는 이러한 혼란스러운 상황(가학적인 사건이 연쇄적으로 발생하고, 수사 도중 각각의 피해자나 그 가족들과의 원한, 시기, 질투관계에 있는 용의자들이 속출하는 상황)에서 범인의 프로필(profile)을 작성하였다.[7]

- 범인은 백인 남자
- 연령은 25~27세
- 마르고 영양실조인 외관
- 주거지는 지극히 너저분하고 어지럽혀져 있을 것이며, 거기에서 범죄의 증거가 발견될 것이다.
- 정신병력이 있고, 약물을 사용한 적이 있으며, 타인과 교제가 거의 없는 사람이며, 대부분 시간을 자기 혼자 집에서 보낼 것이다.
- 실업자로 모종의 장애 연금을 받을 가능성
- 만일 누군가와 함께 산다면 그의 부모들이겠지만 현재는 같이 살고 있는 것 같지는 않다.
- 군복무 기록이 없고 고등학교 또는 대학 중퇴자
- 아마도 한 가지나 그 이상의 편집성 정신분열증을 앓고 있을 것이다.

그는 위와 같은 용의자 프로필을 추정한 이유를 아래와 같이 설명하였다.

우선 성범죄 살인은(이 경우는 비록 범죄현장에 성행위를 한 증거가 없었다 할지라도 그 범주에 들어맞는다) 대체로 범인은 같은 인종으로 판단할 수 있다. 범죄현장은 백인 거주 지역이었으므로 다른 인종일 경우 목격의 가능성이 높으며, 대개의 성범죄 살인의 경우 백인 대 백인, 흑인 대 흑인 간의 범죄발생율이 높기 때문이다.

그는 사건 자체를 체계적 범죄와 비체계적 살인 유형에 적용하여, 범죄현장을 비체계적 범죄로 분류하고 심각한 정신병 증세를 가진 사람으로 단정하였다.

그리고 피해자의 복부를 가를 정도로 심한 정신이상 증세는 하룻밤 사이에 생겨나지 않으며, 보통 정신병의 깊은 부분이 표면으로 떠오르기까지는 8~10년이 걸린다. 그런데 현장을 통해 추론해 낼 수 있는 편집형 우울증은 대개 10대 중반에 나타나므로, 그 질병이 처음 증세를 보이는 나이에다 10년을 더하면 범인은 20대 중반일 것이다.[8]

그리고, 두 가지 이유로 범인의 나이가 별로 많지 않다고 생각했다.

첫째는 지금까지 수집한 자료를 토대로 대부분의 성범죄 살인범은 35세 이하이고, 둘째, 만일 그가 20대 후반을 넘었다면 병세가 몹시 악화되어 이미 여러차례의 비슷한 살인사건이 벌어졌을 것이다. 그러나 이 사건 이전 근처 어느 곳에서도 이러한 유형의 범죄가 발생, 신고된 바 없다.

그러므로 이 사건은 그의(범인의) 범죄가 시작되는 초기일 것이다. 그러한 심리학적 차원에서 용의자는 편집형 정신분열증(Schizophrenia paranoid type)[9] 환자이다.

---

8 일반적인 정신병리학적 측면보다는, 현장을 종합적으로 판단한 결과이다.

9 Schizophrenia paranoid type: 주변에서 흔히 볼 수 있는 가장 흔한 정신분열증 유형으로써, 환각, 특히 환청과 같은 지각장애를 동반한다. 여러 증상 중 피해망상이 우세하게 나타나고, 의욕(volition), 언어의 장애와 긴장성 증상은 두드러지지

결론적으로 범인은 마른 체형의 사람이고,[10] 또한 내향적인 정신분열증 환자들은 식사를 제때 하지 않고, 용모에 신경쓰지 않으며, 청결에 무관심하고 따라서 그런 사람과는 부모 이외에 아무도 함께 살고 싶어하지 않을 것이므로 독신일 가능성이 높다.

성격이 무척 내향적이어서 문지기 같은 하찮은 직업을 가진 경험이 있을 것이고, 장애연금으로 살고 있는 은둔자임이 틀림없다.

범인의 거처는 피해자들의 집 근처일 것이다. 다른 지역으로 차를 몰아 그런 범죄를 저지른 다음 다시 집으로 돌아가기에는 정신이 너무 산만했을 것이므로 범인은 현장까지 걸어서 갔다가 걸어서 집으로 돌아갔을 것이다.

그리고 한 범행에서 발생하는 희생자의 수가 증가하면서 난폭성이 가중되고 있으며, 따라서 범인은 정신이 심각하게 교란되고 있으므로 범죄현장까지 걸어서 왔다가 차를 버린 곳으로부터 다시 자신의 주거지로 걸어간 것이 확실하다. 결국 범인은 차가 버려진 곳으로부터 반경 1.6km[11]이내에 거주하는 독신자일 것이다.

수사관들은 이러한 용의자의 프로필(profile)을 갖고 현장주변 일대를 탐문 수사한 결과 차가 버려진 멀지 않은 곳에 소재한 Country

---

않는다. 급성상태에서는 뚜렷한 사고장애가 나타날 수 있으나 그렇다고 해서 환자가 전형적인 망상과 환각을 명확하게 묘사하지 못하는 경우는 없다. 자극과민성, 갑작스런 분노, 공포심이나 의심 등의 기분장애를 흔히 보인다.
한국의 프로파일링 사례에서 소개할 사건에도 마찬가지로 편집형 정신분열증 환자의 살인 현장은 혼란하고 무질서한 모습을 나타내고 있다.

10 독일의 어니스트 그레츠머 박사와 콜럼비아 대학의 윌리엄 쉘든 박사가 연구한 '체형과 기질의 연관성'을 설명한 것으로, 그레츠머 박사는 마르고 허약 체질의 남자에게 내향적 형태의 정신분열증이 많다는 것을 발견하였다. 이러한 체형이론은 오늘날 심리학자들에게 호응을 얻지 못하고 있지만 그 이론이 적어도 정신이상인 연쇄살인범의 체형을 시사하는 데 있어서는 정확할 때가 더 많다고 주장한다.

11 범행이 벌어진 모든 장소가 발견된 피해자의 차를 기준으로 반경 1.6km 이내이다.

club의 개(犬)가 총에 맞고 내장이 꺼내어졌다는 신고가 들어오자 수사범위는 훨씬 좁아졌다. 지역 내 집중 탐문 수사한 결과 한 시민이 얼마 전 자신의 학교동창이 피가 묻은 셔츠를 입고 있는 것을 목격하였다고 진술하여 그의 신원을 확인한바 용의자의 프로필과 꼭 들어맞았고 결국 범인을 검거할 수 있었다.

여기서 한 가지 주목해야 할 것은 그의 검거 과정이다.

경찰은 범인 체이스(Richard Trenton Chase)의 신원을 확인하고 그가 살고 있는(피해자의 차량이 발견된 곳에서 불과 한 블록도 떨어지지 않는 곳에 위치한) 한 아파트를 찾아내고 잠복하였다. 그는 단지 여러 명의 용의자 중 하나일 뿐이었기 때문이다. 잠복중이던 경찰관들은 그가 아파트 내에 있음을 확신하고 전화를 걸었지만 받지 않자 그를 밖으로 나오게 만들 전략을 사용하기로 하였다.

용의자가 충분히 볼 수 있는 위치에서 한 형사는 마치 전화를 걸려는 것처럼 관리인 숙소 쪽으로 갔고, 그러는 사이 다른 한 명의 형사는 보란 듯이 아파트 앞을 지나 다른 곳으로 걸어갔다.

그러자 몇 분 후 체이스가 팔 밑에 상자를 하나 끼고 나와 자신의 트럭 쪽으로 달려가기 시작했다. 순간 경찰은 그가 범인임을 확신하고 검거하였고 상자 속에는 피가 묻은 헝겊이 가득 채워져 있었다.

범인을 검거한 경찰은 Biond가 추정한 용의자 profile에 모든 것이 정확히 해당되는 것을 확인할 수 있었고, 범인인 Chase는 자신이 '비누 접시중독'[12]에 걸려 있기 때문에 자신의 피가 가루로 바뀌어 못쓰게 된다고 믿고 있었으며 그 가루가 몸과 기력을 먹어치워서 능력을

---

[12] 흔히 편집형 정신분열증에서 볼수 있는 망상의 한 증상으로, 그는 사람들이 모두 비누접시를 갖고 있는데 비누를 들어 올려서 그 밑부분이 말라 있으면 아무 문제도 없으나 끈적끈적하면 그것은 비누중독에 걸린 것이라고 주장하였다.

떨어뜨린다고 생각하고 있었다.

결국 이 사건이 발생한 가장 큰 이유는 자신의 피가 가루로 변해 가기 때문에 살아남기 위해 흡혈귀 같은 혐오스런 행동을 하여 영양 분을 얻은 것이라고 하는 왜곡된 현실지각에서 비롯된 것이다.[13]

2. 체계형 범죄(Organized Offender)[14]

1) Mid-Town Torso Case

이 사건은 New—York과 New—Jersey의 Bergen County에서 활 동한 연쇄살인범에 관한 것으로 앞의 사례와는 다른 유형이며, 가학성 변태성욕자(Sadist)에 의한 전형적인 연쇄살인 사건이다.

New—Jersey의 Bergen County의 서쪽에 위치한 어느 모텔의 한 방에서 화재가 발생하여 출동한 소방관들에 의해 나체로 심하게 손상 된 두 명의 젊은 여성의 시체가 발견되었다.

시체를 조사한 법의학자들은 피해자들의 머리와 손은 거의 외과 적으로 절단되었고 성폭행을 당하였으며 신체적으로도 심한 폭행을 당한 것을 발견할 수 있었다.

피해자인 두 명의 여성은 모두 그 방으로 유인된 성매매 여성 으로 추정되었고 호텔 장부를 검사한 결과 그 방은 한 백인 남성이 New—Jersey의 거짓 주소로 3일간 투숙한 것으로 기록되어 있었다.

피해자들의 연령을 추정하기 위한 법과학적 검사 결과, 한 피해 자는 20대 초반이며 다른 여성은 약 16세로 추정되었다.

---

13 비체계형 범죄자 특성 참조.
14 Vernon, J. Geberth, Practical Homicide Investigation, CRC press, 1996, p. 770.

　　그리고 약 한달 후 한 피해자는 아틀란타와 뉴욕에서 활동하는 성매매 여성으로 밝혀졌다.

　　사건이 발생한 4개월 후 New-Jersey의 Bergen County의 한 모텔에서 역시 뉴욕에서 성매매 여성으로 일하고 있는 19세 여인의 시신이 발견되었다.

　　그녀는 고문과 성적인 폭행을 당하였으며 현장에서는 피해자를 결박하는데 사용했던 수갑이 발견되었다.

　　수갑에서 용의자의 것으로 보이는 지문이 발견되었지만 이 사건은 Mid-Town Torso 사건과 MO(modus operandi-mathod of ope-ration)가 다르고 사건 현장에서의 정보가 다르기 때문에 수사팀은 서로 관계가 없다고 생각하였다.

　　11일 후 뉴욕 경찰은 다시 나체로 손상된 시신을 발견해 한 911로 연락을 한 호텔방에 도착하였다. 수사관들은 즉시 이 사건을 Mid-Town Torso 사건과 결부시켜 수사하였지만 이번의 살인자는 피해자의 머리와 손을 제거하지 않았다. 대신 살인자는 피해자의 양 가슴을 제거하여 침대의 머리맡에 두었다. 그리고 역시 감금과 고문의 흔적이 있었으며 피해자는 Mid-Town Torso 사건의 피해자들과 같이 고가의 성매매 직업 여성으로 밝혀졌다.

　　일주일 후 Hasbrouck Heights의 경찰은 Richard Cottingham이라는 33세의 백인 남성이 모텔에서 도망치는 것을 체포하였다.

　　그는 뉴욕에서 온 18세의 성매매 여성을 수갑으로 결박하고 고문하고 있었고 그녀의 비명을 들은 모텔 관리자가 즉시 경찰에 연락을 한 것이었다. 그는 살인사건과의 관련을 부인하였지만 수사관들은 수색영장을 발부 받아 New-Jersey의 Lodi에 있는 Cottingham의 집을 수색하였다. 그곳에는 그의 부인조차 출입할 수 없는 개인 방이 있었으며, 그 방은 그가 피해자들로부터 전리품으로 생각하는 기념품을 보관하는 '전리품의 방(Trophy Room)'이었다.

수사관들은 범인이 뉴저지에서 이전에도 살인을 했을 것이라고 믿었고 실제로 3년 전 27세 된 간호사의 시신을 한 모텔의 주차장에서 발견한 적이 있었다. 그녀의 몸에도 다른 피해자들과 마찬가지로 유사한 상처들이 있었고, 곧 Cottingham의 범죄임이 입증되어 'Signature Case'로 알려지게 되었다.

Cottingham은 다음과 같은 전형적인 계획적 범죄자의 특징을 보여준다.[15]

피해자와의 그의 행동은 그가 피해자를 고통스럽게 함으로써 흥분을 하는 것으로 보아 성적 가학자라는 임상적인 진단과 일치한다.

- 그는 피해자를 성적인 것과 성 심리적 만족을 얻기 위해 선택하였다.
- 그는 방법론적이며 교활하게 그의 범행을 계획하였다.
- 그는 피해자에게 사용할 '살인 세트'와 기구를 갖고 있었다.
- 그는 피해자를 완전히 제압했다(수갑, 속박기구, 테이프 등).
- 그는 잔혹한 행동을 통해 흥분했다.
- 그는 가학적 환상, 고문과 감금 기구에 대한 그의 흥미를 보여주는 상당한 양의 포르노 사진 모음을 갖고 있었다.
- 그는 피해자에게 복종을 요구하였으며, 성적인 실험을 실행했고, 피해자를 무시하였다.
- Mid-Town Torso 사건의 경우 피해자의 인식을 방해하기 위해

---

15 사회거부형(계획적 범죄자)의 특징 참조.

머리와 손을 손상시켰다. 그는 또한 충격을 주기 위해 다른 사건에서는 시신의 가슴을 제거하였다.

- 대부분의 사건 현장에 증거물은 거의 없었으며, 그는 두 사건에서 증거물을 없애기 위해 불(방화)을 이용하였다.
- 그는 뉴스 보고에 주시하였고 이에 따라 MO를 바꾸고 자신의 위치도 바꿨다.
- 그는 피해자로부터 기념품을 수집했다. 계획적 범죄자의 경우 그러한 행동은 그의 정복에 대한 '전리품'이 되었다.
- 그는 범죄현장에서 조금 떨어진 곳에 살았으며, 그의 첫 살인이었을 간호사를 제외한 모든 피해자들은 계획적으로 유인된 이방인이었다.
- 그는 기혼으로 3명의 자녀가 있었고, 집은 뉴저지에 있었다. 그는 맨하탄에서 일했으며 뉴욕에서의 다른 생활과는 분리되게 유지하였다.
- 그는 성매매 여성들과 관계를 가졌으며 납치와 강간을 하였고 이러한 행동과 더불어 특정한 성매매 여성들을 고문하고 살해하였다.

: 범죄현장 재구성(Crime Scene Reconstruction)과 프로파일링

현장 재구성은 사건 현장에서 수집된 증거 분석을 통한 행위의 분석(event alalysis)이다. 객관적인 사실의 관찰, 논리적 추론을 통한 범죄현장 재구성은 프로파일링에 있어서 반드시 선행되어야 할 요소이며 프로파일링과 밀접한 관련을 갖고 있다. 범죄현장에 과학적으로 재구성되어야만 어떤 행위(행동)이 있었는지 알 수 있다. 밝혀진 행동을 통해 프로파일러는 범죄유형별 범행동기, 심리적 특성분석 등에 활용할 수 있다.

1. 현장 재구성(CSR)의 정의[16]

범죄현장 재구성은 현장의 물리적 증거들을 과학적 방법을 사용하여 귀납, 연역적으로 추론하고 상호연관성을 활용하여 일련의 범죄행위에 대한 명확한 정보를 찾아내는 것이다.

즉, 사건 현장에 나타난 증거를 수집 분석하여 과학적 방법을 활용, 범죄행동의 순서를 추정하는 기법으로 모든 범죄현장 분석에 적용이 가능하다.

- Bevel[17]과 Gardner[18]   "가장 그럴듯한 범행순서를 추정하는 과정으로 주어진 모든 증거, 감정결과, 부검결과, 증거와 피해자의 관련성, 목격자진술 등을 분석하여 범행 순서를 추정하는 과정"
- Chisum[19]과 Rynearson[20]   "상식, 법과학, 행태가 상호작용하여 범행동기, 움직임, 순서, 시간 등을 알 수 있는 것"

---

16 Craig M. Cooley. '행태증거분석(Behavioral Evidence Analysis)에 의한 사건현장 재구성'.
17 Tom Bevel, 前 경찰감식요원.
18 Ross M. Gardner. 前 군 수사요원.
19 Jerry Chisum. 1960년부터 범죄분석가로 활동.
20 Joe Rynearson. 前 현장감식요원.

2. 증거와 재구성

범죄현장의 모든 증거는 실질증거로 분류된다. 혈흔, 타액, 공구흔, 족적, 모발, 섬유 등 범죄와 범죄피해자, 가해자를 연결시킬 수 있는 모든 물체를 의미한다. 실질증거 및 정황증거의 수집, 분석은 사건현장재구성의 중요 부분을 차지한다.

✅ Bevel과 Gardner의 법과학적 삼각형 모형

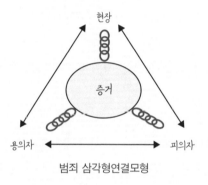

범죄 삼각형연결모형

프로파일러는 정교하게 완성된 사건현장 재구성 결과를 토대로 현장에 나타나 있는 범인의 시그니처(signature), MO(Method of Operation)[21] 등을 판단하고, 용의자로 지목된 자의 용의점은 더욱 명확하게 하고 용의자 아닌 자는 확실하게 배제할 수 있다.

---

[21] 시그니처(signature)는 범인만의 고유한 특성, MO(Modus Operandi)는 범행수법이다. MO는 범행경험이 쌓일수록 발전하고 변하지만 시그니처는 변하지 않는다.

3. 범죄현장 재구성의 네 가지 법칙

① 물질교환의 법칙(principle of exchange), ② 중첩의 법칙 (principle of superposition), ③ 횡적계속성의 법칙(principle of Loteral continuity), ④ 연대기(시간순서배열) 법칙(chronology)이 있다.

1) 물질교환의 법칙

프랑스의 범죄학자 로카드(Edmund Locard)의 물질교환의 법칙은, 모든 접촉은 흔적을 남긴다는 것으로 정의된다. 범죄 현장뿐 아니라 상호 접촉한 모든 물체는 흔적을 남긴다. 물리적 흔적은 과학적 증거로 활용될 수 있다. 물체에 남겨진 지문, DNA, 의복에 남겨진 섬유, 모발, 미세증거 등으로 무한하다.

2) 중첩의 법칙

스테노(Nicolas Steno)의 중첩의 법칙은 유물(지층)은 간섭요인이 없다면 시간순서대로 쌓인다는 원리이다. 범죄현장은 물건들이 넘어지고 엎어지거나 겹쳐서 발견된다. 이때 가장 아래 있는 물체가 가장 먼저 그곳에 있었다는 것을 의미한다. 이를 통해 행위의 순서를 알 수 있다.

3) 횡적계속성의 법칙

스테노(Nicolas Steno)의 횡적계속성(연속성)의 법칙은 지층은 이유 없이 단절되지 않는다는 원리를 통해 설명된다. 범죄현장에 피해자의 혈흔이 일정 방향으로 비산되어 있는데 중간에 일정 공간이 비어있다면 피해자가 공격을 받고 혈흔이 뿌려질 당시 가해자가 그곳에 서서 공격을 하였거나 사건이 발생된 이후 그곳에 있던 어떤 물체가 옮겨졌다는 것을 의미한다.

4) 연대기 법칙(시간순서배열)

연대기 법칙은 '침입 → 피해자와 조우 → 공격 → 증거인멸 → 도주'와 같이 사건이 발생한 일련의 순서를 배열하는 것을 의미한다.

4. 현장재구성 방법론(절차)

① 문제 정의: 어떤 일이 일어났는가?, 어떻게 침입하였는가? 등 분석할 문제를 정의한다.
② 근거증거수집/분석/세부행위를 판단(세부행위들 간 시간적 순서를 분석)하는 귀납 추리이다.
③ 귀납 추리 결과를 가설로 설정히고 현징 진체 행위를 분석하는 연역 추리이다.
④ 가설이 현장의 흔적과 일치하는지 관찰, 실험을 통해 검증한다.

증거수집과 기록을 위해 정밀한 현장 감식과 각 증거 채취 기준에 맞는 과학적 방법의 증거를 채취한다.
증거는 적절한 방법으로 채취하고 과정을 기록해야 하며, 사건의 경중에 따라 기록의 범위는 다를 수 있다.

5. 사건현장 재구성을 위해 필요한 기록들

1) 현장 감식 결과보고서

과학수사요원의 관찰과 의견, 현장 증거물 등이 기록된 현장 감식 결과보고서는 전체 사건을 이해할 수 있는 최소 단위의 구성요소이다.

2) 현장 사진

사건현장을 원거리, 중거리, 접사, 항공촬영 등 다양한 각도와 방법으로 촬영한다.

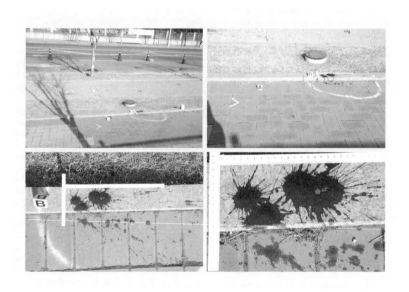

혈흔이 떨어진 장면을 원(遠) 거리에서 근(近) 거리 접사의 형태로 촬영하여 전체 상황을 알 수 있도록 한다.

3) 사건현장 녹화

현장사진을 보충하거나 대체할 수 있도록 녹화하여 사건현장의 최초 상태를 영상으로 보존한다.

4) 사건현장 스케치

스케치 내의 증거들은 증거표식이나 수사 보고서로 알 수 있고 사진이나 비디오를 보충하는 역할을 한다.

사건현장 스케치

5) 사건현장 증거표식

채취한 증거의 상태와 위치를 말해준다. 감정물 의뢰 현황파악에 편리하다.

증거표식(노란색 번호 스티커) 및 채취, 감정의뢰(벽면 혈흔)

6) 중요감정대상물의 감정결과

7) 법과학감정 결과

8) 수사보고서

목격자 및 피해자 진술은 사건현장에서 발견한 실질증거와 비교하여 분석할 수 있다.

9) 최초 임장자의 보고서와 기록

지구대 최초 출동자, 119구급대, 응급요원이 찍은 현장변경 전의 사진, 조명상태, 문과 창문의 개폐상태, 냄새 등은 시간이 지나면 확인하기 어렵기 때문에 기록을 참조한다.

10) 부검결과 보고서

사망시각, 사인, 사망의 기전, 상처형태, 약물중독 여부 등의 정보를 제공해준다. 생전의 상처인지, 사망 중 입은 상처인지, 사후에 발생한 것인지가 재구성에 쓰이는 순서정보[22]의 핵심이다.

11) 검시의료 기록

12) 부검사진 및 비디오

6. 증거의 분석과 분류

1) 생물학적 증거 분석

사건현장의 혈액, 정액, 타액, 모발 등에 대한 DNA 분석을 통해 개인 식별, 피해자 이외의 DNA 분석 결과나 지문의 존재 등에 대한 감정 결과 분석이다.

2) 물리학적 증거 분석

유리조각 가장자리에 있는 파단면을 보고 힘이 작용한 방향을 알 수 있다. 총기전문가는 탄두에 인상된 강선자국으로 총기의 종류, 구경, 제조사를 알아낼 수 있다.

3) 의학적 분석

부검 등을 통하여 사망원인, 사망시각, 상처형태, 독극물 여부 등을 알 수 있다.

4) 피해자 분석

피해자 행적, 성격, 습관, 태도, 행동반경, 공포에 대한 반응, 친구,

---

22 순서정보는 재구성과정의 중심이다. 현장에서 발생한 사실이나 행위 중에서 어느 것이 먼저이고, 어느 것이 나중에 일어난 것이냐에 대한 정보를 말한다.

유리조각 가장자리의 파단면

어울리는 사람, 싫어하는 사람 등에 대한 정보가 필요하다. 이 정보는 특정 시간에 피해자가 어디에 있었는지, 피해자가 공격자에게 어떻게 반격을 시도했을 것인지, 피해자의 주거와 범행 장소와의 관계 등을 알 수 있게 해준다. 주요 사건현장은 가해자와 조우한 장소, 최초 폭행 장소, 살해 장소, 시체 유기 장소 등 여러 가지가 있을 수 있다.

5) 분류

증거분석 후 수집한 정보 및 자료를 분류한다. 증거분류를 위해서는 증거를 해석하는 능력이 필요하다. 사건현장과 연관해서 증거의 의미를 밝힐 수 있어야 한다. 이를 위해서는 사건현장과 시간 및 환경이 어떻게 상호작용하는지를 이해해야 한다. 또한 수집된 증거의 신뢰성과 신빙성을 판단해야 한다.

Chisum, Rynearson, Bevel, Gardner, Findley는 사건현장과 관련해서 증거의 의미를 알 수 있는 정보를 몇 가지 제시했다.

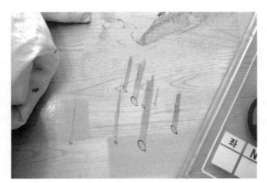

현장의 스켈레토나이제이션(skeletonization) 혈흔

① 예측가능 정보: 예측가능 정보로서 시체경직이나 시반을 들
수 있다. 사후 경과시간으로 사망시각을 추정할 수 있다. 혈흔형태분
석에서 해골상화[23] 형태는 혈흔이 유류된 지 30-60초 내에 발생하는
것이므로 혈흔이 유류된 시점과 근접한 시간에 다른 행위가 있었다는
것을 추정할 수 있다.

② 예측불가능 정보: 현실적으로 통제되거나 예상할 수 없는 정
보. 의료요원이 죽어가는 피해자를 구조하기 위해 현장을 훼손하거나
최초 발견한 피해자의 가족에 의해 변경된 현장의 상황을 의미한다.

③ 일시적 증거: 단시간에 멸실, 증발, 감소되는 증거로 채취하기
어렵다. 냄새, 습기 있는 족적, 꺼지지 않은 담배꽁초 같은 것이다.

④ 증거물의 위치 정보: 재구성 전문가에게는 감정결과보다 현장
증거물의 위치가 훨씬 더 중요할 수 있다. 깨진 유리창이 집 안에 흩어

---

23 해골상화, 스켈레토나이제이션(skeletonization). 혈흔이 유류되고 일정 시간 경과
후 문질러져서 가장자리는 붉은 띠를 형성한 채로 남아 있고, 가운데 부위는 바깥
으로 번져나가서 희게 되어 있는 혈흔을 말함.

저 있다면 외부에서 범인이 침입한 것으로 보기에는 이상한 장면이다. 혈흔형태, 총기현장의 탄피, 폭력현장의 흩어진 가구 등이 이런 증거이다.

⑤ 기능성 정보: 기능성 정보는 어떤 대상물에 작용한 조건을 말한다. 예를 들어, 총기관련 자·타살 구분에서 총이 떨어진 바닥의 패인 정도, 총기와 변사자와의 거리 등을 자세히 관찰하면 자살인지 타살인지를 구분할 수 있다.

7. 평가

평가는 수집한 정보가 무엇을 지지하고 지지하지 못하는가를 판단하여 사건현장의 순서를 만드는 단계이다.

1) 범행순서를 알 수 있는 증거

예를 들면, 혈흔이 깨진 유리잔 아래에 있다면 유리가 깨지기 전에 혈흔이 먼저 유류되었다는 것을 추론할 수 있다.

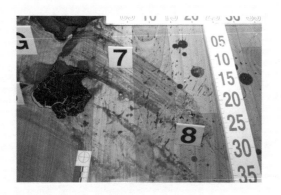

2) 움직인 방향을 알 수 있는 증거

움직임은 가해자−피해자의 행동에 대한 정보를 제공한다. 혈흔의 꼬리, 유리의 방사형 또는 동심원형 균열, 총상의 사출/사입구, 타이어흔 방향을 검색함으로써 움직임을 알아낼 수 있다.

3) 움직인 형태를 알 수 있는 증거

움직임 형태를 알 수 있는 증거가 있다. 벽에 있는 부스러기나 움

벽면의 흔적을 통해 흉기를 휘두르고 움직인 형태를 알 수 있다.

푹 들어간 모양은 물체가 던져졌다는 것을 알 수 있는 단서이다.

4) 물체와 피해자의 자세 및 위치를 알 수 있는 증거

증거의 위치는 현장전체를 보는 감각으로 보아야 한다. 예를 들어, 변사자 팔이 비정상적으로 위로 뻗어 있다면 최초 자세가 아니고 시체경직 후 움직였거나 사후 일부 변경되었다고 추정할 수 있다.

5) 개인식별 대상 증거

대상물의 원래 모양이나 신원을 확인할 수 있는 증거가 있다. 두 개의 유리조각 파단면을 직접 맞추어보는 것, 잠재지문이나 DNA, 교흔 등이다.

6) 사건현장범위를 알 수 있는 증거

사건현장범위를 알 수 있는 증거가 있다. 예를 들어, 탄환이 유리창을 뚫고 지나갔다면 사건현장을 실외로 확대해야 할 것이다.

이러한 평가 후에 위의 자료들을 모아서 그곳에 무슨 일이 있었는가에 대하여 가설을 설정하고 도표를 그리게 된다.

8. 통합

통합은 재구성의 최종결과물이다. 전체사건(incident)을 여러 개의 행위(event)와 조각행위(event segments)로 나누는 방법을 사용한다. 사건(incident)은 범죄와 관련된 모든 행동을 포함한다. 사건(incident)은 행위(event)의 집합체이다. 행위(event)는 사건의 일부분이며 증거를 통해 증명되고 "작고 특정한 행동"의 집합체이다. 이러한 "작고 특정한

● 조각행위(event) 분석표

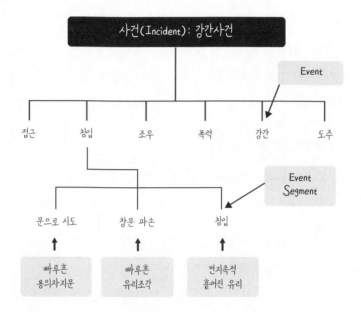

행동"이 조각행위(event segments)이다.

조각행위 분석표는 여러 개의 행위와 조각행위로 전체사건을 정렬, 재구성할 수 있다.

조각행위 분석은 행동을 논리적으로 정의하는 과정이다. 개개의 행위가 작으면 작을수록 분석은 더 세밀하고 정확하게 사건을 표현할 것이다. 행위분석을 통해 잃어버린 증거를 찾을 수도 있다. 다시 말해, 현장감식이 부족했거나 도주 시 용의자가 증거를 가지고 간 경우 행위분석을 통해서 찾을 수 있다.

통합단계는 퍼즐을 맞추는 것이다. 퍼즐을 맞출 때 일견 보기에 맞아 보인다고 해서 맞지 않는 위치에 강제로 맞추어서는 안 된다. 또

✅ 행동재구성 분석표

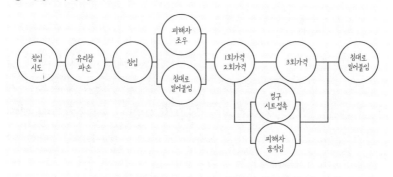

한 퍼즐을 맞출 때는 유연한 사고를 해야 한다. 조각이 맞지 않는다면 퍼즐을 처음부터 재검사하는 것을 망설이지 않아야 한다. 재구성 전문가는 새로운 증거가 나오면 지금까지의 재구성을 기꺼이 변경하고 폐기할 줄 아는 유연성을 가져야 한다.

　증거에 의해 가장 가능성 높은 행위 순서가 결정되면 플로우 차트를 만든다.

　재구성 전문가는 논리적·과학적 접근법에 자신의 주관적 판단을 개입시켜서는 안된다. Bevel과 Gardner는 재구성에서 동기나 의도 같은 주관적인 문제에 관심을 가져서는 안된다고 주장한다. Chisum은 주관은 예단을 낳고, 예단은 재구성을 일순간에 무너뜨린다고 했다. 다만 증거에 의해서 행위의 순서를 논리적으로 밝히는 것이 전부라고 한다. 즉, 재구성을 통한 행위의 분석이 과학적이고 냉정하게 이루어져야 한다는 것이다. 범행의 동기와 목적을 찾기 위해 사건현장을 재구성하는 것이 아니라 재구성된 행위를 분석하여 프로파일링을 할 수 있다는 의미이다.

: 현장 재구성과 한국의 연역적 프로파일링 사례

1. 사건개요

2009. 2. 28. 19:50경 이○○(여, 35)는 아들과 딸인 ① 피해자 김○○(남, 11), ② 피해자 김○○(여, 9) 두 남매만 집에 남겨둔 채 늦게 퇴근하는 남편 회사에 가기 위해 외출을 하였다. 승용차를 이용하여 남편의 회사로 가서 퇴근한 남편과 함께 집으로 돌아오니 두 남매가 사망한 채 거실에 나란히 누워 발견되었다.

사망한 피해자들의 어머니 진술을 정리하면, 다음과 같다.

간호사인 자신이 퇴근하여 평소와 같이 아이들이 집 밖에서 놀다가 집으로 돌아와 라면, 밥 등으로 식사를 하였다. 19:50경 퇴근하는 남편을 데리러 차량을 운전하여 외출하였다가 21:10경 남편과 함께 귀가하였다. 차량을 주차하고 남편과 같이 집으로 들어갈 때 평소와 달리 출입문이 잠겨있지 않았고, 거실에 피해자들이 잠을 자고 있는 것처럼 누워있는 것을 발견하였다. 아이들을 방으로 옮기기 위해 흔들어 깨우니 아무 반응이 없었으며, 체온이 없이 피부가 차갑게 느껴지고 숨을 쉬고 있지 않아 구급대에 신고하였다. 출동한 구급대가 확인할 당시 아이들은 이미 사망한 상태였으며 경찰이 올 때까지 현장을 보존하려 하였으나 부모의 강력한 요구에 따라 병원으로 이송하게 되었다.

✅ 진술을 바탕으로 시간 흐름에 따른 재구성

시간	내용	비고
사건 당일 15:00경	• 피해자들의 어머니가 병원 근무를 교대하고 집으로 귀가 • 식사 준비, 아이들이 인라인을 타고 집 밖에서 놀게 함	퇴근시간 확인
16:00경	• 귀가한 아이들에게 라면, 밥 등을 주고 자신은 빨래, TV시청 등 평소와 같은 생활	본인 진술
19:05	• 퇴근 시간에 맞춰 차를 가지고 데리러 오라는 내용으로 남편 통화	통신기록 확인
19:50경	• 남편 데리러 차량을 이용 출발 • 자신이 집을 나오면서 아들이 출입문 잠그도록 함	차량이동 cctv 확인
19:50 ~ 21:10	• 피해 아동들만 집에 있던 시간(범행 발생 시간)	80분
21:10경	• 남편과 함께 귀가, 주차하는 동안 남편이 문이 열려있다고 의아하게 생각하며 집으로 들어가 거실에 누워 사망한 피해자들 발견 • 구급대 신고, 병원으로 이동	신고시간 등 확인

2. 발견 당시 현장상황

거실(피해자들이 거실 가운데 누워있었다고 진술)

안방 장롱 내 물건을 뒤진 흔적

안방 물색

아들 김○○(11세) 방

딸 김○○(9세)의 방

아들 김○○(11세)이 방에서 끌려 나온 흔적(검정분말 반응)

출입문 손잡이 부분(손괴흔적 없음)

1) 범죄행동 재구성

진술을 정리하면, 피해자의 어머니가 집을 비운 19:50경부터 21:10(1시간 20여 분) 사이에 누군가 침입하여 두 아동을 살해하고 금품을 강취 도주한 상황으로 판단된다.

★ 현장 재구성 목표 설정

〈침입 방법-가해자와 피해자의 만남-공격행위/도구-증거인멸 방법〉
　㉠ 침입 방법: 범인은 어떤 방법으로 침입하였나?
　㉡ 가해자와 피해자의 만남: 가해자, 피해자가 마주친 상황
　㉢ 공격행위/도구: ① 피해자들의 신체에 나타난 상처나 폭행의 흔적이 있는가?
　　　　　　　　　② 살해 도구
　　　　　　　　　③ 살해 이외 범죄자의 행동이 나타났는가?
　㉣ 도주 및 증거인멸 방법?

2) 전체적인 현장상황

- 출입문, 창문 등 손괴 흔적이 없다
- 피해 아동들은 각자의 방에서 자고 있던 흔적
- 전기 줄 정도 굵기의 끈으로 각각 목이 졸려 사망

① 피해자(아들)를 침대에서 거실까지 바닥에 등이 닿은 상태에서 끌고나온 흔적이 있다. 보일러를 틀어 놓아 방 안은 따뜻하였고 아들은 발견 당시 상의를 입지 않고 하의 속옷만 입고 있다. 침대로부터 거실까지 검정 분말로 확인해 보니 등이 바닥에 닿은 상태에서 끌고 나온 흔적이 발견되었다.

② 피해자(딸)은 이불에 소변을 본 흔적이 있다. 바닥에 끌려나온 흔적은 없다.

목조름 이외 신체적 폭력의 흔적은 없으며, 반항 흔은 발견할 수 없었다. 아이들이 잠을 자고 있지 않던 안방과 딸 방의 동전 저금통을 뒤진 흔적이 있다.

3) 1차 현장 재구성과 연역적 추론

실제 사건 분석을 진행할 때에는 수사팀에서 확인된 사항을 바탕으로 한다. 출입문이 잠겨 있지 않은 상황에 대한 추론을 할 때, 평소 가족이나 주변인들의 진술에 나타난 습관, 성향, 평소 주의(注意) 정도 등을 바탕으로 실시되어야 한다. 분석관 임의대로 발견 당시 출입문이 잠금 장치가 되어있지 않은 점을 판단하는 것은 가능성 있는 경우의 수를 나열하는 것에 불과하다.

① 범인은 잠겨 있지 않은 문으로 침입, ② 피해자들에게 문을 열게 하여 침입했을 것이다. 피해자들의 어머니가 외출할 당시 아들이 문을 시정하였다는 진술, 평소 자녀들만 집에 있는 시간이 많아 철저한 잠금장치를 하도록 교육하며, 습관화 되어 있다는 진술을 토대로 한다면 잠긴 출입문을 피해자들에게 열게 하여 침입하였을 가능성이 높다.

다음과 같은 의문점이 있다. 피해자들의 침실 상황, 거실까지의 이동 흔적 등을 종합하면 거실에서 사망한 것이 아니라 각자의 방에서 잠을 자고 있던 중 목조름에 의해 사망하고 거실로 이동된 흔적이 있다. 피해자 중 누군가 문을 열어주었다면 문을 열어 준 이후 다시 자신의 방 침대 위에서 잠을 자고 있어야 한다. 피해자들에게 문을 열게 하였다는 행동이 현장 상황과 불일치된다.

1차 분석은 다음과 같다. 범인이 침입 당시 어떤 이유에서인지 출입문은 잠겨있지 않았을 가능성이 높다. 침입 당시 피해 아동들은 각자의 방에서 이미 잠이 든 상태이다. 잠을 자는 상태에서 끈으로 목이 졸려 사망하였다(목조름 당시 피해자의 반항을 제압하기 위한 물리적 폭력의 흔적이 없다).

4) 피해자들은 각자의 방 침대 위에서 잠을 자고 있던 중 목조름
   에 의해 사망

각 방에서 자고 있던 피해자들을 불상의 끈으로 목을 졸라 살해
했다.

① 피해자는 침대에서부터 다리를 잡아, 등이 바닥에 닿은 상태
로 끌면서 거실로 이동, ② 피해자의 침대 이불에 소변을 본 흔적은 목
이 졸려 사망 당시 소변을 본 것으로 추정된다.

피해 아동들의 거실 이동 방법이 다르다. ① 피해자는 연령에 비
해 몸집이 크다, ② 피해자는 작고 왜소한 체격으로 가해자 힘의 정도
를 추정할 단서이다.

사망한 아동들을 끌거나 안고 거실로 이동시킨 후 안방과 작은
방 금품을 물색했다. 물색의 흔적을 보면 매우 어지러운 상태의 물색
형태를 나타내고 있으므로 사망 후 물색하였을 가능성이 높다.

★ 문제 정의와 분석

사건 현장에 여러 범죄행위가 복합적으로 나타날 경우 주된 범행동기를 찾는 것이
중요하다.

목조름에 사용된 줄이 현장에서 발견되지 않았다. 범인이 미리
준비하여 가지고 온 끈으로 살해했다. 피해자들의 어머니에게 집안 내
범행도구로 쓰인 줄의 보관, 사용처 등에서 없어진 줄이 있는지 확인
하였으나 없어진 줄은 없다고 진술하였다.

범죄현장 행동, 진술내용 종합 분석결과는 다음과 같다.

출입문으로 침입 → 각 방에서 자고 있던 피해자들을 미리 준비한 끈으로 목졸라 살해 → 사망한 피해자들을 바닥에 끌거나 안고 거실 한가운데 겹쳐 둠 → 금품 물색 → 출입문으로 시정하지 않고 도주 → 귀가한 부모가 발견

5) 의문점

종합 분석결과 금품 강, 절취 목적으로 침입한 범인이 피해자들을 살해하고 도주한 사건으로 추정되나 몇 가지 의문점이 제시된다.

첫째, 부모의 진술에 의하면 평소 출입문 시정 교육을 철저히 시켰고, 꼭 확인 후 문을 열어주는 습성이 있음에도 출입문이 전혀 손괴되지 않고 침입한 점이다. 특히, 범인 침입 시 피해자들이 깨어 있었다면 제압 또는 목을 조를 당시 저항 흔적 또는 기타 물리력 행사의 흔적이 남게 되는데 이러한 부분이 미약하거나 없는 점이다. 둘째, 피해 아동들이 어머니가 집을 비운 불과 한 시간 전후 시간 동안 누군가의 침입을 인식하지 못할 정도로 동시에 잠이 들기 어렵다. 피해자들이 이미 각자의 방에서 잠을 자고 있었다면 범인은 저항이 없는 아동들을 강, 절도 목적으로 침입하여 범행도구까지 사용하여 살해한 점이다. 셋째, 살해한 피해자들을 은닉하거나 시체를 은폐하고자 하는 행동 없이 오히려 거실 한가운데 이동시켜 놓은 불필요한 행동을 하고 도주한 점이다.

현장재구성을 통한 행동분석이 여기까지 진행되었다면, 연역적 추론을 위한 법과학적 단서의 분석이 실시된다.

3. 가설 검증과 범행동기 파악을 위한 법과학적 분석(요약)

피해자들과 가장 마지막까지 있었던 피해자 어머니의 진술을 토대로 법과학적 단서 등을 바탕으로 분석한다.

1) 피해자 어머니 진술의 모순점

당일 남편과 귀가하여 남편이 먼저 집으로 들어갔으며 자신은 차량을 주차한 후 외부 창문에 보온을 위해 설치한 비닐을 확인하고 잠시 후 뒤따라 들어갔다고 한다.

거실에 쓰러져 있는 자녀들을 발견하고 의아하게 생각하여 ② 피해자 딸을 끌어안고 보니 이미 숨을 쉬지 않고 시신이 차갑게 느껴져서 죽었다고 생각하고 인공호흡을 하며 남편에게 119 신고를 요청하였다.

당시 실내는 보일러가 충분히 가동되는 상태이며, 현장에 출동한 구급대의 진술에 의하면 ① 피해자는 팬티만 입은 상태, ② 피해자는 잠옷 상의와 하의 속옷만 입은 상태였다고 함에 따라 18°~22°의 따뜻한 방 안에서 사망한 아동들이 집을 비운 1시간 20여 분 만에 체온이 차갑게 느껴질 정도로 강하되기 어렵다(시체온도에 대한 피해자 어머니의 진술 이외에 당일 2층에 거주하는 여성(현직 간호사)이 피해자 어머니가 도움을 요청하는 고함 소리를 듣고 내려와 피해자들을 만져보고 동일하게 시신의 체온이 매우 낮았다는 진술을 확보했다).

사망 후 1시간 이내에는 환경과 개인차가 있으나 체온의 변동이 거의 없다는 법과학적 단서와 모순되는 피해자 어머니의 진술을 통해 자신이 외출하기 오래 전 이미 피해자들은 사망하였다는 법의학적 결론이 도출된다.

★ 체온하강에 대한 법의학 이론[24]

체온하강의 발생 기전
생명활동이 중지되면 체내에서 열을 생산하는 화학적 현상은 정지되나 복사, 전도 등 체열을 방산하는 물리학적 현상은 계속된다. 따라서 시체의 체온은 시간이 경과할 수록 떨어져 결국 주위의 온도와 같아지며 때로는 수분이 증발되어 피부는 주위의 온도보다 더 차가워 질 수 있다.
시체가 놓여 있는 환경에 따라 체온이 하강하는 정도는 매우 다른데, 온도가 가장 큰 영향을 미친다. 환경과 개인차가 있으나, 대개 사후 1시간 내에는 체온의 변동이 없다.

2) 법과학적 증거 확보

CSI 요원이 거주지 내 쓰레기통에서 의문의 주사기 발견 → 내용물 감정 → 수면내시경에 사용되는 기억억제제 성분 발견 → 긴급히 부검 중인 국과수에 연락하여 아동들의 체내에서 기억억제제 성분의 약물 발견, 주사기에서 아동들의 혈액 발견 → 간호사인 피해자 어머니가 근무하는 병원에서 향정신성의약품으로 관리되는 동일 약품이 도난당한 사실을 확인한다.

목을 졸라 살해 당시 아동들이 아무런 저항이 없었던 의문점에 대한 현장 증거를 확보하고 피해자 어머니의 범행가능성을 확인했다. 피해자의 어머니가 아동들에게 수면내시경에 사용되는 약물을 투입한 상태에서 목을 졸라 살해하고 거실로 이동하는 과정에서 아들의 몸집이 큰 이유로 양 발목을 잡고 바닥에 끌면서 거실로 이동, 작고 왜소한 딸은 들고 거실로 이동하여 나란히 누워 있는 상태로 유기한 것으로 추정된다.

---

24 윤중진 저, '법의학', pp. 10−11.

4. 범행 자백을 위한 신문 전략

1) 면담의 단계

프로파일러 투입 → 동기를 찾기 위한 심리상태 분석에 필요한 면담 실시 → 남편과의 갈등, 시댁과의 갈등, 아들의 주의력결핍장애에 따른 양육 문제 등에 원인을 둔 우울증상 발견

2) 신문 전 단계

현장 상황과 알리바이 등에 대해 자연스럽게 진술하게 하고 법과학적 모순점을 발견(시체 온도 등)했다.

(당시 진술 내용 일부)

수사관: 아이들을 발견할 당시 어떤 상황이었나?

진술인: 거실에 누워있는 모습을 보고 방으로 데리고 가려고 만져보니 숨을 쉬지 않고 있었다. 인공호흡을 하면서 매우 차갑다고 느꼈다.

수사관: 주사기와 기억억제제인 향정신성의약품이 집 안에서 발견된 이유는?

진술인: 불면증이 있고, 평소 편두통 등이 있어서 잠이 오지 않아 병원에서 임의로 가지고 나와 2회에 걸쳐서 스스로 주사하였다.
　　　　→ 진술과 달리 주사기에서 사망한 피해자들의 혈액에서 발견

수사관: 약물을 투여하면 어떤 현상이 나타나는가?

진술인: 몽롱하고 잠이 잘 오며 아침까지 푹 잘 수 있다.

3) 자백의 단계

불일치되는 법과학적 단서에 대한 신문(사망추정 시간의 불합리한 진술, 자신의 병원에서 절취한 기억억제제의 용도, 아동들의 혈액에서 검출된 이유 등)/신문과 프로파일러의 대화 병행 → 자백

★ 면담과 신문
1. 면담
   - 유죄를 단정하고 추궁하는 것이 아니라 다양한 언어적, 비언어적 정보를 얻기 위해 실시
   - 수사초반에 이루어져야 하며, 다양하고 자연스러운 환경에서 실시
2. 신문
   - 진실을 밝히기 위하여 통제된 환경에서 추궁하는 것
   - 적극적 설득을 포함
   - 수사관이 용의자의 유죄를 논리적으로 확신할 때 진행

5. 밝혀진 사건의 내용

평소와 같이 병원 근무를 마치고 퇴근한 피해자의 어머니(이하 피의자)는 아이들에게 감기 예방주사를 맞아야 한다며 각자의 방에 눕게 하고 기억억제제 성분이 든 약물을 자연스럽게 투입하였다. 아이들이 잠이 들자 집안에 있던 전기 충전용 줄을 이용해 각자의 방에서 목을 졸라 살해하였다.

피해자인 아들 김○○(남, 11)을 침대에서 끌고나와 거실에 데려다 놓고, 딸 김○○(여, 9)는 안고 나와 바로 아들 시신 옆에 유기한 후 강도로 위장하기 위하여 집안을 뒤진 흔적을 만들어 놓고 남편을 데리러 나간 후 귀가하여 발견한 것이다.

6. 피의자 면담내용과 범행동기

피의자는 고등학교를 졸업한 후 간호조무사자격증을 취득해, 사건 발생 당시 간호조무사로 일하고 있었다. 어릴 때 직업적 희망은 군인이었으나 아버지의 반대로 군에 입대하지 못하고 아버지가 원하는 간호조무사 일을 하게 되었다.

초등학교 때 집안에 문제가 있어 친모가 집을 나간 후 얼굴을 보지 못하였으나 사망 전 연락이 되어 한번 만났다고 한다. 친모가 집을 나간 이유는 모르며 현재의 새 어머니는 처음에는 같이 살지 않았으나 사이는 좋은 편으로 오히려 아버지보다 새어머니와 얘기하는 게 더 편할 때도 있었다고 한다.

첫째 아들 출산 후 둘째 유산 경험이 있고, 딸을 출산하였는데, 첫째 출산 후 병원에서 우울증 진단을 받고 약물치료를 권유받았으나 정신과 진료기록이 남으면 자신이 간호사로 병원에 취직하는데 문제가 있기 때문에 치료는 받지 않았다고 한다. 담배를 피우면 마음이 진정되는 것 같아 그 때부터 흡연을 시작하였다고 한다.

첫째가 ADHD[25]진단을 받아 치료를 받은 지 1년이 조금 넘었으며 현재 일주일에 한번 치료를 받고 있고, 남편에게는 치료를 통해 상태가 좋아지고 있다고 얘기했지만 사실 상태가 점점 나빠져 평생 치료를 하여야 한다는 부담감을 가지고 있었다.

둘째는 학교 공부도 잘 따라가고 성격이 활발하고 사교적이어서 양육하는 데도 문제는 없었으며 "나한테 어떻게 그렇게 예쁜 게 나왔는지 모르겠다"고 표현한다. 양육과 직장일, 집안일에 스트레스가 심했지만 친정어머니가 계모이기 때문에 자존심도 상하고 해서 도움을

---

25 ADHD(Attention−Deficit/Hyper−activity disorder): 주의력결핍 및 과잉행동장애.

청하기 어려웠고 시가에 아이들을 봐 달라고 부탁했지만 거절을 당해 심리적 부담이 큰 상태에서 생활하고 있었다.

시부모의 진술로는 방학 때마다 아이들을 데려와 봐 주었다고 진술하고 있으나 피의자 진술로는 계속 부탁을 하였으나 거절을 당해 아이들의 한 달 학원비를 드릴테니 봐 달라고 사정해 학원비보다 더 많은 돈을 주고 아이들을 맡긴 것이며 그 때를 제외하면 단 한번도 아이들을 봐 준적이 없었다고 상반된 진술을 한다.

평소 남편과의 대화가 별로 없어 힘든 일이 있어도 남편에게는 잘 말하지 않는 편이며 남편의 퇴근 시간이 늦기 때문에 집에 오면 일상적인 대화도 잘 하지 않고 잠자기 바쁘다고 표현하며, 아이들이 없으면 더 이상 정상적인 가족관계를 유지할 수 없겠다는 생각을 많이 하였다고 한다. 이 지점에서 심리, 사회적 고립상태가 예상된다.

평소에도 아이들에게 예방접종을 직접 해 주었기 때문에 감기 주사라고 아이들을 속인 후 팔 혈관에 주사하는 데 어려움이 없었으며, 사건 당일 15시경 집에 들어와 아이들은 밖에서 인라인스케이트와 자전거를 타고 놀다 들어왔고, 자신이 죽고 난 후 남편이 아이들을 제대로 양육할 것 같지 않아 같이 죽으려고 아이들에게 주사한 후 각자 방에 들어가 잠을 자는 아이들의 목을 졸라 살해하였다. 그 자리에서 자살하려고 하였으나 용기가 나지 않아 강도로 위장한 것이라고 진술하고 있다.

범행도구에 대해서는 밝은 색의 줄인데 기억나지 않는다며 진술을 계속 회피하고 있는데, 기억이 안 나는 것이 아니라 극단적인 상황의 기억인출에 대한 심리적 저항으로 인해 기억해내지 않고자 하는 것으로 보인다.

사건 당일 자살이나 살인에 대한 촉발요인에 대해 명확히 말하지 않았으나 채무관계 때문에 집을 팔고 빚을 갚는 것에 심리적인 부담을 많이 느끼고 있었다.

남편에게 느끼는 심리적 소외감과 양육스트레스, 우울증과 관련하여 자신이 세상을 떠나고 나면 남은 아이들은 아무도 돌보아 주지 않는다는 왜곡된 자신만의 사고, 심리적 압박과 스트레스가 복합적으로 작용하여 발생한 사건이다.

부모에 의한 자녀 살인사건은 크게 두 가지 유형으로 분류된다.

첫째, 아동학대 살인사건이다. 이 경우 수사상 다른 가족들이나 주변 거주자들의 진술을 통해 학대의 흔적을 찾아낼 수 있다. 아동들의 병원 진료기록이나 부검 당시 신체 조사를 통해서도 폭력 피해의 흔적들이 나타날 수 있다.

두 번째는 우울증, 망상, 조현병 등과 같은 정신적 문제로 인한 살인사건이다. 망상이나 조현병의 경우 사고장애(思考障碍)가 동반되기 때문에 가족이나 친지들에 의해 증상이 밝혀지거나 알 수 있다. 대체적으로 끔찍한 망상이 원인이 되기 때문에 심각한 폭력행위가 동반되는 경우가 많고 증거인멸의 흔적이 거의 남지 않는 특성이 있다. 우울증의 경우에는 외형적으로 증상이 잘 나타나지 않지만 프로파일러는 당사자와의 면담을 통해 충분히 증상을 찾아내고 원인이 되는 문제를 밝혀낼 수 있다.

우울증으로 인한 자녀 살해의 경우 자신이 자살할 것을 결심한 이후 발생하고 있다. 자살 이후 자녀들이 힘들게 살아갈 것에 대한 죄책감 또는 책임감으로 동반 자살을 하는 것으로 귀결된다. 중요한 것은 이때 필수적으로 법과학적 단서를 바탕으로 분석이 실시되지 않는다면 매우 큰 오류를 범할 가능성이 높다. 살인사건은 매우 다양한 경우의 수(數)가 많기 때문이다.

: 행동증거분석 기법(BEA: Behavior Evidence Analysis)

한국의 프로파일링은 과학적 단서를 바탕으로 재구성된 행동과 법과학적 단서를 귀납과 연역적 방법을 융합하여 분석하는 형태로 진행되고 있다. 혈흔형태 분석을 통한 현장 재구성 기법은 이미 법정에서 증거능력을 인정받고 있다.

Brent Turvey의 행동증거분석 기법은 귀납적 방법과 연역적 방법 어느 한쪽에 치우치지 않는 분석이 필요하다는 관점에서 개발되었다. 사건이 발생하여 재판이 종결되는 시점까지 범죄자의 프로파일링을 통한 정보 제공에 목적이 있다. BEA는 크게 수사국면(Investigative phase)과 재판국면(Trial phase)의 두 가지 국면(phase)으로 나뉘며, 이 두 국면은 다시 네 가지의 주요 단계(主要段階)로 분류된다.

1. 수사국면(Investigative phase)과 재판국면(Trial phase)

1) 수사국면

수사국면은 "범죄는 알려졌지만 범죄자는 알려지지 않은 국면", 즉 사건이 발생하여 수사가 개시되는 국면을 말한다.

이러한 수사국면의 주요 목적은, 범죄수사에 있어서 용의자의 범위를 축소하고 이들 용의자에 대한 수사상 우선순위를 정하며, 수사와 관련된 단서 및 전략을 제공하고, 전체 수사의 방향 설정을 위해 필요한 정보를 지원하기 위한 것이다.

2) 재판국면

피의자의 혐의에 대해 알려진 범죄를 평가하는 단계이다. "범죄가 알려졌고, 범죄자도 알려진 국면", 즉 범인이 체포된 이후 재판이 진행되는 국면을 말한다.

재판국면의 주요 목적은, 법과학적 증거의 본질과 가치를 평가하고, 신문 전략 수립과정을 지원하며, 범죄수법과 범죄현장과의 연관성을 파악하는 한편, 범행 전, 범죄를 실행하는 동안, 그리고 범죄 후의 심리상태(범죄의 계획수준, 현장조작행위, 양심의 가책 여부 등)에 대한 통찰을 위하여 정보를 지원하기 위함이다.

2. BEA의 주요 4단계

1) 모호성(模糊性)에 대한 법과학/법의학적 분석(Equivocal Forensic Analysis)

'모호성'이라는 것은 증거(물)의 해석이 한 가지 이상의 여러 가지 의미를 가질 수 있다는 점에서 사용되는 말이며, 이 단계의 목적은 현장의 모든 법과학적 증거물에 대한 합리적인 의미를 부여(평가)하는 것이다.

증거를 합리적으로 분석할 수 있는지의 여부에 따라 프로파일링의 성패가 좌우되기 때문에 중요한 단계라 할 수 있다.

이 단계에서는 범죄현장 사진, 현장 비디오 및 스케치, 수사관 보고서, 증거물에 대한 기록과 증거물의 내용, 부검 보고서, 기타 사건관련 서류, 살해 전 피해자의 이동경로에 대한 지도, 피해자의 환경 등의 다양한 자료들을 통해 가능한 모든 것을 분석해야 한다.

2) 피해자 평가 및 피해자 논(Depth Assessment of the Victim, or Victimology)

피해자는 용의자와 유사한 형태로 프로파일링 되어야 한다. 그것은 피해자가 살아있는 사건에서뿐만 아니라 피해자가 살해된 사건에서도 용의자와 관련된 가장 많은 정보를 가지고 있어 피해자가 왜 이 사건에 휘말려 들었는지, 혹은 왜 살해당했는지에 대한 평가에 도움을 줄 수 있다. 특히, 특별한 피해자가 언제, 어디서, 어떻게, 왜 선택되었는지를 결정하는 것은 범죄자에 대해서 더 많은 것을 얻게 해준다.

만일 용의자가 피해자를 살해한 후 일정한 거리만큼 시체를 이동한 것으로 판단된다면 용의자는 충분한 힘이 있거나 차량을 이용하였거나 공범이 있을 가능성 등을 추론할 수 있다. 용의자가 저항 없이 피해자를 유괴할 수 있었다면, 혹은 피해자가 의심 없이 범죄자를 따라 갔다면 면식범(面識犯)임을 논리적으로 추론할 수 있고, 더 나아가 범죄자가 사회적으로 적응능력이 있고, 피해자를 속일 수 있었을 것이라는 연역적 추론이 가능한 것이다. 물론, 이 추론을 몇 가지 이유만으로 규정하기는 힘들지라도 이런 추론을 지지하는 현장의 다른 여러 증거들이 뒷받침 될 때에는 언제든지 이용 가능한 것이다.

3) 범죄현장 특징(Crime Scene Characteristics)

범죄현장에 나타난 특징은 피해자와 범행장소를 고려해서 취해진 범죄자의 행동이 어떠한 의미로 작용했는지에 대한 증거이다.

즉, 범죄현장이 어떻게 위치해 있었는지, 범행현장 위치와 관련된 많은 요인들이 어떤 방식으로 전개되어 있는지, 범죄자가 피해자에게 어떻게 접근하였는지 등에 대해 분석하고 평가하는 것을 말한다. 예를 들면, 어느 한 범행현장의 특징을 결정할 때 이 현장이 이미 발생한 여러 사건과 관련된 현장 중의 하나일 것이라는 추론이 가능하며 그러한 추론에 의해서 이전(또는 다른) 범죄현장을 발견한 경우, 현재의 범죄현장과 연관된 법과학/법의학적 정보를 더 많이 발견할 가능성이 있기 때문에 유용하게 사용될 수 있을 것이다. 범죄자와 피해자의 상호작용이 대부분 이루어진 최초 범죄현장은 범죄자에 대한 더욱 구체적인 정보나 결정적인 단서를 얻을 수 있다.

4) 범죄자 특성(Offender Characteristics)

BEA의 마지막 단계로서 용의자의 체격, 성(sex), 양심의 가책 또는 죄의식, 범죄자의 이동수단, 공격성, 범죄자의 거주지, 의학적 진료기록(병력), 결혼상태 등의 수사자료를 기초로 하여 범죄자의 행동적, 성격적 특성을 분석하는 것이다.

프로파일링의 귀납적 방법, 연역적 방법, 증거분석을 통한 분석방법 등 세 가지 기법을 소개하였다.

각각의 방법론적 차이는 존재하지만 결과적으로는 하나의 방법보다는 현장에 존재하는 요인들의 상황에 따라 융합하거나 가변적으로 활용하는 것이 바람직 할 것이다.

: 성범죄자 프로파일링(성범죄의 동기(motive)에 따른 유형과 특성)

1. 성범죄의 동기에 따라 분노형, 권력형, 가학형, 기회주의형 으로 분류[26]

1) 분노형

폭력적인 신체 학대를 목적으로 피해자를 공격하는 유형이다. 본인이 생애 전반에 걸쳐 매우 중요하게 여기는 어떤 대상에 대한 분노를 자신이 통제 가능한 여성이나 아동을 상대로 표출한다. 성장기 계모의 학대, 모친상실, 실연, 기타 여성들에게 받은 심리적 상처를 성범죄를 통해 해소한다. 여성들에게 받은 심리적 상처라는 것은 매우 주관적인 감정이다. 실제 상대방 여성은 나에게 우호적인 입장을 갖고 있으나 '나'는 그런 상대방의 태도를 항상 왜곡하여 인지하기 때문에 늘 상처를 받는다. 상처가 분노로 바뀌면서 성범죄를 통해 감정을 표출하게 된다.

2) 권력형

자신의 우월성, 통제감을 매개로 성범죄를 자행한다. 성범죄를 통하여 자신의 힘(power)을 과시하고 열등감, 왜소함 등을 부정하는 심리적 기제를 나타낸다.

성범죄의 대상은 주로 동년배나 연하의 여성이다. 자신이 충분히 통제할 수 있다고 판단하기 때문이다. 그런 이유로 피해자가 강하게 저

---

26 Burgess, Holmstorm, 1974: Groth, 1977.

항하거나 통제할 수 없다고 판단되면 범행을 중단하는 경우가 많다. 성공률을 높이기 위해 미리 통제 가능하다고 판단되는 여성을 선정하고 범행하며, 노출증, 관음증과 같은 이상(abnormal) 성 심리행동을 나타내는 경우가 많다.

3) 가학형

분노와 권력이 성적으로 변형되어 가학 그 자체에서 흥분을 일으키는 정신병리학적 형태의 성범죄자 유형이다. 피해자들이 무기력하거나 고통받는 모습에서 만족감을 추구한다.

★ 사례연구

① 18세의 가해자는 우연히 아파트에서 추락하여 자살한 박○○(70세, 여)의 시체를 발견하고 성적으로 훼손하였다. 중고교 시절 학교 폭력 피해 및 성추행 피해 경험이 있었고, 이러한 원인으로 자존감이 낮고 심리적으로 위축되어 있었다.

자신이 극복할 수 없는 상황에 대해 타인과 사회에 대한 원망이 심한 편이다. 피해 상황이 떠오르거나 타인이 자신을 무시한다고 생각되면 충동적으로 분노가 폭발한다. 의식을 잃고 사망에 이른 피해자를 보고, 자신이 무기력하게 성추행 당한 외상과 같은 경험을 상대방이 똑같이 경험하게 하고 싶어서 시신을 성적으로 훼손하였다고 진술하고 있다.

② 2004년 검거된 연쇄살인범 정남규는 성폭행을 저지르면서 피해자에게 매우 심한 폭력을 행사하였다. 성폭행을 저지른 이후에도 자신의 분노 감정을 주체하지 못하고 피해자를 때리거나 물고, 학대하는 행동을 자행하였다. 자신이 성장기에 성폭행을 당했다고 주장하였는데, 이때 무기력하게 성폭행을 당하는 자신이 혐오스럽고 수치스럽다고 표현하고 있다. 자신의 공격행위로 인해 무기력하게 고통 받는 피해자의 모습에서 자신의 수치스러움이 해소된다는 병리적 만족감을 추구하는 유형이다.

4) 기회주의형

강, 절도 범행 중 다른 목적으로 범죄를 저지르는 과정에서 성적 충동으로 성범죄를 유발하는 유형이다. 평소 공격적 성향이나 반사회적(antisocial) 생활 패턴이 내면화 되어 있는 경우가 많다. 이들은 검거된 후 성폭행에 대하여 '피해자가 수치심 때문에 신고하지 못하도록 하기 위하여 성폭행을 하였다.'라고 범죄 의도가 없었던 것처럼 주장하는 경우가 많다.

2. 성범죄자들의 심리사회적 특성

1) 발달적 특성

성장기 성적 학대나 폭력에 노출된 경우가 많고, 가족관계가 원만하지 못하다. 자존감이 매우 낮고, 모친과의 애정관계 형성에 실패한 경우가 많다. 그 결과 타인과의 의사소통 방법이나 능력이 결여되어 사회적으로 고립되어 있다.

2) 성격적 특성

반사회적(antisocial), 병리적 생활방식을 갖고 있고, 공감능력이 매우 낮다. 피해자에 대한 죄책감이 결여되어 있다. 2012. 8. 30. 전남 ○○에서 발생한 아동 성폭행 및 살인미수 사건의 범인은 면담과정에서 '사건 당일 그 아이(피해자)가 운이 없어서 그런 일이 생겼다.'라고 진술하였다. 피해 아동의 삶의 파괴와 같은 극단의 고통에 대한 죄책감이나 책임의식, 공감 능력이 현저하게 결여되어 있다.

공격받는 피해자가 화를 내는 것을 자신에 대한 혐오로 인식하고, 피해자가 두려워하는 행동을 자신의 의도에 동조하는 것으로 인식한다. 대인관계에서 매우 불안정하고 소유욕이 강하며, 질투심이 많고 자주 극단적인 사고를 한다.

3) 인지적 특성

성에 대한 왜곡된 인식과 적절한 의사소통 능력의 부족으로 인해 자신의 행동, 타인의 반응, 상황 등에 대해 적절하게 상식적으로 인식하지 못한다. 자신의 행위가 범죄행위이며 경멸적인 것임에도 불구하고 성범죄를 통해 자기만족을 추구하고 자존감을 높이고자 한다.

4) 사회적 특성

의사소통의 기술이 현저히 부족하다. 이 원인으로 결국 사회와 고립되어 생활한다. 아동대상 성 범죄자들은 특히 동료와의 사회적 관계 형성에 미숙하다. 자신보다 나약한 아동과 관계를 맺는 것이 쉽다고 생각하여 범행한다.

5) 주요 심리적 원인

성적 감정은 인간 모두에게 존재하는 보편적이고 정상적인 감정이다. 그러나 범죄자들은 주변 상황이나 환경에 영향을 받지 않는 지속된 성적 환상을 갖고 있다. 식사를 하거나, 직장에서 일을 하거나, 어떤 상황에서도 늘 머릿속에 성적인 환상이 지속되고 있다. 이러한 원인으로 타인과의 교류에 만성적으로 실패하고 심리적으로 고립(isolation)되어 있다. 타인의 고통을 통해 만족감을 경험하고 또 다시이 만족스러운 경험을 성적인 각성 상태로 변화시킨다.

성범죄 피해자들이 겪는 심리적 충격과 고통은 언어적 표현으로 설명될 수 없다. 특히 피해 신고율이 매우 낮다. 대표적인 신고저하 원인을 분석한 자료를 보면, 다음과 같다.

첫 번째, 수사 단계와 법정 재판 진행과정에 대한 두려움이다(fear of police and court produce duress). 수사단계에서의 개인정보 노출, 법정에서 진술할 당시의 두려움과 고통으로 회피하게 된다.

두 번째, 보복에 대한 두려움(retaliation)이다. 가해자들이 출소 이후에 언제든지 자신을 다시 공격할 수 있다는 두려움을 의미한다.

세 번째, 불명예(social—stigma)와 수치스러움으로 스스로를 비난(self—blame)한다. 사건이 발생하게 된 원인이 자신이 적절하게 처신하지 못한 잘못에 있다는 스스로의 비난을 의미한다.

3. 아동 성 범죄 사례연구

1) 사건의 발생

2007. 3. 16. 17:00경 ○○시 ○○의 한 조용한 마을. 수업을 마치고 학원 차량을 타고 이동하여 자신의 거주지 빌라 앞에 하차한 양○○(여, 9세)이 실종된 사건이 발생한다.

21:00경이 되었으나 평소와 달리 연락이 되지 않고 귀가하지 않자 가족, 동네주민들이 학원차량 운전기사가 아이를 내려 주었다는 장소를 중심으로 실종아동의 이름을 부르며 수색을 하기 시작하였다. 아이를 찾지 못하자 부모는 경찰에 실종 신고를 하였고, 신고를 접한 경찰은 즉시 경찰력을 투입하여 거주지 주변 공가(空家), 폐가, 골목길 이면도로 등을 수색하였으나 역시 실종자의 흔적을 찾지 못하게 된다. 다음날 경찰은 관할 ○○ 경찰서 ○○치안센터에 수사본부를 설치하고 본격적인 수사를 시작하였다.

금품강취 목적의 유괴, 면식범에 의한 불상의 목적을 가진 납치,

성(性) 목적 범죄, 또는 차량 사고에 의한 유기(遺棄) 등 다양한 가능성을 염두에 두고 수사를 전개하고 국내 최초로 엠버(Amber) 시스템을 이용해 실종자의 신원을 공개수배 하였다. 그러나 사건을 해결할 뚜렷한 제보를 얻지 못하고 현장 주변 거주자에 대한 탐문과 수색, 성관련 전력자 등 수사 대상자 면접 수사에 주력하게 된다.

2) 사건에 대한 분석[27]

아동 뿐 아니라 실종 사건이 발생하면 범죄와의 관련성 여부에 대한 평가가 가장 선행되어야 한다. 아동의 경우 범죄 피해 가능성을 우선 평가하고 수사를 개시하지만, 성인의 경우에는 결코 범죄관련성 여부로만 평가하기는 쉽지 않다.

아동이 특별히 가족 내의 갈등이나 학대와 같은 문제가 없는 상황에서 갑자기 실종되었다고 한다면 범죄로 판단하고 수사를 개시하는 것이 당연하다. 하지만 실종 발생 초기에 어떠한 유형의 범죄와 연관된 것인지 파악하기는 어렵다. 때문에 수사방향 설정이 어렵고 수사력이 분산되어 소모적인 수사가 진행되는 경우가 많다.

(1) 분석의 목표 설정

① 현장과 실종아동 성향에 대한 평가 → ② 현장 평가를 통한 범죄유형 분석 → ③ 범죄유형 분석에 따른 범죄자 특성 분석 → ④ 범죄자 특성에 따른 검거 전략 수립

---

[27] 사건 발생 1개월이 지난 후 경찰수사와 탐문, 수색의 소득이 없자 경찰청 프로파일링 팀에 분석 요청을 하여 당시 경위 권일용, 정형곤, 경장 백승경 3명의 분석요원이 투입된다. 사례분석 자료는 실제 투입된 분석요원들의 결과 보고서를 일부 인용하여 작성되었다.

① 실종아동 성향

실종아동은 '평소 책 읽기를 좋아하고, 착하고 내성적인 아이'라고 부모와 친구들이 진술하고 있다. 학원에서도 수업이 끝나면 혼자 책을 읽느라 학원 귀가 차량을 놓치고 걸어서 귀가하는 일이 종종 있었다고 한다. 자의적 가출이나 혼자 또는 친구들과 지역을 벗어나 먼 거리로 이동할 이유나 동기가 없다.

② 현장 평가

실종 당일 아이들을 귀가 시킨 학원 차량 운전기사의 진술, 동승하였던 아동들의 진술에 의하면 실종 아동의 집 앞에 하차한 것이 사실로 판단된다. 하차한 장소와 지역의 특성을 보면, 이웃 간 친숙도 및 지역적 밀집도가 높은 지리적 조건을 갖고 있다. 즉, 발생 시간대 주민의 통행은 거의 없으나 피해자의 반항 또는 예상치 못한 돌발 상황에 의해 목격 또는 범죄 실행에 장애를 받을 가능성이 높은 장소이다. 이러한 장소적 특성이 있는 곳에서 강제적인 납치범행을 계획하고 실행하기에는 적절하지 않다

인근주민, 교사 등의 진술에 의하면 평소 실종자가 학원차량에서 하차한 후 하차장소 가까운 집 앞 노상에서 강아지와 함께 놀고 있는 것을 자주 보았다고 하고, 원거리를 이동할 이유가 수사상 나타나지 않는 것으로 보면, 실종자가 하차하여 바로 귀가하지 않았거나 근처에 머무르는 짧은 시간에 누군가와 조우(遭遇) 하였을 가능성이 높다.

③ 현장 평가를 통한 범죄의 유형 분석

범죄 유형 분석에 있어서 중요한 요소 중의 하나는 피해자에 대한 위험성 평가이다. 즉, 피해자가 평소 범죄 상황에 연관될 수 있는 위험도가 얼마나 되는지, 실종 장소나 지역이 일반 범죄에 얼마나 노출되어 있는지 등이 평가요인이 된다.

✅ 범죄 유형별 실종자 위험성 평가

범죄위험성					■ 높음	□ 중간	□ 낮음	

피해자 요소	연령 (성)	지능적 (정신적) 결함	신체적 장애	가출 전력	품행 장애	자살 시도	폭력 노출	약물 (알코올)	최근 변화
	9세 (여)	×	×	×	×	×	×	×	수사중

상황적 요소	시간	피해자 수	마지막 행동	장소적		지역적		범죄율	
	17:00	1	귀가 중	노상		동시간대 유동인구 적음		유사범죄 없음	

　　실종 아동은 표와 같이 범죄 위험성이 매우 낮게 평가된다. 장소적 특성상 계획적 범죄보다는 우연한 조우에 의한 납치, 유인 등의 범죄로 우선 수사하는 것이 가장 타당한 것으로 분석된다.

- 성(性) 관련 범죄 가능성: 피해자의 이동시간대는 항상 일정하지 않다. 당일은 학원 수업을 마치고 귀가하던 중에 실종된 것으로, 우연히 가해자와 조우한 범죄일 가능성이 높다. 실종아동이 여아(女兒)인 경우 성 목적 범죄 가능성이 시사된다.

- 경제적 목적 범죄: 금품요구, 협박 등이 없고, 실종자 가족 보험 관계 등 수사상 특이한 사항이 나타나지 않는다. 경제적 목적의 납치, 유괴는 가능성이 낮다.

- 분노·원한 등에 의한 범죄: 가족 등 관련 수사상 특이 사항이 발견되지 않았다.

- 이상(異狀) 동기 범죄: 정신병력자 등에 의한 범행은 범행 시 쉽게 노출되는 경우가 많고, 범행 이후 자신의 범행 은폐에 대한 구체적인 계획성이 떨어지므로 실종 한 달이 지난 시점에서 수

사상 흔적이 나타나지 않았다는 것은 비교적 가능성이 낮은 것
으로 평가된다.

범죄유형(범행동기)을 분석하고 요약하면 다음과 같다. 본건 실종
사건의 특징은, 여아 상대 범행이고, 금품 요구 등 협박전화가 없고, 대
대적인 수색을 실행하였음에도 실종자뿐만 아니라 의류, 가방 등 유
류품이 일체 발견되지 않은 점이다.

귀납적 추론에서, 납치, 유인 등의 목적으로 가해자가 피해자와 함께 지역을 이동
한 경우 대부분 피해자의 의류, 소지품 등이 발견될 확률이 높다. 이동동선에 버려지
거나 사망하였다면 시체 근처에 버려두어 쉽게 발견되기 때문이다.
이 사건의 경우 많은 시간 대대적인 뉴스보도와 수색이 진행되었음에도 발견되지
않았다고 하는 것은 누군가(범인) 실종아동이 발견되지 않도록 의도적으로 은폐한 상
태라는 것을 추정할 수 있다.

실종아동은 당일 17:00경 거주지 앞 노상에 하차하였다. 원한, 치
정, 금품보다는 성 관련 목적에 의해 근거리에서 도보로 이동 가능한
범인과 우연히 조우하여 유인된 사항으로 분석된다.
여기에서 실질적인 프로파일링은 시작된다. 지금까지의 사항은
충분히 수사사항으로 확인 검토될 수 있는 사항이기 때문이다.
그렇다면, 과연 어떠한 사람이 아동을 유인하여 성 범죄를 저지
르는가?
이상심리학에서는 12세 미만 아동에게 성적인 욕구를 갖는 자들
에 대해 다음과 같이 정의하고 있다.

★ 소아기호증(pedophilia)

12세 이하의 아동에게 성적 흥분 및 환상을 지속적으로 경험하는 증상을 말한다. 이 진단을 내리기 위해서 가해자는 최소 16세 이상이어야 하며 피해자와 5세 이상의 차이가 있어야 한다. 이와 같은 증상이 최소 6개월 이상 지속되어야 하며 아동에 대한 성적 흥분 및 환상 때문에 사회적·개인적 생활에 지장을 초래할 때 진단 내린다.

실제 아동에게만 고착되어 성적 흥분 및 만족을 느끼는 폐쇄형, 낮은 자신감 및 자존감으로 인해 성인 여성과 정상적인 이성관계를 잘 형성하지 못하는 경우 통제하기 쉬운 소아에게로 성적 대상이 전이되어 성적 만족을 추구하는 비폐쇄형이 있다.

아동 성범죄자 유형에서 중요한 사항 중 하나는, '대부분 성인인 성적 상대를 선호하지만, 적절한 접촉 기회를 마련하는 데 만성적으로 실패하여 어른 대신 습관적으로 어린이들을 상대하게 된 남자들을 포함한다.'[28]는 것이다. 즉, 쉽게 통제할 수 있으며, 자신의 행동에 비판적인 의사 표현을 잘 하지 못하는 아동들을 상대로 자신의 억눌린 환상을 실현하는 사람들인 것이다.

★ 아동 성범죄자의 일반적 특성

① 내향적이며, 매사에 소극적 형태이다.
② 사회성이 결여되어 있고, 극소수 교우관계 또는 대인관계가 거의 없다.
 혼자 또는 최소한의 인원과 함께 활동할 수 있는 직업과 취미 생활을 가진 경우가 많다.
③ 온순하고 착실한 사람으로 평가를 받는 경우가 많으나 피해자와 단둘이 있을 경우, 매우 위협적인 언어를 사용한다.

---

28 최정윤 외 공저, 이상심리학, 학지사, 2016.

④ 검거 전략

일반적으로 범죄를 저지른 자들의 경우 다른 사람들의 주의가 온통 자기에게 집중되어 있는 것으로 과장되게 지각되는 경향이 높다. 특히 실종 사건이 발생한 직후 지역 내 실종자의 가족과 지역 주민들이 아이를 찾기 위한 수색이 진행되었으며, 밀집도가 높은 지역의 특성상 아동을 동반하여 외부로 나가는 결정을 쉽게 할 수 없는 요인이 존재한다. 따라서, 실종 장소 인근에 아동이 감금되어 있거나 사망하여 은닉되어 있을 가능성이 높은 것으로 추정된다.

즉, 실종자가 최종 학원버스에서 하차한 장소 지역 내에 감금 또는 시체가 은닉되었을 것이다.

범인은 아동을 자신의 거주지로 유인하여 성 목적 범행을 저지르고 난 후 검거가 두려워 아동을 집으로 돌려 보낼 수 없게 되자 감금, 은닉하였을 가능성이 높다. 감금보다는 극단적인 살인 범행을 저질렀을 가능성이 있고, 실종 당일 저녁부터 실종자의 가족들과 지역 주민들이 실종자를 찾기 위해 돌아다니고 있었기 때문에 시신을 지역 외부로 이동하여 유기할 기회가 없었을 것이다. 지역 내에 거주하는 자에 의한 범행일 가능성이 높기 때문에 수사관이 탐문 수사하는 과정에서 한번쯤은 조우하였을 것으로 추정된다. 범인의 심리적 불안 상태를 이용하여 지역 내 실종자를 찾기 위한 재수색에 대한 정보를 의도적으로 노출시킴으로써 시신을 이동하게 하거나 은폐하는 행위를 야기하도록 하여 수사 단서를 확보할 수 있다.

3) 검거과정과 사건의 전말

지역 내에서 발생한 사건이며, 범인의 거주지도 지역 내에 있다는 분석 보고를 토대로 수사팀은 지역 내 재수색을 실시하게 된다.

　　재수색이 시작되자 자신이 거주하는 방 앞에 피해자의 시신을 은 닉 해놓았던 범인은 발각의 두려움으로 시신을 이동하여 자신의 앞에 매장하고자 새벽에 땅을 파 보았지만 너무 힘이 들어 다시 덮어 놓았 는데, 주변을 탐문 수색하던 수사관이 이상 징후로 판단하고 수색견 (犬)을 투입하여 사망한 채 범인의 거주지 앞 폐가구 밑에서 은닉된 피 해자를 찾게 된다. 결국 범인은 성범죄를 목적으로 피해자를 유인 살 인하게 된 것으로 밝혀졌다.

　　사건의 전말은 다음과 같다.

　　피해자가 학원 버스를 하차한 장소에서 직선거리 약 50여 미터에 거주하며 노동일을 하며 생계를 유지하던 범인 송○○은 발생 당일 17:00경 인근 식당에서 혼자 술을 마시고 귀가하던 중 골목길 입구에 서 혼자 강아지와 놀고 있던 실종자(이하 피해자)와 조우하게 된다. 순 간적인 성욕을 느낀 범인은 주변에 사람들이 없는 것을 기회로 피해자 에게 접근하여 글을 가르쳐 달라고 유인하여 자신의 거주지로 데리고 가 성범죄를 자행하였다. 피해자가 자신과 자신의 거주지를 알고 있다 고 판단하여 살해 후 옷을 입히고 침대 밑에 시신을 넣어 두었으나 경

범인의 거주지 모습-범행장소

방 앞에 버려진 폐가구

찰과 주민들에 의해 아이를 찾는 소리가 들리고 형사가 찾아와 피해자의 목격에 대한 질문을 하고 돌아가자 당일 새벽 05:00경 피해자를 포장하여 폐가전제품이 쌓인 곳에 숨겨놓아 발견되지 않도록 조치하고, 가방 등 피해자 소지품은 검정비닐 봉투로 포장하여 범행 다음날 새벽, 아침 일찍 쓰레기차가 수거해 간다는 것을 미리 알고 집근처 쓰레기장에 유기하였다.

범행 당일 피해자를 살해한 범인은 결국 범행 직후 가족과 경찰이 실종 아동의 이름을 부르며 찾아다니는 소리를 듣고 거주지 침대 밑에 숨겨 놓게 된다. 이후 경찰이 찾아와 아동에 대해 질문하고 가자 불안한 나머지 피해자의 시체를 거주지 내 폐가구 밑에 숨겨놓았으나 늘 가까이 두고 처리하지 못해 불안한 상태에서 시간을 보내게 된다. 그러던 중 수사관들이 갑자기 다시 자신에게 찾아와 거짓말 탐지기 검사를 요청하고, 다시 집안을 수색하자 사체를 더욱 은닉 매장하기 위해 거주지 내 앞 마당에 구덩이를 만들었으나 여의치 않자 다시 흙을 덮어 놓게 되고, 수색 중 이를 발견한 수사요원에 의해 수색견이 집중 투입되어 시신이 발견되고 범인이 검거되었다.

프로파일링 팀의 분석내용과, 범인의 심리적 불안을 야기하여 이상 행동을 유발하게 한 검거 전략이 잘 적용된 사례이다.

이 사건의 범죄자는 청년기 사고로 인해 척추를 다친 이후 다양한 심리적 원인에 의해 사회성이 극히 결여되어 있었다. 특히, 성적 문제 및 이성관계가 없는 것이 모두 자신의 신체적 결함이라고 생각하고 불만스러워 하고 있었다.

작은 키, 외모, 낮은 학력 및 경제력 등이 심한 콤플렉스로 작용하여 자존감이 낮고 위축되어 있다. 대인 관계나 이성 관계에 자신감이 매우 결여된 상태이다. 성적 욕구가 생기면 돈을 주고 성매매여성들과 관계를 맺기도 하지만 만족스러운 성관계가 이루어지지 않고, 주로 자위를 통해 해결하는 등 성적인 불만과 억압이 오랜 기간 형성되어 왔다.

범행 당시 경제적으로 독립할 수 있는 일을 얻지 못하고 결혼한 동생의 집에 가건물처럼 만든 곳에서 거주하면서 심각하게 자존감을 상실한 상태인 것으로 보인다. 범죄 자체가 오직 성적인 환상 또는 성과 직접적으로 관련된 심리적이고 정신적인 문제로 인해 발생한 범죄가 아니라 판단 능력이 낮은 연령대의 피해자를 제압하고 통제하는 과정을 통해 심리적인 만족감을 추구하려는 목적을 가진 범죄로 볼 수 있다.

아동을 상대로 범행하는 자들은 매우 유사한 심리적 특성과 삶의 방식(life style)을 가지고 있다는 것을 알 수 있다. 적절한 사회화의 과정에 만성적으로 실패하여 왔기 때문에 주변 사람들의 평가에 매우 민감하게 반응하며, 좋은 사람으로 보여지기 위해 늘 관심을 가지고 노력함에 따라 인근 거주자들이 자신의 존재 여부에 대해 크게 인식하지 못한다.

: 범죄 피해자의 심리적 과정(피해자 프로파일링의 이해)[29]

범죄수사를 위해 필요한 요소 중의 하나는 '수사관의 확신'이다. 초기 수사단계에서 합리적인 수사방향 설정과 수사대상자의 용의점에 대한 수사관의 확신은 종종 성공적인 사건해결의 결과를 얻게 된다.

---

[29] 범죄 피해자 프로파일링(2008년 과학수사 국제 학술세미나 발표자료 참조).

'수사관의 확신'은 범죄현장에 존재하는 다양한 형태의 증거물 또는 정황에 의해 얻어지는 경우가 대부분이다.

사건이 발생한 범죄현장은 다양한 증거물과 행동정황 등이 복합적으로 나타난다. 영화나 드라마처럼 늘 짧은 시간에 쉽게 결론에 도달하지 않는다. 즉, 범죄현장은 매우 복잡한 인간 상호작용이 벌어진 장소[30]임에 따라 수많은 자연과학적인 요소뿐만 아니라 심리, 사회학적 요인, 문화적 요소 등을 내포하고 있다. 특히, 범죄현장은 이러한 요소들이 혼합되어 나타나기도 하고 실종사건과 같이 극히 부분적인 특성만을 나타내기도 한다. 프로파일링이 수사지원 시스템으로서「인간행동의 이해」라는 관점에서 점차 확대되고 전문화 되어 가는 것은 당연하다고 할 것이다.

프로파일링이 범죄자의 정보를 분석하기 위한 필연적인 요소는 피해자 프로파일링이다. 범죄자와 피해자 상호간의 부분적인 행동특성만을 나타내는 사건이 발생할 경우 초기 분석 단계에서 '예측되는 피해자의 행동'이 상식에서 벗어나거나 합리적으로 이해되지 못하는 경우가 발생한다. 실제 발생한 몇 건의 사건에 있어서 우리는 범죄자의 행동과 범행동기가 상식적으로 설명되지 않음은 논외로 하고 오히려 범죄 발생 당시 피해자의 행동과 수사진행 과정에서 나타내는 피해자 가족들의 행동이 매우 비합리적이거나 일반적인 상식에서 벗어나기 때문에 혼란을 겪는 경우가 많다.

---

30 범죄현장은 단순한 증거들의 집적이 아니며, 범죄자와 피해자 그리고 현장 간의 상관관계로부터 상조작용이 일어난다. The physical scene, or the crime scene, is more than simply a site of an accumulation of evidence: a synergism arises from the interaction of offender, the victim, and the scene(RONALD M. HOLMES, STEPHEN T HOLMES: PROFILING VIOLENT CRIMES AN INVESTIGATIVE TOOL).

즉, 범죄수사는 가해자와 피해자(가족과 같은 2차 피해자의 개념을 포함한) 이외에 '수사요원'이 개입하게 됨으로써 범죄행동을 통해 나타난 가해자와 피해자의 상호작용에 대한 합리적인 해석이 필수적으로 요구된다. 이러한 문제는 결국 수사초기 단계에서 성공적인 수사를 위한 '수사관의 확신'에 영향을 주는 중요한 요소이다.

많은 경우에 있어서 인간의 행동은 '맥락'을 가지고 있으며, 지각 심리학의 다양한 이론들은 사물 및 환경의 불변 속성과 변화를 인식하는 지각과정에 관한 신경계 및 대뇌의 신경과정 및 그에 기저하는 정보처리과정을 설명하고 있다.

실종 또는 납치, 유괴사건과 같이 범죄현장에 물리적 증거물이 존재하지 않고 오직 '범행 장소가 이곳일 것'이라는 의미를 가진 사건이 발생하였을 경우 수사초기 단계에서는 수사관들에 의한 지리적인 평가와 더불어 피해자의 주변 수사를 병행하게 된다. 평소 교우관계가 별로 없던 내향적인 성격의 초등학교 저학년 여학생이 하굣길에 홀연히 사라져 실종된 경우 '평소 교우관계가 없고 조용한 성격으로 낯선 사람에 대한 경계가 높고 아무나 따라가지 않을 것이다'라는 관념이 수사관의 수사방향 설정에 영향을 주게 된다. 휴일 대낮에 성인 피해자가 귀가하던 중 전철역에서 나오는 마지막 cctv가 확인된 이후 사라져 실종된 경우 실종 장소가 불분명하지만 노상으로 나온 이후로 누군가와 만난 것으로 추정되기 때문에 주변인의 목격, 공격에 대한 구호 요청이 예상된다. 그러나 탐문 수사에서 그러한 내용이 나타나지 않을 경우 실종자가 만난 사람이 면식 관계인지 또는 비면식 관계인지 판단하기는 매우 어렵다.

이러한 사건들을 종국에 되돌아보면 피해자들은 흉기에 의한 직접적인 위협 없이 언어적 폭력만으로도 충분히 제압되어 일정 거리를

이동하였으며, 사망 장소까지 마치 스스로 이동한 것과 같은 형태를
나타내기도 한다.

범죄 상황에서 많은 피해자들이 비합리적인 선택과 행동을 하게
되는 이유에 대해 영향을 주는 요인들을 살펴보고 피해자 프로파일링
에 적용, 연구할 필요가 있다.

1. 행동에 대한 일반 이론

인간의 행동은 주어진 자극과 이에 대한 인지적 판단, 정서경험,
그리고 상황에 대한 반응의 형태로 나타나게 된다.

1) 범죄 상황(자극상황)에 대한 인지적 판단

범죄 상황은 가해자, 피해자 모두에게 있어서 극단적인 스트레스
상황이다. 인간은 좌절과 갈등, 변화하는 상황과 압력상황 하에서 스
트레스를 경험하게 되고 범죄 상황 또한 그러한 요소들이 짧은 시간
에 모두 전개되는 극도의 스트레스 상황이다.

극도의 스트레스 상황에서 나타나는 행동은 크게 다음의 두 가
지 대처방식으로 설명된다.[31]

- 문제 중심의 대처: 스트레스 유발상황을 변화시키고 직접 해결
  하려 하는 타입으로, 대체적으로 자존심이 강하며, 상황통제력
  이 강한 유형이다. 적극적이고 능동적인 대처전략을 사용한다
  (Terry, 1994).

- 정서 중심의 대처: 스트레스 상황으로 인해 유발된 정서반응을
  조절하려 하는 타입으로, 자존감과 상황통제력이 약하며, 사회

---

31 Carver, Scheier & Weintraub(1989).

☑ 범죄라는 자극(상황)에서 반응까지의 과정을 설명한 도식

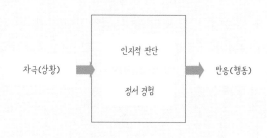

적 도움을 잘 받지 못할수록 소극적, 수동적 대처전략을 사용한
다(Terry, 1994).

범죄 상황에서 나타나는 피해자 행동의 원인 기제는 피해자가 범
죄 상황으로 지각할 수 있는 인지적 기제 혹은 두려움이라는 정서적
경험의 인지적 기제로 해석된다.

실제 일어난 사건의 내용보다는 사건에 대한 주관적 해석에 따라
얼마나 심각한 범죄 상황으로 지각하느냐가 좌우되는데, 이러한 인지
적 평가는 사건(event)에 대한 개인의 적응에 중요한 역할을 한다.

결국, 개인은 스트레스 상황에 대한 인지적 평가에 따라 그 상황
에 대한 대처행동을 결정하게 되며, 인지적 평가는 일차적 평가와 이
차적 평가로 나뉘어 진행된다.

- 일차적 평가: 스트레스 상황을 자신의 안녕과 관련하여 이로운
  지 해로운지 판단한다.
- 이차적 평가: 스트레스 상황에서 자신이 무엇을 할 수 있을 것
  인지를 평가한다.

2) 정서

정서는 각 정서끼리 서로 상호작용을 하며, 의사소통 양식이고 행위성향이기 때문에, 반드시 후속 행위가 뒤따르게 된다(Spezzano, 1993). 따라서 행동의 기제로서 정서를 이해하는 것이 타당하다.

(1) 정서의 기능

정서는 우리가 갖고 있는 다양한 목적이나 동기 중에서 우선순위를 결정하는 작용을 하며(Tomkins, 1995), 위급한 상황에서 우선순위 설정에 따라 행위나 동기를 중단시키거나 조장하는 역할을 한다(Simon). 즉, 정서는 인지적 측면에서 다양한 동기를 조절하고 위급한 상황이나 긴박한 상황에서 관심과 주의를 집중시키는 역할을 하게 된다. 또한 정서는 지각 선호에 있어서도 영향을 미치며(Nidenthal & Setterlund, 1994), 주의에도 영향을 미친다(Mathew, 1993).

성서직 경험은 주로 행위준비성에 대한 인식, 즉 도망가거나 공격하거나 껴안으려는 충동으로 구성되며, 특정한 정서 상태를 규징하는 행위 준비성의 변화는 대개 위기나 방해에 대한 반응으로 일어나게 된다(Frijda, 2000).

징서는 최소한의 정보처리만으로도 빠른 반응을 일으키도록 진화된 것이기 때문에, 때로는 오류를 범할 수 있으며, 불필요한 정서를 생성하거나 상황에 부적절한 정서가 발생되기도 한다(Frijda, 2000).

범죄 상황에서 피해자의 행동 역시 정서에 의한 판단의 결과라고 할 수 있고, 범죄 피해자는 두려움과 불안의 정서를 경험하게 되므로 범죄 상황에서 피해자가 경험하는 정서가 어떠한 행동 결과를 낳는지에 대한 이해 없이는 당연히 피해자의 행동을 이해하기 어렵게 된다.

(2) 두려움

두려움은 위험에 대처하는 정서로 자기를 보호하는 기능을 하며 (Kalin, 1993). 불확실한 상황에서 통제가 불가능할 때 생기는 정서이다 (Balow, 2000). 두려움의 대상이 어떤 형태인지 정확히 알지 못하거나 모르는 경우에도 발생할 수 있는 정서이다(Jajonc). 즉, 두려움은 통제할 수 없는 불안을 통제하고자 하는 심리이며, 두려움을 느끼게 되면 자신이 통제 가능한 것에 대해 가지고 있는 두려움을 결속시켜 해결하려고 하게 된다.

위협 당하고 있는 현재의 상황에서 충분히 도주할 여유나 구호요청이 가능한 상황임에도 불구하고 쉽게 불가능하다고 느끼고 포기하는 부정적인 해석을 하게 되기도 한다. 두려움에 직면하게 되면 나타나는 비합리적 판단 및 행동에서 스스로 느끼는 신체적인 지각 및 능력에 대해, 스트레스 수준이 높을수록 신체 내부의 감각변화(사적 신체지각)와 외현적 신체모습(공적 신체지각)에 예민하게 되며, 자신의 신체능력을 부정적으로 평가하게 된다(이인혜, 1999).

또한, 인지적 측면에서 위협적 상태에 처해 있을 때 사람들은 이성적이고 객관적인 사고방식으로부터 벗어나는 경향이 있으며, 잠재적으로 스트레스적인 사건들에 대한 판단들은 불합리하고 비현실적인 것으로 반응하기 쉽다(Folkman, Schaefer & Lazarus, 1979).

3) 두려움에 의한 비합리적 반응의 기제

(1) 위협 요소에 대한 과잉된 주의집중

두려움과 불안을 느끼면, 대상(위험 요소)에 예민하게 주의를 기울이고, 대상의 위험성을 과도하게 평가한다. 자신의 대처 자원을 과소평가하게 되고 위험을 벗어나기 위한 여러 가지 대처 방안이 있음에도

불구하고 미처 생각해내지 못하거나 쉽게 좌절, 포기하는 경향이 생긴
다. 무엇보다도 위험과 위험요소에 대한 사고를 많이 하게 된다(Beck,
Laude, & Bohnert, 1974; Hibbert, 1984).

2007년 6월, 충남 ○○에서 15세의 여중생 실종사건이 발생하
였는데 피해자는 21:00경 자신의 집 앞에서 자전거를 타고 가던 범인
에 의해 납치되어 약 5km 정도의 거리를 자전거에 동승한 채 이동하
였다. 이 과정에서 도망치거나 소리를 지르면 가만두지 않겠다는 언어
적인 위협만으로 자전거에 나란히 동승한 채 납치되었으며 20여일
을 범인의 어머니가 함께 거주하는 범인의 집 방안에 감금되어 있었
다.³² 현재의 상황을 벗어날 수 있는 합리적인 대처방안을 활용하지
못함으로써 오히려 수사팀의 판단 오류가 발생하게 되는 것이다. 감
금된 피해자는 도망하거나 도움 요청을 할 때 도움 받기 이전에, 가
해자로부터 우선 공격당할 것이라는 두려움이 행동의 제약을 야기하
게 된다.

두려움과 불안을 동시에 경험할 때, 위협적인 환경정보에 더 많은
주의를 기울이고, 판단 능력이 저하되는 경향성을 보여 주는 다음의
연구들은 범죄상황에서 피해자의 두려움을 이해하는 데 도움을 주는
연구 자료들이다.

---

³² 범인은 자신의 어머니가 함께 거주하지만 단절된 가족관계로 인해 자신의 방에 아
무도 들어오지 않는다고 하였으나, 피해자의 진술에 의하면 감금된 상태에서 화
장실을 가던 중 범인의 어머니와 마주쳤으나 전혀 구호요청을 하지 못했다고 하
였다.

★ Stroop 과제 실험

　위협적인 단어와 위협적이지 않은 단어를 제시하고, 단어의 의미는 무시한 채 색깔을 명명하게 하였을 때, 색깔을 명명하는 시간이 길어질수록(color naming latency) 위협적인 단어의 의미가 더 많은 주의를 끌어 색깔 명명을 방해하는 현상이 나타난다. 불안과 두려움을 느끼는 경우, 위협적인 단어의 색깔을 명명하는데 더 오랜 시간이 걸렸는데, 이것은 두려움에 의한 판단 능력의 저하를 의미한다.

★ 이원청취과제(Dichotic listening task) 실험(Mathews & Macleod, 1986)

　피실험자의 양쪽 귀에 서로 다른 메시지를 들려주면서 한 쪽에서는 위협적인 메시지를 들려주고 다른 쪽에는 그렇지 않은 메시지를 들려준 후 그중 한 쪽 메시지를 따라 말하게 하였는데, 불안을 느끼는 사람들은 위협적인 자극에 더 많은 주의를 할당하는 선택적인 처리 편향을 강하게 나타내었다.

　즉, 범죄 상황에서 피해자가 두려움과 불안을 느낄 경우, 오직 가해자에게 주의가 집중되고 주변상황 등이 잘 지각되고 판단되지 않음으로써 인지적인 오류가 발생하여, 적절한 상황해석을 할 수 없게 되고, 그 결과 적절하고 합리적인 대처를 하지 못하게 된다.

　이렇게 위협적인 자극에 대해 주의가 집중되다 보면, 상대적으로 위협적인 자극을 실제보다 더 크고 더 위협적으로 지각하기도 하며, 그 결과 상대적으로 자신의 통제력과 효능감에 대해서는 낮게 지각하게 되기 때문에 상황에 대한 통제력을 상실하게 되는 것이다(Mathews & Macleod, 1986; Watts, McKenna, Sharrock & Trezise, 1986; MachLeod & Rutherford, 1992).

(2) 통제력의 상실

두려움과 불안을 경험할 때, 사람들은 문제 상황에 대한 통제력의 상실을 지각하게 되며, 그 상황을 벗어날 수 있고, 자신의 통제에 의해 해결가능하다는 효능감을 잘 느끼지 못하게 된다.

스트레스 상황에서 두려움과 불안을 조금 느낄 경우에는 문제 중심적인 대처와 사회적 지지 등을 추구하는 적극적인 형태의 대처를 하게 되지만 두려움과 불안을 많이 느끼게 되면, 문제를 해결하기보다는 긴장을 해소하거나 두려움과 불안을 없애려는 방식으로 행동하게 되며, 이렇게 나타난 행동은 상황을 벗어나는데 역기능적이게 된다(Folkman & Lazarus, 1980).

특히, 범죄 상황과 같이 상황이 유발된 원인이 운, 운명, 재수, 또는 힘이 센 타자에 의해 일어나고 지배되거나 자신을 둘러싸고 있는 힘이 너무 많고 복잡해서 예측할 수 없다고 느끼는 경우, 작은 것에도 쉽게 위협을 느끼고 무기력한 반응을 일으키게 된다(Rotter, 1966).

2. 범죄 피해자의 심리적 특성 사례

2007. 9. 1. 21:50경 ○○경찰서에 한 부모로부터 자신의 딸 추○○(여, 20)이 전일 8. 31. 12:00경 ○○에 바다 구경을 떠났다가 16:00경 막차로 귀가한다고 연락한 이후 현재까지 소식이 없다는 미귀가 신고가 접수된다.

수사팀은 즉시 수사에 착수하여 상황을 파악한 바, 남자친구 김○○(20)과 같이 놀러간 사실이 확인되어 두 명에 대한 동시 수사를 진행하게 된다.

이동 경로를 추적하던 수사팀은 9. 1. 11:00경 ○○면 소재 민박

집에서 미귀가자들이 전일 숙박을 한 후 아침을 먹고 나간 사실을 확인하고 이동경로와 범죄 관련성 파악에 수사력을 집중하던 중 9. 3. 미귀가 신고가 되어있는 추○○의 시체를 발견하였다. 동행한 남자친구 김○○의 행방을 찾던 수사팀은 9. 5. 15:30경 인근 해변에서 외력에 의한 상처가 있는 상태로 사망한 김○○의 시체를 발견하였다.

피해자들의 통신내역을 수사하던 경찰은 추○○의 통화내역에서 119에 4회 전화하였으나 통화내용은 없고 짧은 시간 동안 불상 선박의 기관 소리가 녹음된 사실을 확인하였고, 민박을 했던 곳 주변의 CCTV 분석결과 8. 31. 16:15경 피해자들이 ○○ 선착장으로 이동하는 것이 확인된다. 피해자들은 선착장으로 이동하여 불상의 선박에 승선하였을 가능성이 높은 것으로 보인다.

피해자들은 8. 31. ○○에서 여행을 하던 중 불상의 선박(규모가 매우 작은 오래된 선박으로 추정)에 승선한 이후 119에 불상의 이유로 구호 요청을 시도한 흔적이 있고, 살해당한 채 발견된다.

사건 수사를 진행하던 중 2007. 9. 25. 14:40경 나○○라는 사람으로부터 경찰서 상황실로 한 통의 신고가 접수된다. 신고 내용은 자신의 처가 바닷가를 산책하던 중 여행객으로 보이는 20대 초반의 여성 2명 중 1명에게 휴대폰 전화기를 빌려 자신에게 전화를 한 사실이 있었는데 그 당시 처가 빌려서 사용한 발신 전화번호로 자신의 휴대폰에 문자가 와서 "저희 아까 전화기 빌려드린 사람인데요, 배 타다가 갇힌 것 같아요. 경찰 보트 좀 불러 주세요."라는 메세지가 전달되었다는 것이다.

즉시 강력팀에 신고가 접수되고 해경에 공조를 위한 상황이 전파되었다. 수사팀은 피해자 휴대폰으로 계속 통화를 시도하였으나 연결되지 않자 해상 선박에 대한 수색을 요청하고 전화번호를 통해 도움

요청 문자를 보낸 사람들에 대한 신원 파악에 주력하였다. 인적사항이 밝혀진 피해자들은 안○○(여, 22), 조○(여, 23) 친구 사이로, ○○마을에 여행을 간다고 나간 것으로 밝혀진다.

수사팀은 이미 발생한 사건과의 연관성이 있을 가능성이 높은 중요사건으로 판단하고 수사를 진행하던 중 9. 26. 8:20경 공해상에서 여성 익사체 1구를 인양하여 운송중이라는 해경의 통보를 받고 확인한 바 실종자 조○으로 밝혀지게 된다. 수사력을 총 동원하여 수색을 전개한 수사팀은 이틀 후 9. 28. 3:00경 실종자 안○○의 시체를 발견하였다.

친구 사이인 피해자 ① 안○○(여), ② 조○○(여)는 ○○촌에 여행을 와서 불상의 선박에 승선한 후 신변의 위협을 느끼고 신고자 나○○의 휴대폰에 경찰을 요청하는 메시지를 보낸 후 살해당한 채 발견된다.

1) 검시결과

4명의 피해자 모두 전신에 강한 외력에 의한 피하출혈 등 구타당한 흔적이 보인다. 첫 번째 사건의 피해자인 김○○(남, 20)의 좌우측 발목에 날카로운 도구에 찔린 듯한 상처와 발목 골절, 그리고 여성의 질 내벽에 출혈이 있다. 사인은 익사로 확인되지만 사망 전 성 관련 범죄와 폭력이 있었던 것으로 보인다.

2) 두 사건의 공통된 상황

두 사건의 피해자들은 모두 여행 중 불상의 선박에 승선하였고, 구호를 요청할 정도의 위기상황이 전개되었으나 구호요청을 못하거나 도움 요청을 위한 문자를 발송한 이후 통신이 두절됐다.

모두 어구(漁具)로 보이는 범행도구에 의한 상처가 있다. 그리고 사인은 모두 익사로 판명됐다.

3) 범죄행동 관련 분석[33]

소규모 조업을 하는 선박의 경우 타지에서 온 여성의 승선을 꺼려하는 지역 문화적 특성, 특히, 소형 선박의 경우 협소한 공간으로 인해 조업이 불편하여 쉽게 여행객을 승선시키지 않는다는 점을 고려할 때, 첫 번째 사건은 우연히 만난 피해자들의 요구 또는 범인의 의도적인 호의에 의해 승선한 이후 발생한 범죄 가능성이 있다.

두 번째 사건은 지역 내에 살인사건 수사가 전개되고 수사관들이 수시로 지역 내 탐문 수사를 하고 있는 상황에서 발생한 것으로, 범인은 의도적으로 피해자들을 목격되기 어려운 곳에서 승선 유도하였을 것으로 보인다. 자신이 직접 수사대상자로 지목되지 않았다는 점이 2차 범행까지 이어진 요인으로 작용하였을 가능성이 높다.

4) 검거

범죄용의(容疑) 선박의 형태를 파악한 수사팀은 사건이 발생하던 당일 선착장을 이동한 소형 선박을 발견하고 소유주 파악과 동시에 동 선박에서 피해자들의 물건(볼펜, 머리띠, 신용카드, 모발 등)을 증거로 확보하고 선주(船主)인 범인 오○○(70)를 검거하였다.

---

[33] 경찰청 범죄행동분석팀 분석내용 중 일부 발췌(권일용, 강은경, 정혜정, 백승경 합동 분석).

범행 선박: 소형 선박

범행에 사용된 漁具

5) 범행 장소(선박) 특성과 피해자의 두려움

이 사건의 가장 큰 특징은 노인에 의한 성(性) 범죄이다. 피의자는 피해자들을 공격하고 가슴을 만지는 등 추행하고자 하였으나 반항하여 살해하였다고 한다. 그러나, 범인의 연령이 70세 노인이고 피해자들이 20대 초반의 젊은 남녀라는 점에서 몇 가지 의문점을 갖게 된다. 과연 범인은 충분히 저항이 예상되는 젊은 피해자들을 어떻게 성추행하고 살해할 수 있었는가?

사건이 발생한 0.5t 소형 선박은 승선경험이 전무한 20대 초반 여행객들에게는 위험하고 고립된 장소이다. 바다 한가운데 정지하여 있을 경우 파도와 물결에 의한 흔들림이 매우 크다. 피해자들은 공격을 받는다는 돌발 상황에서 심리적 공포감이 극대화되어 합리적 판단이 어려워지고 공포와 두려움으로 인한 판단능력의 저하를 가져왔을 가능성이 높다. 범인의 언어적 위협이나 피해자의 요구(하선 요구)에 대한 소극적인 반응 혹은 무응답도 피해자들에게는 위협적인 상황으로 인식될 수 있다.

이 범죄자의 경우 고령의 노인이라는 특성과 사회문화적 고정관념으로 피의자를 평가하기보다는 경제적인 활동을 영위하고 있는 직업남성으로 평가하는 것이 타당하다. 자신이 충분히 환경을 장악하고 있는 선상에서는 평소와 달리 내재된 성적 욕구가 억압상태를 벗어나게 되어 무모한 공격행동으로 표출될 가능성이 충분하다.

특히, 두려움과 불안을 경험할 때, 사람들은 문제 상황에 대한 통제력의 상실을 지각하게 되며, 그 상황을 벗어날 수 있고, 자신의 통제에 의해 해결가능하다는 효능감을 잘 느끼지 못하고 통제력이 상실되는 것을 경험하게 된다(Folkman & Lazarus, 1980).

범죄 상황이 유발된 원인이 힘이 센 타자에 의해 일어나고 지배되거나 자신을 둘러싸고 있는 힘이 너무 많고 복잡해서 상황을 쉽게 벗어날 것을 예측할 수 없다고 느끼는 경우, 작은 것에도 쉽게 위협을 느끼고 무기력한 반응을 일으키게 된다(Rotter, 1966).

3. 범죄 상황에서 두려움 경험에 영향을 주는 내적 요인과 외적 요인

범죄 상황에 대한 대처는 환경과 개인의 특성에 따라 달라진다(Lazarus & Folkman, 1984). 일반적으로 같은 자극과 상황이 주어지더라도 사람들은 각자 다른 반응을 도출해내는데, Dore & Kirouac(1985)는 두려움을 유발하는 주제가 위험 속에서의 생활, 예기된 또는 학습된 두려움, 어떤 사건, 사람 혹은 생각에서 비롯된 위험, 어문적 혹은 신체적 공격에 대한 위협, 더 강한 적수의 처벌, 모욕, 노여움에 대한 판단, 지지의 상실, 낯설음 등이 개입된다고 한 것처럼 어떠한 상황은 개인(인간)이라는 중간 프로세스를 거쳐 행동이라는 결과로 나오기 때문에 각자 다른 결과를 양산한다는 것이다.

따라서, 개인과 상황의 상호작용의 결과로서 도출되는 행동이라는
개념을 가지고 범죄 상황에서의 피해자 행동들을 이해해야 할 것이다.

1) 내적 요인

(1) 경험

여기에서 경험의 개념은 포괄적으로 간접적인 내용을 포함한다.

예를 들어, 2004년 6월경 서울 서남부에서 발생한 연쇄살인 사
건의 경우 '서울판 살인의 추억'이라는 제하에 모든 언론에서 귀가길
의 여성을 상대로 무차별 공격하고 살해하는 사건에 대해 연일 보도
되었다. 이때 그 해당 지역에 거주하는 여성들은 심야에 귀가하면서
평소와 다른 심한 두려움을 경험하게 된다. 이와 관련된 한 연구에서
는 텔레비전을 많이 시청하고 신문을 많이 보는 사람일수록 보다 범
죄의 두려움을 많이 느끼며 훨씬 더 위험한 세계에 살고 있다고 생각
하는 경향을 나타내었다(텔레비전 연구 Gerbner & Gross, 1976; Doob
& McDonald, 1979; Health & Petraitis, 1987; 신문에 관한 연구 Liska &
Baccaglini, 1990; Williams & Dickinson, 1993).

또한, 범죄의 피해를 입을 가능성에 대한 지각을 예측해 주는 변
인은 남성의 경우 범죄피해 경험자를 알고 있는 정도이며, 범죄발생 시
의 신체적 취약성, 환경적 무질서 요인 등이 유의미하고, 여성의 경우
는 범죄피해 경험, 수입, 환경적 무질서 요인에 대한 지각 등이 유의미
한 영향을 주는 것으로 연구되었다(조은경, 2003).

(2) 몇 가지 심리적인 특성

자기효능성이 높은 사람은 직접적으로 문제를 해결하려는 대처양
식을 많이 사용한 반면, 자기효능성이 낮은 사람은 자신의 정서상태를

조절하려는 대처양식을 많이 사용하였다(Chwalisz, Altmaier & Russell, 1992).

내적 통제를 하는 사람은 자신이 노력하면 스트레스 상황을 변화시킬 수 있다고 믿는 경향이 높다고 기대할 수 있다(Anderson, 1977; Fleishman, 1984).

외향성자는 능동적 대처를, 내향성자는 소극적 대처방식을 선택하는 경향이 나타난다(McCrae, Costa, 1986).

2) 외적 요인

범죄상황의 맥락이 어떤 것인지에 따라, 같은 범죄 상황도 사람에 따라 각자 다르게 판단하게 한다. 오랫동안 관계를 가져오던 내연남이 칼을 들고 위협하며 금품을 요구하는 경우와 낯선 사람이 갑자기 칼을 들고 들어와 금품을 요구하는 경우 피해자의 행동은 다르게 나타날 수 있으며, 여행길에서의 낯선 도로와 환경은 호기심과 경치에 대한 만족감을 주지만 낯설고 새로운 환경에서 마주친 범죄 상황은 큰 두려움을 유발할 수 있다. 대낮보다는 야간 또는 심야에 더 큰 두려움을 느끼게 된다(Warr, 1990).

대체적으로 주변에 다른 사람이 있을 경우 혼자 있을 때보다 더욱 안정감을 느끼는 것처럼(Warr, 1990), 혼자 있거나 여러 사람이 같이 있을 때 범죄 상황에 직면한 경우도 영향을 주는 요소이다.

3) 결론

범죄 상황에서 합리적으로 설명되지 않는 피해자의 행동을 인지적 판단과 정서적 반응의 차원, 그리고 그 두 가지에 영향을 주는 환경과 개인의 특성에 근거한 내적 요인과 외적 요인을 심리학 이론을 통해 고찰하였다.

결과로 나타난 어떤 행동은 그 사람의 사고 또는 상황을 파악하는 데 도움을 준다. 이러한 연구가 필요한 이유는 범죄 상황에서의 피해자 행동을 보다 합리적으로 이해함으로써 논리적인 토대를 가지고 수사방향을 설정하기 위함이다. 물론, 범죄현장에서 일어나는 가해자와 피해자 간의 미묘하고 순간적인 감정들을 완벽하게 이해할 수는 없다. 실제 피해자들은 다양한 측면에서 각자 다른 두려움을 느낄 수 있으며, 두려움은 다양한 형태의 반응과 비합리적인 판단을 유발한다. 그럼에도 불구하고 수사초기 단계에서는 피해자에 대한 고찰과 분석(Profiling)이 제대로 이루어지지 못한다.[34]

피해자의 행동을 이해하기 위해 나열한 요소들은 역기능적 관점에서 보면 범죄자로부터 특정 행동을 유발하게 된 요인이 될 수 있다는 것에 의미를 두고 있다.

---

[34] 피해자의 평소 성격이나 상황에 대한 대처방식은 보는 사람에 따라 지극히 주관적인 요소가 개입될 수 있기 때문이다.

법최면 수사와 프로파일링

04

범죄면 수사와 프로파일링

    성공적인 프로파일링을 하기 위해서는 신뢰성 있는 피해자 또는 목격자의 진술이 중요한 정보로 활용된다. 중요한 것은 '신뢰성' 있는 진술의 확보이다.

    피해자들은 대부분 공포와 긴장 상태로 인해 범죄 당시의 상황이나 범죄자에 대한 정보를 정확히 기억하기 어려운 상태(또는 일부만 기억하는 상태)인 경우가 많고, 목격자들도 대부분 현재 자신이 목격하고 있는 장면이 중요한 범죄상황을 목격하고 있다는 것을 인식하기 어렵기 때문에 진술에만 의존하여 수사에 활용하기 어려운 경우가 많다. 따라서, 많은 강력 사건의 경우 목격자 진술이 오히려 수사를 혼란스럽게 하는 요소로 작용하기도 한다. 무엇보다 '신뢰성' 있는 진술확보를 위해서는 이들의 진술이 '법과학'의 테두리 안에서 각종 감정결과와 함께 통섭을 통해 분석되어야 하고, 전문가에 의해 평가되어야 한다. 그 중 하나의 기법이 '법최면'이다. 법최면 수사는 법최면 수사관으로, 국립과학수사연구원 범죄분석과 및 각 지방청에서 전문가 인증을 받은 요원들이 활동하고 있다.

본고에서는 향후 수사관들이 보다 효과적으로 범죄수사에 법최면 수사를 활용하기 위함을 목적으로 법최면수사의 원리를 이해하고, 피해자와 목격자를 통한 수사를 합리적이고 효과적으로 진행할 수 있도록 사례와 함께 연구해 보고자 한다.

: 법최면

법최면(forensic hypnosis) 또는 최면수사(hypno-investigation)는 범죄수사에 최면을 이용하는 의미로 사용되고 있다. 범죄현장에 사건해결을 위한 단서가 남아있지 않고, 피해자, 목격자의 기억이 시간의 경과나 사건 당시의 공포·당황·흥분 등의 주변 여건으로 범죄 당시의 상황을 제대로 기억하지 못할 때 최면을 활용하여 수사의 단서를 제공하거나 수사의 방향 설정에 도움을 주기 위해 사용된다.

대상자는 최면상태에서 법최면 수사관에 의해 선택적인 집중과 몰입을 통한 신체의 이완, 의식변화의 상태가 되며, 이때 지각(perception)의 변화, 최면 논리, 수용적 태도 변용 등이 일어난다.

분명한 것은, 최면 상태에서도 의식이 있기 때문에 의도적 거짓말을 하거나 상황을 조작할 수 있으므로 범인이나 용의자에게는 활용하지 않는다.

ː 최면에 대한 오해

실제 법최면을 실시하다 보면 많은 사람들이 상당한 오해를 갖고
있다. 더불어 일부 TV 프로그램 등을 통해 최면에 유도된 상태에서 자
신의 전생을 보게 하거나, 피최면자가 의도하지 않은 행동을 최면가의
주문에 따라 취하게 되는 현상들이 방송되면서 마치 최면상태에서는
최면가에 의해 모든 사고가 통제되고 지배된다는 오해를 갖고 있기 때
문에 법최면 실시 전 충분히 설명하지 않으면 최면 유도에 어려움을
겪게 된다. 가장 많이 나타나는 몇 가지 오해들을 정리해 보면, 다음과
같다.

- 최면은 잠이다.
- 심성이 약하고 여성 또는 마음이 여린 사람만 최면에 걸리는 것
  이다.
- 머리가 똑똑한 사람은 최면에 안 걸린다. 속임수일 뿐이다.
- 최면은 하고 싶지 않은 비윤리적인 짓도 하게 만든다.
- 최면에서 깨어나지 못할 수도 있다.
- 최면을 하면 원래의 기억이 완전히 다시 회상된다.
- 자신이 무엇을 하는지 모르는 상태에서 목격한 것을 기억한다.
- 최면은 특별한 능력을 가진 사람만이 할 수 있다.

이와 같이, 최면에 대한 오해를 전반적으로 검토해 보면 최면을
최면가와 피최면자와의 상호작용의 형태로 이해하기보다는 최면가가
모든 상황을 통제하는 일방적인 행위로 보는 생각들이 대부분이라는
것을 알 수 있다.

그러나, 가장 일반적인 최면에 대한 정의는 피최면자들의 활동성이 감소된 상태일 뿐 의식을 상실하지 않은 상태이며, 법최면수사와 관련해서는 각성 상태에서 회상할 수 없었던 구체적인 사건들에 대해 초점을 맞출 수 있도록 '(법최면수사관에 의해) 유도된 주의 집중' 상태라는 것이다.

어떤 경험이나 정보가 입력(부호화)될 때 정서적 각성수준 또는 스트레스 수준이 큰 영향을 주는 것으로 연구되어 있는데, 정서적 흥분 또는 스트레스 상황에 놓여 있을 때에는 주변 자극이 지극히 선택적으로, 범위가 매우 좁혀져서 입력되기 때문에 어떤 것은 전혀 입력되지 않거나 지각되지 않을 수 있다. 이러한 현상 때문에 범죄수사 과정에서도 어려움을 겪는 경우가 가장 많이 나타나게 된다.

한 예로, 예방주사를 맞는 학생들 중 맥박수가 증가되었던(stress 지수가 높았던) 학생들에게 주사 놓는 간호사와, 병원 방문 약속을 정하는 제3자를 만나게 한 다음 기억검사를 한 결과 주사 놓는 간호사보다 병원 방문 약속을 정한 제3자를 더 많이 기억해 내었다. 주사의 stress가 자신에게 주사를 놓은 간호사에 대한 정보 입력을 방해하였던 것이다.

또한 은행 강도 실험에서 대부분의 목격자들은 강도가 소지한 총 또는 흉기에 기억이 집중되어 있어서 강도의 정보에 대해서는 많이 입력되지 않았다.

이 현상은 범죄자들에게서도 유사하게 나타나는데, ○○에서 발생한 살인사건의 경우 범인이 범행 직후 편의점에 들러 음료수를 사마시는 장면이 cctv에 녹화되었는데, 범행을 모두 자백한 이후에도 자신이 편의점에 들렀다는 사실을 잘 기억하지 못하였다.

대부분의 목격자들은 자신이 현재 목격하고 있는 장면이 큰 범죄 상황이라고 생각하거나 의도적으로 기억하고자 노력하지 않는다. 강호순 이 마지막 범행에서 피해자의 신용카드를 이용하여 현금을 인출한 장소는 노상에 공개된 장소일뿐더러, 피해자가 실종된 장소와 멀지 않은 곳으로써 실종 추정시간 4시간 이후에 같은 지역 내에 소재한 현금인출기에 나타났다. 그런데, 당시 수사팀에서 확보한 목격자들 중 일부는 용의자가 택시를 타고 가는 장면을 보았다고 진술하는 반면, 다른 목격자는 흰색 승용차를 타고 갔다 또는 걸어서 길을 건너 왔다 등 다양한 목격사항을 진술함으로써 오히려 수사의 판단에 혼란을 야기하는 문제가 발생하였다.

현금인출을 하기 위해 들어오는 장면

현금인출 장면

인출 후 나가는 장면

외부로 나가는 장면

위의 사진과 같이 주변에 있던 목격자들은 현재 자신과 함께 있는 사람이 연쇄살인범이라는 생각을 하지 못하고, 단지 '이상한 외모'

를 한 조금 특이한 사람에 불과하다고 생각한다.

결과적으로 목격자들을 상대로 법최면을 실시하여, 귀가하던 한 학생이 용의자가 택시를 타고 가는 장면을 기억해 내었으며, 자신 이외에 용의자가 택시를 타는 것을 보고 있는 (주변에 버스를 정차해 놓고 있던) 학원버스 기사를 기억해 냄으로써 제2, 제3의 목격자를 확보하여 실제 택시를 타고 간 것으로 판단할 수 있는 신뢰성 있는 단서를 찾게 되었다.

한편, 이러한 사항을 최초 진술한 학생은 최초 진술에서 승용차를 타고 왔다고 수사팀에 진술하였다가 다시 번복하여 택시를 타고 가는 장면을 보았다, 길 건너편에 세워진 흰색 승용차를 타고 가더라 등으로 진술을 계속 번복하는 상황이었다. 그러한 기억왜곡은 목격 이후의 경험 및 정보에 따라 달라질 수 있기 때문인데, 대표적으로 기억왜곡에 영향을 주는 요소를 살펴보면, 다음과 같다.

먼저, 정보가 입력된 이후에 제공되는 잘못된 정보에 의해 기억이 왜곡되는 현상인 '암시효과[1]'가 있다. 위 학생은 단지 '조금 이상한 모습의 사람'이 이동하는 장면을 목격한 것이며, 시간이 지나 TV에 위 CCTV 화면이 공개될 때까지 그 기억을 보존할 필요가 없는 상황이었다. 이때 수사관들의 질문에 대해 '다른 사람은 걸어 왔다고 했다', '어떤 사람은 승용차 타고 가더라고 하는데, 잘 기억해 달라' 등의 주문과 대화를 통해 자신이 실제 기억한 내용에 확신이 저하되고 수사관이 질문한 의도에 따라 대답하려고 하는 경향성을 나타냄으로써 일종의 암시효과를 경험하게 되는 것이다.

이때의 암시효과는 최면유도 시 활용되는 '최면 암시'와는 별개의 개념이다.

---

[1] 암시의 대표적인 예는 플래시보 효과(Placebo Effect: 僞藥효과)를 들 수 있다.

　　한 연구결과에 의하면 기억의 인출은 기억하였던 장소에서 비교적 정확하게 회상되는 것으로 나타났다. 학교 수업을 마친 학생이 같은 자리에 남아서 복습을 하여 장기기억으로 전환된 경우 비슷한 환경에서 시험을 치를 때 가장 성적이 높게 나타난 것이다. 범죄수사 과정에서도 그로 인해 2차 피해를 주지 않는다고 판단된다면, 진술조서 작성 전에 자연스럽게 목격장소를 동행하면서 대화를 나누는 것이 보다 효과적인 기억 인출에 도움이 될 수 있다.

　　두 번째는, 정보출처에 대한 혼동(맥락의 혼동)이다.

　　한 연구에 의하면, 임의로 자원한 연구 대상자들에게 누구나 알 만한 유명인(안성기, 박찬호, 현빈 등)의 이름과 실존 인물이 아닌 가공의 이름이 적힌 목록을 제시하고, 각 인물이 얼마나 유명한지에 대한 평가를 점수화 하게 한 후, 며칠 뒤 같은 목록을 주고 다시 평가하게 하였더니 아무도 알지 못하는 가공인물의 이름에 대해서도 어느 정도 유명하다고 평가 점수를 주는 비율이 높아졌다.

　　그 이유는 목록에 들어있는 가공인물의 이름이 친숙하게 느껴지기 때문인데, 대부분의 사람들이 내가 어디에서 그 이름을 보았는지 그 출처를 확실하게 기억하지 못하기 때문에 다른 유명인들과 같이 유명한 사람 중 하나인데 현재 잘 떠오르지 않을 뿐이라고 스스로 생각하게 된다는 것이다. 때문에, 범죄수사과정에서 동일수법 사진이나, 차량 번호 등을 너무 많이 보여주고 나면 그 인물이나 번호의 잔상이 남아 실제 기억하고 있던 범인의 얼굴과 혼동하게 될 수 있다. 이것을 감소시키기 위해서는 어떤 정보를 회상하기 전에 그 내용(정보)의 출처 또는 맥락을 먼저 생각해 보도록 해야 한다.

　　세 번째는, '언어적 간섭효과'이다.

　　사람들은 자신이 경험한 것을 언어적으로 보고하고 나면 정확한 장면 기억이나 얼굴 기억이 오히려 방해 받는 현상을 나타낸다. 따라서, 대부분 수사관들이 대면 초기에 목격자들이 내용의 출처와 맥락을 생각해 볼 수 있는 대화 또는 기회를 주지 않고 서둘러 진술조서를 받으면서 범인의 얼굴형태, 피부색, 눈의 모양, 눈썹과 코, 입의 모양, 머리형태 등을 물어보게 되는데, 이러한 지각적 특성을 일단 언어적으로 표현하고 나면 본래의 지각 표상이 간섭을 받을 수 있다는 것이다. 긴급 수배가 필요한 경우에는 최초 진술을 청취하는 수사관이 이러한 점을 충분히 고려하여 수배에 필요한 정보만 말하게 하는 것이 효과적일 수 있다.

은행강도가 등장하는 범죄영화 관람 후 A집단은 강도의 생김새를 말로 기술하도록 하고, B집단은 아무 관련 없는 활동을 하게 한 후 20분이 지나서 영화에 나왔던 얼굴 알아보기 검사를 해보았다. 연구 결과를 보면, 영화 관람 후 즉시 생김새를 언어적으로 표현하였던 A집단이 자유로운 상태에서 20분이 지난 사람들보다 오히려 더 부정확한 수행 결과를 나타내었다.

즉, 언어적 자극(대화내용, 욕설 등)을 기억할 때는 말을 하는 것이 도움이 되지만 시각, 촉각, 청각이 동원되는 감각자극(색깔, 형태, 맛, 얼굴, 멜로디 등)을 기억할 때는 말로 표현하는 것이 오히려 방해가 된다는 것을 의미한다.

이러한 기억 왜곡의 착오를 줄이는 방법으로 적절한 것은, 우선 기억 출처를 확인(source monitoring)하는 질문을 한 다음 진술을 받는 것이다. 이 과정을 거친 후 진술을 받을 경우, 기억 내용에 대해 질문할 경우 암시나 유도에 쉽게 영향 받지 않고 정확한 답변을 하는 비율이 증가하였고, 특히 아동의 진술을 청취할 때 효과적이다.

법최면 수사 활용 사례 1

2008. 6. 17. 8:00경 강화읍 소재 윤○○(여, 47)이 집을 나간 후 연락이 두절되고, 익일 8:30경 지역 내 고등학교에 다니는 딸 김○○ (여, 16)이 전일 오전에 조퇴한 후 등교하지 않자 담임교사가 집으로 전화를 걸었으나 실종자들과 동거하는 윤○○의 시어머니로부터 아무도 귀가하지 않았다는 소식을 듣고 미귀가 신고한 사건이 발생하였다.

당시 피해자 윤○○(여, 47)은 딸을 인질로 잡고 있는 범인 중 일부와 차량으로 동행하여 현금을 인출하였는데, 당시 은행 인근에 주차한 차량에 현금을 실어 준 은행원 2명을 상대로 법최면 수사를 실시하여 용의자들에 대한 이미지를 확보하여 수사를 진행하였고, 수사과정에서 나타난 용의자가 법최면 수사로 회상한 이미지와 일치하여 검거하였다.

- 20대 초·중반, 곱상한 얼굴 174cm 가량의 키
- 피해자 윤○○에게 "이모 …" 호칭
  상의: 검정색 계열의 추리닝 붉은색, 노란색 줄무늬, 라운드형 카라
  하의: 검정색 칠부바지
  신발: 회색 운동화 착용
※ 상세한 얼굴을 기억하지 못함(이미지화)

: 법최면 수사 활용 사례 2

2004~2006년 9월까지 서울 서남부에서 발생한 연쇄살인 정남규 사건에 있어서 피해자들을 대상으로 범인에 관한 정보, 몽타주 작성을 위한 법최면을 실시하였는데, 당시 피해자들은 대부분 치명적인 중상을 입은 상태에서 범인의 특징적인 얼굴 일부만을 기억하고 있었고 치료 과정에서 많은 기억이 상실되기도 하였다. 그러나, 어느 정도 회복된 피해자의 적극적인 동의를 얻어 법최면을 통해 범죄행동이 재구성될 수 있었고, 이를 통해 범행동기 추정이 가능하게 되었다. 이 과정에서 법최면 실시 후 작성한 몽타주가 확보되었고, 이 몽타주는 결국 범인이 수사방향을 분산시키기 위해 의도적으로 군포 지역에서 자행한 범죄와 서남부 사건의 범인이 동일범이라는 것을 확신하는 데 결정적인 역할을 하게 된다.

✔ 서울 서남부 연쇄살인 정남규 법최면 후 작성한 몽타주 비교

서남부 부녀자 피습사건 몽타주와 사진 비교

04. 04. 08. 02:35경 신림 4동 노상에서 발생한 폭행사건 몽타주(서울청 작성)
(피해자가 머리와 눈모양을 제대로 기억하지 못함)

05. 5. 30. 04:10경 군포시 산본동 노상에서 발생한 살인사건 몽타주(경기청 작성)

이와 같이, 법최면 수사는 범죄분석적 측면에서는 피해자를 통한 범죄행동의 재구성, 목격자들을 통한 기타 정보의 확보라는 역할을 수행하기 위한 매우 중요한 수사기법으로 활용되고 있다.

: 최면 효율성을 결정하는 요인

최면수사를 하기 위해서는 법최면 전문가의 준비와 노력뿐만 아니라 해당 수사팀의 협조와 노력이 무엇보다 필요하다. 목격자가 나타나면 법최면 수사에 해당되는지 여부를 충분히 담당자와 검토하여야한다. 법최면을 실시하기까지의 과정에 가장 많이 접촉하고 영향을 받는 것이 해당 수사요원이기 때문이다.

1. 효율성 결정 요인

1) 환경 조성(세팅)

지방청, 경찰서 등의 수사기관에서 실시할 경우 대부분 법최면수사실 또는 진술 녹화실 등에서 실시하기 때문에 조용하고 전문적인 느낌을 주면서 방해를 받지 않는 경우가 많으나, 수사본부나 대상자의 거주지 등에서 실시할 경우 이러한 점을 고려하지 않고 무작정 의뢰한다면 중요한 정보의 획득에 어려움을 겪게 된다.

2) 라포(rapport) 형성

가족이나 친구, 애인에 대한 생각은 무비판적으로 수용되는 경향이 있는 것처럼 잘 알지 못하는 사람이나 의심스러운 사람들의 생각은 같은 생각이라도 거부할 가능성이 높아진다. 최면 대상자에게 사무적인 태도를 취하거나 법최면 실시에 대한 동의를 받는 과정에서 심리적 압박을 받지 않도록 최대한 배려와 노력이 있어야 한다. 피해자나 목격자들은 시간이 지날수록 자신이 목격한 내용에 대한 확신이 줄어들며, 수사팀에 뭔가 기억회상을 통해 정보를 주어야 한다는 큰 심리적 압박을 받는 상태에서 의뢰되는 경우가 대부분이다. 물론, 법최면 수사관이 라포 형성에 주력하여야 할 것이지만, 대상 선정 초기에 대면 과정에서 이러한 부분을 미리 잘 설명하고 부담을 줄여주는 것이 꼭 필요하다. 라포를 토대로 형성된 신뢰감이나 확신감의 정도는 암시의 수용에 영향을 주는 중요한 요인 중의 하나이다.

3) 권위(후광효과)

한국의 정서상 '전문가'의 권위가 크게 생각될수록 최면유도는 더 잘 수용된다. 피최면자의 신뢰감을 증가시키고, 그 사람의 기대나 요구에 부응하려고 하는 잠재적인 욕구를 조성하여야 한다.

4) 확신감 또는 자신감

최면암시는 피최면자에게 제시되는 방식에 따라 수용되기도 하고 거부되기도 한다. 소극적 제시는 거절될 가능성이 있고, 동일한 생각이지만 자신감 있게 제시된다면 수용될 가능성이 증가할 수 있다는 의미다. 법최면 수사관은 충분히 교육과 경험을 통해 대상의 연령이나 범죄 유형에 따라 '최면암시'를 적절히 조절하고 활용할 수 있기 때문에 사건을 담당하는 수사관이 최면 전 오직 기억회상의 중요성만을 부각시키는 대화를 하는 것은 방해 요인이 될 수 있다.

동기(motivation)는 인간의 행동을 활성화하고, 어떻게 해야 하는

지에 대한 방향을 제시한다. 최면 유도의 성공 여부는 피최면자의 최면에 걸리고자 하는 의지에 따라 크게 좌우된다. 적절한 동기화는 암시를 수용하고자 하는 호의적인 태도와 정신체제를 조성할 것이다.

동기화를 수립하는 방법으로, 첫째, 피최면자에게 내재되어 있는 부정적인 동기와 태도를 극복하도록 한다. 부정적 동기의 효과를 중화시키는 기본적 수단은 최면의 오해, 질문 사항들을 최면실시 전 단계에서 충분히 해소해 주는 것이 필요하다.

둘째, 새로운 긍정적 동기와 태도를 만들어 주는 것이다. 최면가가 피최면자에게 매우 편안하며, 즐겁고, 이완된 상태라는 것을 강조하면서 그가 이 모든 것을 완전히 경험할 수 있다는 것을 강조한다. 이를 통해 전문가에 의해 한번도 최면을 경험하지 못한 피최면자가 성공적으로 최면에 유도되었다는 것을 인식시켜 줌으로써 더욱 최면유도에 대한 동기가 높아질 것이다.

: 법최면 수사 의뢰 시 유의할 점

최면을 실시하는 당일 대상자가 어떠한 복장을 착용할 것인지도 중요하다. 너무 꽉 끼는 옷이나 짧은 치마 등은 지양하는 것이 좋다. 아동, 여성의 경우 보호자와 함께 올 것인지, 만약 어렵다면 미리 여경 등이 참여할 수 있도록 일정을 조정하여야 한다.

법최면 수사관은 단순히 기억 회상만을 목적으로 최면을 실시하는 것이 아니라 최면 결과에 대한 분석과 수사에 활용이라는 과정을 거치게 되므로 미리 사건의 전반적인 사항과 수사사항, 기타 정보 등을 협의하여야 한다.

최면은 진실을 밝히는 도구가 아니다. 피험자가 최면상태에서 회상한 내용들을 액면 그대로 분석과정 없이 사실로 받아들여서는 곤란하다.

기억의 정확성을 개선시키지도 않으면서 전생이 있다든지 하는 부당한 확신감만 강화시킬 수 있다. 정상인을 대상으로 한 연구는 기억 향상에 크게 영향을 주지 않는다고 한다. 그러나 외상처럼 정서가 동반된 경우에는 이와 다를 수 있다. 이러한 점을 수사에 활용한다고 이해하여야 할 것이다.

대상 선정과 주의사항은 다음과 같다.

법최면 수사의 대상자 선정에 가장 중요한 요소는, 대상자가 분명히 보고 외우려는 노력을 했지만 기억할 수는 없다고 할 때 추가적인 질문이나 기억해내야 한다는 부담감을 주지 않은 상태에서 최면을 실시하여야 한다는 것이다. 따라서, 담당 수사관은 대상자를 선정하게 되면 가급적 사건 관련 대화를 하지 않도록 하는 것이 효과적이며, 너무 짧은 순간 목격한 사항들을 무리하게 회상하도록 부담을 주지 말아야 한다.

특히, 대상자가 범인의 얼굴을 보았지만 잘 기억나지 않는다고 한다면, 우범자, 동일수법 전과자 사진을 열람시키거나 다른 확인 절차를 거치지 말고 최소화한 상태에서 법최면 수사를 해야 한다.

여러 명의 목격자가 있을 경우, 목격한 사항에 대해 서로 이야기하지 않도록 주의를 주는 것이 필요한데, 일부 목격자가 잘못된 기억이지만 지나치게 확신하고 있다면, 정확하지만 확신하지 못하는 목격자가 이에 동조해 기억을 변화시켜 다수 또는 지나친 확신을 갖고 있는 목격자가 진술하는 내용에 따라 영향을 받을 가능성이 높기 때문이다.

이상으로 법최면에 관한 내용을 살펴보았다. 물론, 이 글을 통해 법최면 수사의 전체를 다 이해할 수는 없다. 그리고 프로파일링과 법최면 수사는 분명 다른 수사기법이다.

중요한 것은, 사건 발생 후 아무것도 확신할 수 없는 상황에서 각각의 수사기법들이 통섭의 과정을 통해 어떤 결론에 이르기까지 도움을 주고 받아야 한다는 것이다. 신뢰성 있는 피해자, 목격자의 진술 확보는 프로파일링에 없어서는 안될 요소이기 때문이다.

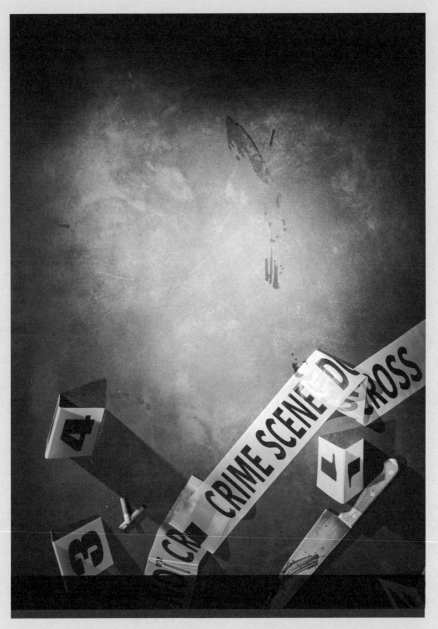

한국의 연쇄살인사건 프로파일링

05

한국의 연쇄살인사건 프로파일링

: 유영철 사건

2004년 검거된 연쇄살인범 유영철(당시 35세)은 2003년 9월 23일 강남구 신사동 노부부 살인사건을 시작으로 2004년 7월 18일 검거될 때까지 4회에 걸쳐 가정집에 침입하여 총 9명의 노인들을 무참히 살해하고, 성매매 여성 등을 자신의 거주지 오피스텔에 유인하여 총 20명을 살해하였다.

검거된 후 기자들에게 '부자들과 자신의 몸을 함부로 굴리는 여성들은 각성해야 한다.'는 말을 하였다. 자신의 범죄행위와는 무관한 언동을 하는 등 범죄의 원인을 피해자들에게 투사(projection)하는 심리적 특성을 나타내고 있다.

그의 범행수법을 분석해 보면, 4건의 침입 범죄의 대상이 된 가옥은 CCTV가 설치되어 있지 않아 침입이 용이한 장소이다. '부자(富者)'에 대한 분노를 표출하였다고 하지만 침입이 용이한 장소를 선택한 것이다. 침입 범죄는 오전 11시에서 오후 2시 사이에 발생하였다. 가장(家長)이나 성인 남성들이 출근한 사이 노인과 여성 등 쉽게 공격할 수 있는 약자들을 선택한 것이다.

1. 살인

1) 첫 번째 살인

자신이 직접 제작한 쇠망치와 칼을 미리 소지하고 2003. 9. 24. 10:00경 강남구 신사동 소재 피해자 이○○(72세) 집에 침입하여, 칼과 쇠망치로 수회 머리를 내리쳐 살해하였다.

피해 가옥은 정원이 있는 단독주택이며, 사설보안 장치가 없는 장소를 선택하였다. 자신은 의도적으로 교회 옆에 거주하는 부유층을 선택하여 범행하였다고 진술하고 있다. 세상이 자신을 범죄자로 만들었고 종교적 신념이 있다고 하더라도 물리적 공격을 막을 수 없다는 것을 알려주고 싶었다고 진술하였다.

범행 후 증거인멸 행동으로 침입 시 목격에 대비하여 피해자들을 모두 살해한 후에도 침입한 곳으로 다시 도주하였으며, 족적(足跡)이 찍힌 증거물을 모두 수거하여 가지고 나옴으로써 면식범에 의한 강도 사건으로 위장하였다.

2) 두 번째 살인

2003. 10. 9. 11:00경 종로구 구기동 소재 피해자 강○○(여, 85세) 집에 침입하여 망치로 머리를 내리쳐 살해하고, 2층에서 내려오던

② 피해자 이○○(여, 60세)의 머리를 가격하여 살해하고, 2층으로 올라 가던 중 조우한 ③ 피해자 고○○(남, 35세)의 머리를 수회 가격하여 살해하였다.

① 금품 물색 흔적이 없고, ② 피해자들이 반항한 흔적이 없으며, ③ 둔기를 이용하여 머리만 집중 가격하였고, ④ 범행 지역은 부유층 가옥이 밀집된 지역으로, ⑤ 비교적 침입이 용이하고 사설경비 시설이 설치되어 있지 않은 장소를 선택하였다. 큰 교회 옆에 거주하는 부유층 가옥을 상대로 범행하였으며, 족적을 지우고 물건을 꺼내 놓아 강도사건으로 위장하였다.

3) 세 번째 살인

2003. 10. 16. 13:00경 강남구 삼성동 소재 피해자 유○○(여, 69세) 집에 침입하여 쇠망치로 머리를 내리쳐 살해하였다. ① 금품 물색의 흔적이 없고, ② 반항한 흔적이 없으며, 머리만 집중 가격하였다. ③ 대로(大路) 뒤편 이면도로에 소재한 부유층 가옥이 밀집된 지역이고, ④ 비교적 침입이 용이하고 사설경비 시설이 설치되어 있지 않은 장소이며, 큰 교회 옆에 있는 가옥을 선택하였다. 범행 후 강도로 위장하기 위해 족 흔적을 제거하고, 신발에 묻은 혈흔을 제거한 후 도주하였다.

4) 네 번째 살인

2003. 11. 18. 11:00경 동대문구 혜화동에 소재한 ① 피해자 김○○(86세) 집에 침입하여 쇠망치로 머리를 내리쳐 살해하고, 파출부 배○○을 같은 방법으로 살해하였다. 언론에서 발생한 3건의 살인이 동일범으로 보인다는 기사가 나온 것을 보고, 강도 사건으로 위장하기

위해 금고를 손괴하려다 손을 다쳐 현장에 피를 흘렸다는 이유로 증거를 인멸하기 위해 불을 지르고 나와 도주하였다.

① 부유층 가옥이 밀집된 지역이고, ② 비교적 침입이 용이하고 사설경비 시설이 설치되어 있지 않은 정원이 있는 단독주택이며, ③ 피해자들이 반항한 흔적이 없으며, 둔기를 이용 머리만 집중 가격하였다.

이 장소는 큰 교회보다는 진입로 입구에 파출소가 있어서 오히려 거주자들의 경계가 허술할 것이라고 판단하고 침입하였다고 한다.

4건의 초기 침입 범죄는 모두 부유층을 상대로 자행되었으나 사설 경비시설이 설치되어 있지 않은 주택을 선정하였고, 강도목적 범죄로 위장, 자신이 제작한 범행도구를 사용, 피해자들을 은닉하지 않고 현장에 방치하고 도주하였다.

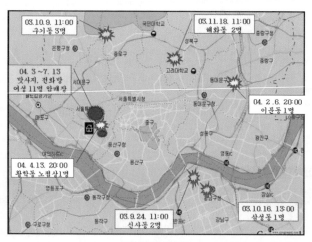

범행 발생 장소

5) 살해 후 시체 훼손(토막 유기 등) 사건

2004년 3월부터 동년 7월 13일까지 전화방 등 성매매여성 11명을 자신의 거주지인 오피스텔로 유인하여 둔기로 머리를 내리쳐 살해하고 시신을 훼손하여 ○○사 주변 야산에 암매장했다.

성매매 여성은 실종이 되어도 가족이나 주변인들이 적극적으로 찾지 않는다. 이런 환경적 특성으로 인해 외국에서도 연쇄 범죄의 피해자가 되는 경우가 많다.

2. 범행 수법

최초 절취한 휴대폰으로 피해자를 유인하여 범행을 저지른 후 전화추적에 대비하여 피해자 소유 휴대폰을 사용하여 성매매를 빙자하여 유인했다.

그리고 피해자가 욕실에서 씻는 동안 둔기로 머리를 내리쳐 살해하고 피해자의 신체를 절단했다.

피해자들의 시신을 배낭과 비닐봉지에 나누어 담고 택시를 타고 ○○사 근처에 매장했으며, 암매장 장소에 자신만이 알 수 있는 표시를 해 놓고 다음 피해자 매장 시 그 장소를 피하여 매장했다.

3. 범행일지

■ 이문동 살인사건

2004. 2. 6. 19:10경 동대문구 이문동 소재 ○○각 음식점 앞 노상에서 동대문 소재 의류 백화점 점원인 피해자 전○○(여, 25세)이 야간근무를 하기 위해 출근하는 것을 발견하고 위조한 경찰 신분증을 이용해 확인할 것이 있다며 같이 동행하자고 하자 피해자

가 의심하며 반항한다는 이유로 복부 등 5개소를 찔러 살해.

범행당일 택시를 이용하여 현장주변에 하차한 후 골목길로 들어가며 부유층 범행 대상을 찾아 배회하던 중 출근하는 피해자를 발견.

윤락여성으로 판단하고 위조한 신분증을 이용하여 협박하려 하였으나 피해자가 의심하며 반항하자 소지한 칼로 피해자의 흉부 등 5개소를 찌른 후 도주.

> ※ 이 사건은 유영철이 수사과정에서 허위 자백한 것으로, 최종 법정에서 증거불충분으로 무죄로 판결되었다. 추후 정남규의 사건으로 확인되었다.

- 2004. 3. ○. 전화방에서 유인한 피해자 권○○(여, 24세)를 살해하고 18등분으로 시신을 훼손하여 ○○대학교 뒷산 등산로에 암매장.

- 2004년 4. ○. 전화방에서 유인한 성명불상 피해자를 살해하고 시신을 훼손하여 ○○寺 주변 등산로에 암매장.

- 황학동 살인사건

  2004. 4. 13. 20:00경 황학동 소재 만물시장에서 가짜 비아그라를 판매하던 피해자 안○○(45세)을 위조한 경찰 신분증을 이용해 갈취범행을 하려고 하였으나 피해자가 의심하며 확인을 하겠다고 하자 피해자 소유 봉고차량 내에서 살해하고, 인천 월미도에 유기 방화.

  범행 며칠 전 피해자에게 가짜 비아그라를 구입한 후 범행당일 위조한 신분증을 이용하여 불법 약품 판매로 금품을 갈취하려고 하였으나 피해자가 의심하며 계속 확인을 요구하자 차량에 승차하여 소지하고 있던 수갑을 채운 후 인근 주차장에서 살해.

4. 범행과정 및 증거인멸

1) 범행과정

- 불법 약품 판매를 약점으로 피해자를 위협하였으나 계속 확인을 요구하며 반항하자 차량에 유인하여 수갑을 채운 후 자신이 피해자의 차량을 운전하여 자신의 집 주변으로 이동.

- 피해자를 차 내에 수갑을 채워둔 채 집으로 들어가 망치, 칼, 목장갑 등을 가방에 넣어 차량으로 돌아와 차를 운전하여 거주지 건너편 소재 ○○병원 건물 지하 주차장으로 이동하여 살해.

- 집으로 돌아와 몸에 묻은 혈흔을 세척하고 차량 유리창에 비산된 혈흔을 제거.

- 시체를 유기하기 위해 차량을 운전하여 1:00경 인천 소재 ○○ 기름 탱크 차량이 주차된 장소에서 방화하고, 피해자의 양손을 절단하여 봉지에 넣고 바닷가 주변 바위틈에 유기.

- 방화 후 차량이 전소되는지 확인하기 위해 현장에서 떠나지 않고 구경꾼들과 함께 소방차가 출동하여 화재를 진압하는 과정을 지켜보다가 택시를 타고 거주지 근처까지 이동하였다. 이때 택시기사가 수사관 탐문 시 자신의 얼굴을 기억할 것에 대비하여 부평역에 하차하여 다른 택시를 이용하여 서강대 입구까지 이동.

- 2004년 4월말 전화방에서 유인한 피해자 장○○(여, 26)을 같은 방법으로 살해하여 ○○사 주변 등산로에 암매장.

- 2004년 5월 초순경 출장 마사지에 전화하여 불상 피해자를 같은 방법으로 살해하여 ○○사 주변 등산로에 암매장.

차량 방화 현장

- 2004년 5월 중순경, 6월 초순경, 6월 중순경, 6. 17. 자신의 거주지 내에서 위와 같은 방법으로 유인한 피해자를 살해하여 같은 장소에 암매장, 7. 1. 23:00경 강남구 ○○동 주변에서 출장 마사지사인 피해자를 불러내어 위조한 경찰신분증을 행사하여 자신의 거주로 끌고 가 살해하여 같은 장소에 암매장, 7. 9.~7. 13. 자신의 거주지 내에서 피해자를 살해하고 시신을 훼손하여 매장하는 등 총 11명의 피해자를 유인하여 살해한 후 암매장.

2) 증거인멸

- 피해자들의 신원이 확인되지 않도록 지문을 모두 훼손.
- 자신의 거주지 내에서만 범행하고 일출 전 암매장하기 위해 새

직접 위조한 경찰 신분증(현재 경찰 신분증은 전자카드 형식으로 바뀜)
좌측 마크는 UNITED STATES ARMY MILITARY POLICE

벽 4시를 넘기지 않고 피해자들을 살해하고 신체를 훼손하여 암매장.

5. 분석(profile)

병력(病歷) 등 개인정보에 해당되는 부분은 기재치 않았다.

- 부모가 열아홉에 결혼. 3남 1녀 중 3남(형 2, 여동생 1)
- 아버지는 베트남전 참전, 귀국 후 음주와 도박으로 재산을 탕진하고, 가정불화와 음주 후 가정 폭력이 심하였다고 한다.
- 유영철이 7세 되던 무렵 부모가 이혼하고 계모와 서울 상경, 용산에 소재한 하급 여관을 얻어 5개월 동안 모두 같이 살았고, 평소 고집이 세며 생활에 적응하지 못하고 많이 맞았다고 한다.

계모에게도 엄마 소리 안 한다고 자주 맞았다고 한다.

- 유영철의 친모가 마포에 와서 함께 살게 되었다고 한다. 초등학교 저학년 시절에는 장난이 심하고, 교사의 관심을 심하게 유도하며, 급우들을 놀리거나 때리는 등의 말썽을 자주 부렸으나 점차 안정적으로 변화되었다고 기록되어 있다.
- 1988. 6월경 야간주거침입으로 입건(군 면제)되어 군 복무가 면제되었고, 1991년 황○○(33, 여)과 혼인, 아들을 낳았다.

6. 범죄행동 및 심리분석[1]

1) 범행준비

수감 중 이혼 통보를 받고 자신이 배신당하고 버려졌다는 생각으로 극도의 분노감을 나타내고 출소 후 아무라도 살해하겠다고 결심했다.

각종 언론매체를 통해 살인자들의 범행행동, 검거경위 등을 분석하고, 인터넷 등을 통해 증거인멸을 위한 법과학적 지식 습득했다.

수사 혼선을 주기 위해 서울 전역을 대상으로 범행(경찰은 사건발생 시 관내우범자를 우선 수사한다는 점을 이용)했으며, 범행 후 자신의 저지른 범행현장이 궁금하여 현장에 다시 가보고 싶었지만 인터넷 기사 검색과 뉴스 보도를 통해 경찰의 수사방향, 현장에 남겨진 단서 등을 모두 듣고 알 수 있었기 때문에 갈 필요가 없었다고 진술하였다.

2) 피해자 선택

침입범죄는 11시부터 14시 사이에 실행되었다. 이 시간은 여성, 노

---

[1] 당시 서울지방경찰청 과학수사계 면담 보고서 참조.

인 등 공격에 취약한 대상자들만 있을 가능성이 높은 시간이다. 심야
시간이나 새벽 시간에 범행을 실행하지 않은 이유이다.

성매매여성은 남성을 기망하여 교묘히 금원을 갈취하는 여성을
대상으로 선정하였다고 주장하고 있다. 즉, 모든 성매매여성이 대상이
아니라 자신의 전처와 같은 여성만을 선정하였다는 것이다. 전처(前妻)
도 유사한 일을 한 경력이 있었고 결국 자신을 배신하였기 때문에 모
두 처벌하겠다는 동기(motive)가 형성된 것으로 보인다.

3) 주 심리학적 방어기제(defense mechanism)

- 합리화: 부유층이나 성매매여성 등 자신의 범죄 피해자가 된 부
  류(部類)에게 경고의 메시지를 보내는 것처럼 자신의 범죄를 합
  리화하고 스스로 의미부여한다.
- 전치(displacement), 동일시, 투사(Projection) 등의 방어기제(defen-
  ce machanism)가 주로 나타난다.
- 성장기 경찰을 동경하고, 경찰시험을 보려고 하였지만 절도죄
  로 형사입건. 색맹(色盲)으로 인해 좌절되었다. 모든 원인을 부
  패하고 불공정한 사회에 있다고 투사한다.
- 성매매여성 피해자 중 김○○(여, 26세)은 자신의 처(분노의 대
  상)와 이름과 나이가 같다는 이유로 유난히 시신을 심하게 훼
  손하였다.
- 피해자를 물리적으로 완벽하게 제압, 조종과 통제 속에서 자존
  감을 회복하는 연쇄 범죄자 특유의 정서를 가지고 있다.
- 경계선 성격장애(Border-line disorder) 성향
- 강한 자존심과 사소한 자극에 대한 민감한 반응과 상처 입음,
  감정의 기복이 심하고, 충동적인 행동, 분노조절의 어려움

- 망상적 사고를 동반한 우울증세, 불안정한 대인관계 양식
- 만성적 공허감, 자기 손상적(self-damaging) 행동, 자살시도

유영철은 자신의 살인범죄 행각에 대하여 부유층과 성매매를 하는 여성에 대한 증오가 원인이라고 주장하고 있다. 부유층 대상으로 범행한 것은 부조리한 방법으로 부(富)를 축적하는 불공정한 사회와 세상 사람에게 경각심을 주기 위한 것이고, 성매매 여성에 대한 살인은 성매매로 돈을 벌기 위해 '함부로 몸을 굴리는'[2] 여성들에게 경각심을 주기 위한 것으로 합리화 하고, 스스로의 범죄에 의미를 부여하고 있다. 그러나 피해자들의 시신을 훼손하고 암매장하여 숨기고, 신원확인을 하지 못하도록 지문을 없애는 등의 행동은 살인범죄가 세상에 알려지지 않고 은폐되어, 계속된 범행을 이어가기 위한 행동이다. 자신이 주장하는 범행동기(세상에 부조리한 부분에 대한 경종)와 실제 범죄행동(노인, 여성 등 약자를 공격하고 시신을 은폐)은 다르게 나타나고 있다. 자신의 주장과 달리 약자를 대상으로 자신의 왜곡된 분노를 표출한 범죄일 뿐이다.

:정남규 사건

정남규는 2004년 1월부터 2006년 4월 검거될 때까지 서울 서남부 일대에서 여성들을 살해하거나 중상해를 입히고, 가정집에 침입하

---

2 유영철은 검거된 후 송치되는 과정에서 범행동기를 묻는 기자의 질문에 '부정한 방법으로 돈을 번 부자들과 몸을 함부로 굴리는 여성들은 각성하라.'는 말을 하였다.

여 여성과 어린 아이들을 둔기로 살해하는 등 사망 13명, 중상해 20명 총 33명의 피해자를 살해하거나 회복될 수 없는 중상해를 입혔다. 검거되어 사형을 선고받고 복역 중 2009년 11월 교도소 내에서 속옷과 수건으로 목을 매어 자살하였다.

✅ 프로필 및 범행일지[3]

출생(1969)	• 1969년 3월 1일 출생, 농사일을 하는 부모 밑에서 3남 4녀 중 장남
초등학교	• 10세 경 동네 불상의 가해자로부터 산으로 끌려가 성폭행 당하였다고 진술[4] • 범죄 피해 사실을 아무에게도 말하지 못하고, 분노로 인해 짐승에게 가혹행위(개나 고양이를 집어던지거나 폭력 행사)
중학교	• 13~14세경 절도(빈집)를 처음 시작
고등학교	• ○○상고에 입학, 자취 생활 • 1학년 때 가족들과 함께 인천으로 이사하여 부평구 소재 "○○상고" 전학 · 졸업 • 자취하던 시기에 버스기사에게 성추행 당함[5] • ○○상고 다닐 때 학교선배들로부터 집단 폭행을 당하였다고 함[6] • 성적인 각성상태 경험, 여자화장실에 들어가 서 있다가 나오기도 함 • 17세경 성기를 여자들한테 보여줌(노출증), 버스에서 성추행, 절도 범죄 시작

---

[3] 당시 서울지방경찰청 과학수사계 범죄행동분석팀 보고서 참조(김윤희 분석관 작성).

[4] 피의자신문조서(9회)−10~11살 때 몇 차례의 성폭행을 당한 적이 있으며 고등학교 때도 있었다고 처음 언급.
피의자신문조서(10회)−내가 어릴 때 당한 것을 지금 똑같이 하는 것인데 이야기하기 추하지만 내가 10살 때 어떤 아저씨가 나를 칼로 죽이겠다고 위협하면서 산으로 끌고 올라가 …

[5] 피의자신문조서(10회)−고등학교 때 자취하면서 버스기사한테 전과 비슷하게 강제추행을 당하고.

[6] 피의자신문조서(10회)−20살 때 강도로 징역 갔을 때 조폭 놈한테 강제추행 당하고 …

고교졸업후 (만 20세) 1차 형사 입건	• 입건되지 않은 사건으로 오토바이 절도, 버스에서 성추행 등 • 1989년 인천에서 특수강도로 징역 2년 6월에 집행유예 4년 받음 • 징역 갔을 때 조폭에게 강제추행 당함,[7] 교도소에서 강제로 성기확대를 했음

절도·성폭행으로 범죄 시작, 아동 대상 성범죄(10~13세 대상) 심취, 성인 대상 성범죄 병행

병역	• 특수강도죄로 선고를 받은 후 곧바로 육군에 입대 • 강원도 ○○사단에서 2년 6개월간 근무하다 1992년 3월 12일 단기하사로 만기 전역 • 선임병한테 강제추행 당함[8]—혼란스럽고 불안하여 군생활 어려웠음 • 고참이 항문에 성기를 집어넣었고 입으로 빨라고 했음[9] • 휴가 나와서 절도와 강간
제대후	• 인천시 계양구 작전동에 있는 "○○"에 입사, 약 2~3개월간 일함 • 그만 둔 후 특별한 직업 없이 집에서 은둔 생활("일하기가 싫었나봐요"라고 말함) • 아동 성폭력, 강간, 절도 및 차량방화, 산불, 취객 폭행 등의 범죄를 저질렀음(절도, 성추행보다는 강간과 방화에 주력) • 주거침입강간, 차량 절취하여 차에 태워 강간하기도 함
2차 입건	• 1994년 인천에서 절도·도교법 위반으로 징역 8월, 집행유예 2년, 벌금 20만원 받음
3차 입건	• 1995년 인천에서 성폭력 등(절도)으로 징역 2년 6월을 받음(집행유예 기간 중) • 1995년 8월 18일 인천구치소에 입소 → 1998년 2월 21일 안양교도소 형기종료 출소

방화는 10년 전부터 시작됨

4차 입건	• 1999년 서울 송파에서 성폭력 등으로 입건(재판 계류 중) • 1999년 6월 26일 성동구치소 입소 → 2001년 4월 30일 강릉교도소 가석방(교도소 수감 중 99. 11. 20 父 위암으로 사망)
5차 입건	• 2002년 서울 구로에서 절도로 징역 10월을 받음 • 2002년 4월 13일 영등포 구치소 입소 → 2003년 2월 1일 광주교도소 형기종료 출소 • 교도소에서 많이 맞음(가혹행위 많이 당했음)

---

7 피의자신문조서(10회)—군대에서도 고참한테 강제추행을 당하고 그런 일이 많았습니다.
8 피의자신문조서(13회, 15회).
9 서울청 형사과 서남부 연쇄강도살인 피의자 검거보고 참고자료 중 첫째 매형 최성덕의 진술.

출소 후	• 출소 후 2003년 5월부터 신문을 스크랩 • 2003년까지는 신문에다 원하는 신문을 다시 붙이는 등 스크랩을 체계적으로 하나 2004년부터는 원하는 기사가 있는 신문을 그냥 모아두는 데서 그침 • 출소 후 제일 처음 서울과 인천에서 강간을 몇 번 함

3년 전부터 사람을 죽이고 목을 조르고 싶었음(살인충동 증가)
교도소 출소 후 흥분이 되고 충동이 일어나고 사람을 칼로 찔러 피를 보고 싶고, 목도 조르고 싶었음

서남부 1사건[10] (2004. 1. 30)	• 장소: 구로3동 ○○빌라 1층 출입문 입구 • 피해자: 30~40대 정도의 여자가 골목길을 걸어가는 것을 보고 강간충동과 살인충동으로 따라가 빌라 입구에서 공격 • 범행동기: 강간충동, 살인, 금품강취(누군가 튀어나와 가방 빼앗지 못하고 도망)
이문동 사건[11] (2004. 2. 6)	• 장소: 이문동 노상 • 피해자 선정: 골목에서 숨어 있다 지나가는 여자를 발견하여 선택 모자, 마스크 착용 안함-죽이려고 하였으니 굳이 가릴 필요 없음 • 범행 후: 범행을 한 후 몇 달 후 회상하기 위해 한번 찾아감 • 범행동기: 강간 목적 → 대상자 찾지 못하자 살해 목적으로 변경 • 사건 인지: 사건 다음날 저녁 뉴스 통해 알고 내가 한 것이라는 생각에 기분 좋음 • '유영철이 범인이라 자백했을 때 화가 났지만 결국 이 건은 이렇게 완전범죄가 되는구나'라고 생각하였다.
군포시[12] 우유배달 사건 1 (2004. 2. 10)	• 장소: 군포시 산본동 노상(절도로 가 본적 있음) • 피해자 선정: 가정집에 들어가려고 했는데 마땅한 곳이 없어 우유배달하는 피해자 선택(새벽시간에는 성폭행이 용이하다고 진술) • 범행: 새벽 5시경 골목길로 들어가는 피해자를 따라 들어가 살해 • 범행 후: 칼과 옷에 묻은 피 냄새를 맡음. 한 달 후 현장에 다시 가보았음 • 범행동기: 강간 후 살해목적 → 반항하여 강간하지 못하고 살해

10 피의자신문조서(5회).
11 피의자신문조서(14회).
12 피의자신문조서(13회).

서남부 2사건[13] (2004. 2. 13)	• 장소: 영등포구 신길5동 ○○현관 앞 • 범행: 범행 장소 몇 십 m전에 핸드폰 받고 있는 피해자를 발견하여 쫓아감 • 범행 동기: 그냥 이유 없이 살해 충동을 느껴 찌름 • 공격행위: 가슴, 배, 팔, 다리 등 11곳을 찌름
서남부 3사건[14] (2004. 2. 25)	• 장소: 영등포구 신길4동 ○○근처 • 피해자: 피해자가 자녀 두 명과 귀가하는 것을 보고 따라가 공격. 처음엔 애들이 있어 공격하지 않으려다 다른 대상을 발견하지 못하여 범행 • 범행동기: 그냥 죽이고 싶어서 찌름 • 범행 후: 골목길로 들어가 칼에 묻은 피 냄새를 맡음. 최대한 멀리 도망하여 아무 가정집 화장실에 들어가 피 제거 후 집에 감
서남부 4사건[15] (2004. 2. 26)	• 장소: 관악구 신림4동 ○○노상 • 범행 현장까지의 이동 경로: 22:00경 살해 충동이 들어 부평역에서 신도림역으로 전철로 이동, 신도림역에서 물색하다 사람이 없어 신림동까지 걸어옴 • 피해자: 물색 중 피의자 앞으로 지나간 피해자 선택 • 범행 동기: 살인 충동을 느껴서 찌름 • 공격행위: 약 5~6회 찔렀다고 하나 실제로는 복부, 팔, 다리 등 13곳 찌름 • 인지: 서남부 살인사건을 방송할 때 위 건도 방송에서 본 것 같음
서남부 5사건[16] (2004. 4. 8)	• 장소: 영등포구 신길동 ○○노상 • 범행: 약 50m 전부터 여자를 따라가다 골목길 집 앞에서 찌름 • 범행동기: 살인 충동
고척동 사건[17] (2004. 4. 22)	• 장소: 고척동 피해자 주거지 앞 계단 • 피해자: 우연히 지나가다가 피해자 목격, 선택 • 범행도구: 부엌에서 사용하는 식칼(보라매 공원 사건 때 다시 사용) • 범행: 고척동 돌아다니다 여자를 발견 못해 다리가 아파 주차차량 뒤에 숨어 있었음 피해자가 빌라로 들어가는 것을 100m 정도 쫓아가 찌름

---

13 피의자신문조서(5회).
14 피의자신문조서(5회).
15 피의자신문조서(7회).
16 피의자신문조서(11회).
17 피의자신문조서(8회).

	• 범행동기: 살인 충동 • 범행 후: 약 1Km 도망가다 주택담 넘어 건물 외부의 화장실에 들어가 피를 제거 후에 약 5Km를 골목길에서 벗어난 후 전철 타고 집에 온 것 같음
이문방화사건[18] (2004. 4. 22)	• 장소: 이문동 소재 ○○교회 주차 차량 • 범행 현장 간 이유: 살인범행 회상하기 위해 간 것임 • 범행도구: 소지하고 있던 라이터(주변에 부탄가스 있었음) 사람 죽이지 못하면 불이라도 지르려고 소지하고 다녔음 • 범행: 교회와 차 문이 열려 있어 불을 지름(교회 → 차량) • 범행동기: 죽일 때 회상을 하면서 사람을 죽이려 했는데 대상이 없어 방화 • 범행 후: 불 타고 있는 것을 보고 골목길을 돌아다니다 외대역 전철 타고 집에 감
휘경동 사건[19] (2004. 5. 5)	• 장소: 휘경동 ○○골목길 노상 • 범행 현장 간 이유: 사람을 죽일 때 회상을 하기 위해 간 것임 • 범행도구: 식칼 • 범행: 동대문 위생 병원 큰길 건너서 지나가는 여자를 칼로 찌름
서남부 6사건[20] 보라매공원사건 (2004. 5. 9)	• 장소: 신대방동 보라매공원 남쪽문 앞 노상. 비오는 날 사람이 없을 때 외진 곳에서 하면 완전범죄가 된다고 생각 • 범행 현장까지의 이동 경로: 훔친 차량 이용하여 서울 주택가에 주차 • 피해자: 우연히 지나가는 피해자 발견 • 범행: 핸드폰 받고 가는 피해자 계속 따라가다가 보이지 않는 곳에서 공격 • 범행동기: 성폭행, 살인충동 • 인지: 서남부사건 언론 보도를 통해 인지하고 성취감을 느낌

보라매 사건 이후에 어떤 범죄를 했는지 구체적으로 기억이 나지 않는다고 진술하고, 경찰의 추적이 두려워 시간간격을 두고 범행

금천시흥사건[21] (2005. 4. 18)	• 장소: 금천구 시흥동 ○○ • 범행 현장까지의 이동 경로

18 피의자신문조서(14회).
19 피의자신문조서(14회).
20 피의자신문조서(11회).
21 피의자신문조서(6회).

	현장에서 많이 떨어진 역에서 내림 → 약 1개월 전 다른 곳에서 쇠뭉둥이를 훔쳐 보관해 두었던 장소로 감 → 동네 일대를 걸어 다니며 빈집이나 열린 집 찾음 → 약 30군데 집 창문·대문 열었으나 잠겨 있었음 → 베란다 창문 열려진 빌라 발견 • 공격: 처음 방문을 열었을 때 피해자 공격, 침대에서 자던 아들도 공격 • 범행도구: 쇠뭉둥이 • 범행동기: 금품 강취, 살인 충동 • 인지: 범행 시 피가 많이 나 죽었는지 뉴스를 보았으나 그런 내용이 없어 죽지 않은 것으로 생각하였다가 ○○기사를 보고 신문 보관
군포시[22] 우유배달 사건 2 (2005. 5. 30)	• 장소: 군포시 산본동 노상(절도, 강간으로 가본 적 있음) • 범행 현장까지의 이동 경로: 오토바이 절취하여 집에서 출발, 우유배달부 보고 오토바이 주택가에 세워두고 쫓아감 • 범행 한 달 후 현장에 다시 감: 범행을 하려고 새벽에 돌아다니다가 그 곳에 들러 바닥에 피가 묻어있는지 보러갔는데 핏자국은 없어 살인당시를 생각하면서 서 있다가 돌아온 적 있음 • 범행동기: 처음부터 살해 목적
광명시[23] 철산동 사건 (2005. 6. 4)	• 장소: 광명시 철산동 주택가 • 이동: 오토바이 절취 • 피해자: 열려져 있는 집의 여자 2명 • 범행도구: 철근처럼 된 쇠(철근 두께 가량 되나 철근 아님)
봉천 11동 수애원 사건 (2005. 10. 9)	• 장소: 관악구 봉천 11동 비탈길 ○○(장애인 집단 숙소) 가정집으로 알고 들어감 • 범행 현장까지의 지하철로 이동, 문이 잠겨져 있지 않은 곳 물색 • 피해자: 장애인 여성 2명 • 범행도구: 파이프렌치, 범행을 위해 돌아다니던 중 공장에서 훔쳐 범행물색 장소 근처에 숨겨 놓고 범행 시 사용 • 범행 → 봉천 골목을 돌아다니다 대문 잠기지 않은 2층 가정집 발견 → 범행 장소 정한 후 범행 도구 숨겨두었던 장소로 가서 가져옴 → 열려진 문으로 들어가 피해자 머리 공격 → 나가는 중 다른 방의 여자가 뛰어나와 거실에서 마주쳐 둔기로 때림 → 다른 사람에게 적발되지 않았다면 머리를 마구 때려죽이고 불을 지르려 했음

---

22 피의자신문조서(13회).
23 피의자신문조서(13회).

봉천 10동[24] 변정은 사건 (2005. 10. 19)	• 장소: 관악구 봉천 ○○ • 침입: 현관문이 잠겨져 있지 않은 집 • 범행도구: 호일복스(둔기) • 범행 → 범행도구 소지하고 주택가 골목길을 돌아다니다 열린 문으로 침입 → 여성 성추행, 남자가 자는 방으로 들어가 금품 절취 후 쾌감을 느끼려 때림
봉천 8동[25] 세자매 사건 (2006. 3. 27)	• 장소: 관악구 봉천 ○○ • 이동 → 거주지에서 21:00경 출발하여 지하철 타고 신도림역에서 22:00경 도착 → 04:30 ~5:00경 사이까지 주택가를 돌아다니며 대상 물색 • 피해자: 대문이 열린 다세대 주택 침입 • 범행도구: 파이프렌치(크기 30~40Cm, 무게 2Kg), 소리가 나지 않도록 비닐테이프를 감아서 사용, 장갑, (도수 없는) 안경과 마스크 착용
영등포 신길[26] 강도상해사건	• 장소: 영등포구 신길○○ • 침입: 대문 열린 주택 침입, 자매 3명 • 범행도구: 파이프렌치, 도수 없는 안경, 마스크, 콘돔 • 범행 → 열린 문 집 확인, 젊은 남녀가 자는 것 확인, 지갑 절취 → 남자가 잠결에 뒤척이는 것 보고 파이프렌치로 머리 내리치자 깨어나 반항하는 피해자와 몸싸움이 시작되고 옆방에서 가족이 다가와 피의자 붙잡고 여자가 깨어 경찰 신고 → 신고를 받고 출동한 경찰관 2명에 의해 검거 → 순찰차로 옮겨가는 도중 수갑을 찬 채로 골목길로 도망 → 사고 났던 주변 주택 옥상에 한참 앉아 있다가 경찰관이 보이지 않아 다른 곳으로 이동하려 담을 타고 넘어가다 경찰관에게 검거
사건 외 언급한 범행	• 안양에서 언젠가는 모르지만 가정집에 들어가 돈 훔치고 나오면서 둔기로 엄마와 딸로 보이는 여자 2명을 때리고 도망치면서 가스렌지를 이용, 옷에 붙여 밖에 놓아두고 나오니까 경찰차가 오는 것을 보고 반대쪽으로 담을 넘어 도망쳤음[27]

24 피의자신문조서(3회, 10회).
25 피의자신문조서(3회, 10회).
26 피의자신문조서(1회), 진술조서.
27 진술조서.

> 젓가락을 휘어서 문고리로 감아 잠그고 왔음(작년 여름쯤)[28]
> - 인천교회 옆쪽에서 지나가던 여자를 위협하여 외진 곳으로 데려가 강하게 강간(강간을 할 때 젖꼭지를 물고 다 벗기기도 하였음)
> - 송파 쪽에서 어린 애 2명 추행
> - 2~3년 전 수원에서 미성년자 강간

1. 성장환경

농업으로 생계를 유지하는 집안의 장남으로 출생하였다. 초등학교 3학년 때 동네에서 성추행을 당하였다고 진술했다. 이 사건 이후 알 수 없는 갑작스러운 분노가 자주 생기고 동물을 학대하거나 성적 각성상태에서 변태성 자위행위를 하면서 스스로 이상해지고 있다고 느꼈다고 진술한다.

고등학교에 다니던 시기에 자취하면서 동네 불량배들에게 성추행과 괴롭힘을 당했으며, 군복무 시절에도 유사한 피해를 입었다고 한다. 이러한 사건을 경험한 충격과 내성적인 성격 등이 복합적으로 작용하여 평소 친구들과 잘 어울리지 못하고 사회로부터 고립된 삶을 살게 된 것으로 보인다. 강, 절도 범죄와 성폭행 범죄 등 사회에 대한 막연한 분노와 복수심을 사회구성원을 파괴하는 극단적 일탈 행위를 통해 해소하려고 한 것이 범행의 궁극적인 원인으로 분석된다.

범행한 지역과 대상자들은 모두 부유층과는 관련이 없는 재개발 지역, 또는 좁은 골목길에서 늦게 귀가하는 여성, 새벽길 우유배달부 등이었는데, 왜 그러한 지역에서만 범행하였느냐는 저자(著者)의 질문에 '돈 있는 사람들이 사는 동네에 갔더니 CCTV, 사설 경비 시스템 등이 너무 많이 설치되어 있었고 도저히 침입하기 어려워서 계획을 바꾸

---

28 면담 시 나온 진술(면담녹음).

었다. 나로 인해 죽은 사람들은 모두 돈 없이 가난한 동네에 사는 게 죄다.'라고 진술하였다.

저자(著者)와의 면담에서 '천명 이상을 죽여야 하는데 억울하다.', '화가 많이 나는 날은 살인을 저지르지 않으면 미칠 것 같았다.'는 진술을 하였다. 재판정에서는 '나는 교도소에 수감되어 할 수 없이 담배를 끊었지만 사람 죽이는 일을 끊지 못하겠으니 제발 빨리 죽여 달라.'고 판사에게 청원하기도 하였다.

결국 정남규는 2009년 11월 22일 교도소에서 자살하였다.

일부의 언론에서는 사형에 대한 불안감, 기타 감정의 변화로 인한 자살이라고 보도하였다. 정남규 사건의 범죄행동을 분석하고 오랜 시간 직접 면담을 했던 저자는 그가 불안으로 인해 자살한 것으로 판단하지 않는다. '나는 구속이 되어 할 수 없이 담배를 끊었다. 그러나 살인 충동을 도저히 끊을 수 없어 괴롭다.'라고 주장한 것처럼, 끝없이 솟아나는 분노와 살인의 충동은 본인에게 참을 수 없는 괴로움이었을 것으로 생각된다. 살인을 위해 스스로를 살해한 것이 자살의 결과로 나타난 것이다.

ː유영철과 정남규

두 범죄자는 경제적 무력감과 사회가 불평등하고 공정하지 못하다는 불공정의식, 그러한 사회적 상황이 자신과 자신들의 가족이 불행하게 된 것이라는 투사(projection)적 사고, 사회적 장벽(障壁)과 이에 따른 상대적 박탈감, 성장기 범죄 피해, 적절하지 못한 가족관계 등등의 공통점을 갖고 있다. 적절한 사회화 과정을 거치지 못하고 청소년기를 보냈으며, 이를 통해 항상 '화'가 난 상태에서 사회구성원 모두에게 분노의 감정을 갖고 있다. 이런 감정들은 자신이 가질 수 없는 것들을 소유한 타인들의 것을 파괴하려는 감정으로 발전하게 된다. 자신들이 가질 수 없는 행복, 가족, 순수함 등을 갖고 있는 피해자들의 삶을 살해하거나 성폭행하는 등의 극단적 범죄행위로 파괴함으로써 심리적 만족감, 자존감을 회복하려는 병리적 즐거움(malicious joy)을 추구하는 심리적 특성을 나타내고 있다.

1. 유영철, 정남규 사건의 비교 분석

구분	유영철	정남규
대상자 물색(선정)	• 침입범죄: 부유층 주택 • 노상: 미리 약속한 성매매 여성	• 노상: 귀가하는 여성 • 침입: 빈곤가, 다세대 주택 문이 열린 집
공격 행위(도구)	• 자신이 제작한 둔기(해머)	• 노상: 레저용 칼, 과도 • 침입: 파이프 렌치, 쇠파이프
수법변화, 심리적 특성	• 침입 범죄로 시작하여 성매매여성을 자신의 거주지로 유인 살해하는 범죄로 발전	• 노상에서 귀가하는 여성 대상 살인으로 시작하여 침입 범죄로 발전

1) 피해 대상자 물색

(1) 유영철

강남, 강북의 부유층이 거주하는 지역을 돌아다니며 피해자를 선정하여 범행을 시작하였다. 4번째 혜화동 침입 범죄를 마지막으로 범행의 수법을 변경하여 전화로 성매매여성들을 거주지로 유인하여 살해하였다.

(2) 정남규

부유층을 대상으로 범행할 것을 결심하고 강남 일대를 물색하였으나 익숙하지 않은 지역 환경, 보안장치 등 방범 조치가 많아 범죄 실행이 어렵다고 판단하였다. 자신의 거주지와 유사한 건물형태, 지역 분위기를 가진 서울 서남부 일대를 범행 지역으로 선정하였다.

2) 공격행위

(1) 유영철

자신이 직접 제작한 범행 도구를 일관되게 사용하였다. 예기(칼) 등은 피해자를 단번에 제압하기 어렵다고 생각하여 제작하였다고 한다.

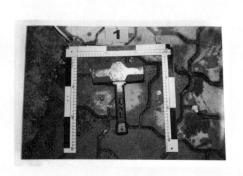

직접 제작한 범행도구, 가방에 넣고 다니면서 범행하기 위해 손잡이를 짧게 만들었다(검거되었다가 도주 시 거주지 인근에 버리고 간 것을 수색하여 발견하고 압수하였다).

(2) 정남규

범행초기 노상에서 피해자들을 공격할 때는 과도를 사용하여 피해자를 돌려 세운 후 앞면을 공격하였다.

범행지역에 수사력이 집중되자 파이프렌치를 서너개 구입하여 자신만이 알 수 있는 담벼락, 골목입구 후미진 곳에 숨겨두고 침입범죄로 수법을 바꾸었다.

범행도구를 가지고 다니면서 침입할 집을 선택한 경우는 경찰의 검문을 피하기 위한 행동이다.

2. 수법변화 및 심리적 특성 분석

유영철은, 출소 후 자신의 분노를 표출하기 위해 범행도구로 사용할 둔기를 제작한다. 침입 범죄로 시작하여 성매매여성을 자신의 거주지로 유인하여 살해하는 방법으로 발전되었다. 모든 범행에 일관되게 자신이 제작한 도구를 동일하게 사용하였다. 둔기를 사용하여 피해자의 머리 부위를 공격하는 행위는 분노범죄에서 가장 많이 나타나는 특징이 있다.[29]

정남규는, 노상에서 귀가하는 여성을 대상으로 공격하는 범죄로 시작하여 문이 열린 집에 침입하여 살해하는 방법으로 발전되었다. 점차 범행이 계속되면서 살해 후 방화 범죄를 함께 저지르는 수법 변화를 나타내었다.

유영철은 주택에 침입하여 살인 범죄를 저지르는 것으로 시작하여 노상에서 성매매 여성을 거주지로 유인하여 살해하는 방식으로 수법이 변화되었고, 정남규는 노상에서 범죄를 저지르기 시작하여 침입하여 범행하는 방식으로 수법이 변화되었다. 두 범죄자가 극명하게 다

---

29 연쇄살인범의 동기화에 관한 연구, 2011, 연세대학교 행정대학원 사회학 석사논문, 권일용.

른 수법의 패턴을 나타내고 있다.

범죄자가 범행의 수법을 변화시키는 요인이 무엇인지 분석하는 것이 프로파일러의 중요한 역할이다.

두 사건에서 중요하게 분석되어야 할 사항은 범행이 진행되는 과정에서 각각 다른 수법으로 변화를 나타내고 있지만, 궁극적으로 이 변화는 동일한 맥락에서 해석되어야 할 행동이라는 것이다.

즉, 유영철이 침입 범죄를 멈추고 성매매여성을 자신의 거주지로 유인하여 범행하게 된 요인은 4번째 서울 혜화동 침입 범죄를 저지르고 도주할 당시 범행 장소 인근에 설치된 CCTV에 자신의 뒷모습이 녹화되고, 경찰이 이 자료를 언론에 공개수배 하게 되면서 부터이다.

당시에는 CCTV가 보편화 되어 있지 않은 시기여서 유영철이 강남 거리를 배회하며 범행장소를 물색하고 침입 범죄를 저지르는 수법을 선택하는 과정에 크게 영향을 주지 않은 것으로 보인다. 그러나, 자신의 뒷모습이 녹화되어 보도된 이후 유영철은 약 4개월간 범행을 멈추게 된다. 이후 범행 수법을 변경하여 전화로 성매매 여성을 노상에서 만나자고 유인하여 자신의 거주지 오피스텔로 데리고 가서 살해하였다.

정남규는, 노상에서 늦은 시간 일을 마치고 귀가하는 여성을 대상으로 범행을 시작하였다. 범행이 점차 늘어나면서 수사력이 발생 지역에 집중되기 시작하자 범행 장소를 의도적으로 먼 곳을 선택하여 저지르기도 하였다(군포 우유배달부 살해 2건). 그러나, 기존 발생 지역 내에 수사력이 여전히 집중되어 있어서 노상에서 여성을 공격하는 범죄를 실행하는 것이 어렵게 되자 범행도구와 수법을 바꾸게 된다. 범행도구를 둔기로 바꾸고 문이 열린 집에 새벽 시간대에 침입하여 자고 있던 여성이나 아동을 성폭행 한 후 살해하였다. 칼로 피해자를 공격하는 범죄경험을 통해 피해자가 공격받을 당시 비명을 지르거나 한 번에 제압되지 않는다는 점이 충분히 학습된 것으로 보인다.

두 사건의 수법의 변화에는 가장 중요한 동일성이 있다. 즉, 계속 범행을 저지를 의도가 있는 자들이 어떤 장애요인이 발생할 경우 수법을 변화시킨다는 점이다.

유영철은 CCTV 녹화가 심리적 장애요인이 되었고, 정남규는 피해자가 사망하지 않았다는 언론보도와 목격자가 있다는 수사상황에 대한 언론보도가 심리적 장애요인이 되었다.

이 장애요인을 극복하기 위하여 수법의 변화를 나타낸 것이다.

연쇄살인범이 일관되게 나타내는 것은 수법이 아니라 시그니처 (Signature)이다. 수법은 범죄가 진행되는 과정에서 충분히 변화되고 발전된다. 시그니처는 변화되지 않는다. 극도의 분노를 표현한 살인 목적의 공격이 두 사건의 시그니처가 된다.

프로파일링에 있어서, 이 두 개념을 정확히 구분하여야 할 것이다.

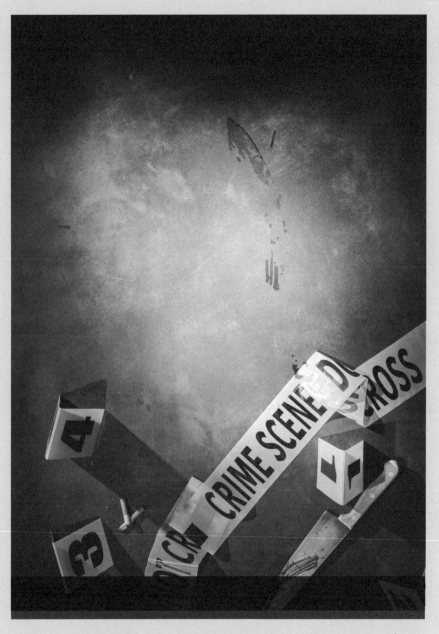

현대사회 범죄와 프로파일링
- 묻지마, 무동기 범죄 -

06

현대사회 범죄와 프로파일링
- 묻지마, 무동기 범죄 -

이 장에서는 현대사회 범죄양상과 범죄자의 심리적 특성을 이상심리학을 비롯한 심리학의 여러 이론적 배경을 바탕으로 설명하고자 한다.

2009년 연쇄살인범 강호순이 검거된 이후 2019년 현재 약 10여 년이 지났으나 연쇄살인범이 나타나지 않고 있다. 과연 연쇄살인범이 사라진 것일까. 연쇄살인이 발생하지 않는 다양한 원인이 있겠으나 그 중 가장 큰 영향을 준 요인 중 하나는 유영철, 정남규, 강호순을 거치면서 향상된 경찰 수사력의 향상이다. 이상심리 범죄에 대한 경찰 수사 기법의 향상, 과학수사의 발전, 프로파일러의 전문화 등이 연쇄범죄를 차단하는 데 영향을 준 것으로 보인다. 필자가 퇴직 전 인터뷰한 범죄자들 중에는 그 단일 사건으로 검거되지 않았다면 연쇄적으로 강력범죄를 저질렀을 것으로 판단되는 범죄자가 다수 있었다. 즉, 연쇄범죄자가 사라진 것이 아니라 범행 초기에 검거되어 범죄가 차단된 것이다. 우려가 되는 것은 그러한 범죄자들이 초기에 검거되는 것은 바람직한 현상이지만 짧은 형을 선고받고 출소하여 다시 재범을 일으킬 확률이 높다는 것이다. 재범 평가와 우범자 관리가 보다 더 확대되고 전문화 될 필요가 있다.

2009년 강호순 검거 이후, 한국사회는 연쇄적으로 발생하는 강력범죄보다 불특정인을 대상으로, 불분명한 이유로, 잔혹한 공격행위를 하는 범죄가 증가하고 있다.

대상이 특정되어 있지 않기 때문에 누구라도 피해자가 될 수 있다는 측면에서 사회 내 전반적인 두려움이 양산되고 있다. 이 범죄들의 또다른 특징은 불특정한 대상이 아니라 공격 대상이 특정되어 있거나 연쇄적으로 발생하는 경우에도 일정한 패턴의 범행 수법특성을 나타내지 않는다는 것이다. 그럼에도 불구하고 국내에서는 이러한 범죄의 유형이 분류되거나 정의(definition)되지 않고, '묻지마', '우발범죄', '분노충동 범죄' 등의 용어로 혼용되어 언론을 중심으로 사용되고 있다.

학계에서 용어의 정립이나 유형화를 시도하지 못하는 몇 가지 이유를 살펴보면, 다음과 같다.

첫째, 범죄자를 직접 면담하여 연구에 필요한 자료를 확보하기 어렵다는 점이다. 묻지마, 분노범죄 등이 중상해의 결과로 나타나지 않을 경우, 범죄피해 사안이 경미하거나 범죄자와 피해자와 합의되어 불구속 수사를 하게 되는 경우에는 연구를 위해 범죄자를 소환하거나 동의 없이 장시간 면담하기 어렵다. 만약 구속 수사를 할 경우에도 수사 실무자나 프로파일러 이외의 연구를 목적으로 직접 범죄자를 면담하기 어려운 현실적인 한계가 있다.

둘째, 묻지마, 우발, 충동, 분노범죄로 언론에 표현되는 범죄들이 발생하여 범죄자가 검거되면 형법상의 죄명으로 입건되기 때문에 경찰 범죄통계 백서를 아무리 찾아도 어떤 범죄가 묻지마 범죄인지 정확한 통계를 알 수 없다. 묻지마 형 범죄의 결과 사람이 사망하였다면 '살인', 상해를 입었다면 '상해'로 입건되기 때문에 정확한 범죄의 원인 규명을 위한 자료 축적이 되지 않는다. 때문에 교도소에 수감된 범죄자들을 대상으로 면담을 통한 질적 연구를 진행할 경우라고 하더라도 개별적 범죄사실을 확인하고 선별하여 연구를 진행하여야 한다는 한계가 있다.

셋째, 연구자나 언론에 따라 범죄를 지칭하는 용어가 모두 다르게 혼용되기 때문에 같은 개념을 갖고 있는 경우에도 다르게 표현되어 연구자간 뿐만 아니라 실무자간 의사소통이 어렵다는 것이다. 범죄를 유형화 한다는 의미는 관찰과 연구를 통해 각 유형에 따른 유사성을 발견하고 분류한다는 것이다. 유형이 분류되면 각 유형의 자료가 축적되고, 원인 규명과 예방을 위한 정책 수립이 가능해진다.

: 현대사회 범죄와 이상심리학

범죄를 포함한 인간의 이상행동은 심리학의 여러 이론들을 통해 설명된다.

특히, 이상심리학(abnormal psychology)은 인간의 비정상적인 이상행동과 심리적 특성, 정신 장애의 증상과 특징을 연구하는 학문(권석만, 현대이상심리학, 2017)으로서 현대 범죄자들의 심리학적 특성을 분석하는 데 큰 도움이 된다.

　이상심리학에서는 비정상 행동으로 나타나는 연구의 대상을 이상행동과 정신장애로 구분하고 있다. 이상행동(Abnormal Behavior)은 인간이 가진 다양하고 복잡한 인지적, 정서적 동기(動機)와 행동전반에서 사회적 상황에 대한 부적응을 나타내는 행동특성을 의미한다. 정신장애(mental disordder)는 이상행동과 관련된 특정한 양상을 나타내는 집합체를 의미한다. '객관적 관찰이 가능한 한 개인의 부적응적인 심리상태'로 설명된다(권석만, 현대이상심리학, 2017: 27). 비정상행동은 사회적 상황에 부적응을 나타내는 행동특성을 의미하고, 그러한 행동특성을 나타내는 개인의 부적응적인 심리상태를 정신장애로 설명하고 있다.

　인간의 모든 이상행동을 명확하게 그 원인과 동기, 인지적 과정으로만 설명할 수 없다. 한 개인은 성장하면서 끝없이 주변 환경과 상호작용을 하며 적응해 나가는 과정을 거친다. 이 과정 속에서 자신이 속한 환경에 맞추어 순응하거나 주변 환경을 자신에게 맞도록 동화시키는 작용을 한다. 그러나 Wakefield(1992, 1993)는 개인이 가진 심리·생리적 원인에 의해 원활한 적응에 실패할 때 나타나는 행동을 이상행동으로 볼 수 있다는 관점을 제시하고 있다. 물론, '원활한 적응'에 대한 기준이 문화와 개인의 성향에 따라 다르기 때문에 다소 모호한 기준이 될 수 있지만 현대 사회의 이상심리학을 연구하는 입장에서는 이상행동과 정신장애를 다음과 같은 네 가지 기준이 해당되는 경우로 분류하고 있다(Davison & Nede, 2001).

: 이상행동과 정신장애의 분류 기준

첫째, 환경에 적응하는 심리, 생리적 기능의 저하와 손상으로 인해 부적응 상태를 나타내는 경우이다(Wakefield, 1999). 한 개인이 성장과정이나 삶에서 특정한 사건과 관련된 트라우마(trauma)를 경험하거나, 유전적 원인으로 인해 적절한 사고(思考)와 판단이 어렵거나 만성적으로 실패한 결과 비정상 행동으로 나타난다.

둘째, 한 개인이 주관적으로 경험하는 불편과 고통이 지나치게 심한 경우에 발생한다. 불안이나 우울한 감정, 어떤 상황에서 느끼는 분노감, 특정 상황에 대한 공포와 같은 감정들은 인간이 삶을 살아가는 과정에서 경험하게 되는 매우 정상적인 감정의 일부이다. 그러나 지나치게 과도하게 경험하는 부정적인 감정으로 인해 비정상적 이상행동을 하게 된다는 것이다. 자신이 소속되어 살아가는 환경에 적응하지 못한 결과로 부정적 감정과 고통을 경험하는 경우가 있고, 부정적 감정을 경험함으로 인해 환경에 적응하지 못하는 결과가 나타날 수도 있다.

셋째, 개인이 속한 사회와 문화적 행동에서 벗어나는 경우를 말한다. 한 사회는 전통적으로 계승, 유지되는 고유의 독특한 문화를 형성하고 있다. 문화적으로 용인되는 행동이 다르게 나타나기도 하고 각 문화에 따른 문화적 규정(cultural norm)은 큰 차이를 갖고 있는 경우가 많다. 사회, 조직, 소집단 등 다양한 집단에 존재하는 규범들은 법률적 규범과 다르며, 국가나 사회 또는 시대에 따라 다르게 나타나기도 한다. 개인은 그가 속한 사회문화 속에서 기대되는 규범이 존재하고, 이 규범에 잘 적응하는 것이 결국 자신을 둘러싼 환경에 잘 적응한다는 의미를 갖고 있다.

넷째, 통계적 규준에서 벗어나는 경우이다. 통계적 규준이란 '평균과 표준편차라는 통계적 규준(statistical norm)'을 의미한다. 인간이 어떤 상황에서 행동하는 특성을 측정하여 그 빈도 분포를 분석하면 평균값에 해당되는 사람이 대부분인 반면, 평균 범주에서 멀리 떨어진 범주에 속하는 경우 비정상적 이상행동으로 분류한다는 것이다.

각각의 기준들이 비정상행동을 정의하고 판별하는 데 여러 한계를 갖고 있으나, 몇 가지 특성을 공통적으로 충족시킨다면 비정상 이상행동으로 판단할 수 있다는 것이 학계의 공통된 관점이다.

1. 성격장애(personality disorder)

성격장애란 한 개인이 지닌 지속적이고 일정한 행동양상이 현실 적응이나 사회적 관계에서 기능장애를 초래하는 이상성격으로 정의할 수 있다(최정윤 외, 이상심리학, 2016). 지속적이고 일정한 행동양상은 자신이 속한 문화권의 구성원들이 평균적으로 지각하고, 생각하는 방식을 의미한다. 성격장애는 특히 대인관계를 형성하고 유지하는 방식에서 평균을 벗어나는 경우가 많다.

정신장애통계편람(DSM-5)에서는 성격장애를 3집단으로 분류하고 있다.

A군(Cluster A)은 편집성, 분열성, 분열형 장애로, 현실적으로 동떨어진 사고의 경향성을 보이는 특징이 있다. 편집성(Paranoid P. D)은 반사회성이나 강박성 성격장애가 악화된 유형으로 타인 전반에 걸친 불신과 의심을 특징적으로 나타낸다. 대인관계가 까다롭고 누구의 말도 믿으려 하지 않는다. 자신의 잘못이나 실패를 인정할 수 없기 때문에 어떤 나쁜 일이 발생하면 그 원인이 전적으로 상대방에게 있다고

생각하는 투사(Projection)의 방어기제를 활용하여 자신의 자존감을 지키려고 노력한다.

B군(Cluster B)은 반사회성, 경계선, 연극성, 자기애성 장애로, 감정이 극적으로 변화되는 폭이 큰 특징을 나타낸다. 경계선 성격장애의 경우 상대방에 대한 평가가 극단적으로 변하기 때문에 직장이나 가족, 친구들과의 관계가 원만하지 못하다. 반사회성 성격장애는 자신의 행위로 인해 타인들이 겪는 불편함을 전혀 고려하지 않는다. 이런 증상으로 인해 주변인들이 잦은 불편감을 호소하고 행동을 제지하려 하지만 규범을 지키지 않았다는 이유로 처벌 받는 것이 두려워 자신의 행동을 교정하려 하지 않는 반사회적 특징을 갖고 있다.

C군(Cluster C)은 회피성, 의존성, 강박성 장애로, 불안과 근심이 이 집단의 대표적 특성이다. 회피성 성격장애의 경우 타인에게 거절 받는 것이 두려워 사회적 관계에서 철회하는 특징이 있다. 아동 성범죄자들의 경우 회피성 성격장애의 성향이 자주 나타나고 있다. 이들은 대인관계 실패를 통해 낮아진 자존감을 아동들을 통제하고 조종함으로써 회복하고자 노력한다.

2. 조현병(Schizophrenia)

조현병은 인지, 정서, 행동영역 전반에 걸쳐 사고(思考)와 감정의 장애가 나타나는 정신장애이다. 발병의 원인은 명확하게 규명되어 있지 않지만 생물학적(유전적) 요인, 심리, 사회적 요인으로 설명하고 있다. 즉, 유전적 요인으로 발병하는 사람의 비율이 높고, 심리, 사회적 충격이나 지속된 스트레스로 인해 발병하는 경우가 있다.

조현병 증상의 특징을, 사고(思考), 정동(affective-disturbance), 지

각(perception), 행동의 장애로 나누어 살펴보면 다음과 같다.

첫째, 사고장애의 특징은 여러 생각들이 걷잡을 수 없는 속도로 스쳐 지나가는 사고의 압축(pressure of thought), 자신의 생각 속에 타인의 생각이 침입한다는 사고의 삽입(thought insertion), 자신의 생각이 널리 퍼져서 모두 알고 있다는 사고의 전파(thought broadcasting) 증상을 경험한다. 이러한 증상으로 인해 타인과 정상적인 대화를 기대할 수 없다.

둘째, 정동장애의 특징으로는 감정의 둔화(flattening)와 부적절성이다. 타인들과 상호작용 속에서 일어나는 감정들이 점점 둔화되어 사라짐으로써 감정을 느끼는 능력이 없어진다. 그 결과 감정표현이 냉담해지고 부적절하게 표현된다. 이 증상으로 인해 주변인들에게 공감 능력이 없는 무관심한 사람으로 평가되는 경우가 많이 나타날 수 있다.

셋째, 지각장애의 특징은 환각의 증상이다. 환각은 존재하지 않는 것을 실제 존재하는 것처럼 느끼는 것이다. 주로 많이 나타나는 것이 환청인데, 다른 사람들이 서로 말을 주고 받거나 자신의 행동에 간섭하고 비난하는 소리를 듣는 것이다. 문제는 환청의 내용이 대부분 비난, 욕설과 같이 부정적인 내용이어서 이유 없이 화를 내거나 주변 사람들에게 화풀이로 폭력을 행사하는 경우가 종종 나타난다. 그 결과 폭력이나 상해로 입건된 경력이 많다.

넷째, 행동장애의 증상은 양가감정(ambibalance) 속에서 어느 한 가지 감정을 결정하지 못하고 아무것도 하지 못하는 무위증(anergia) 증상을 나타낸다. 대표적인 특징으로 상대방의 말을 계속 따라하는 반향언어(echolalia), 타인의 행동을 반복적으로 따라하는 반향행동(echopraxia) 등이 있다.

이와 같은 증상들이 잔혹한 강력범죄를 저지르는 원인이 된다는 근거는 없다. 다만, 비정상 잔혹범죄가 동기화 되는 과정에 일부 영향을 주는 것으로 보인다. 비정상행동을 저지르는 사람들이 대부분 사회적 고립과 분노를 경험하고 있다는 여러 연구들에 의하면 정신장애의 증상들은 사회적 고립의 원인으로 작용할 가능성이 높다. 상호작용 시 상대방의 태도를 왜곡 인지할 가능성이 높기 때문이다.

조현병의 하위 유형으로 가장 많은 비율로 나타나는 것이 편집형(paranoid)이다. 피해적인 망상이 주로 나타나는 특징이 있다. 자극에 대한 과민성, 갑작스런 분노, 공포심, 의심 등의 기분장애를 동반하고 있다. 이러한 기분변화들이 타인들과 우호적 대인관계를 형성하는 데 부정적인 요인으로 작용하여 점차 대인관계 문제가 심각해지는 상황으로 발전한다.

성격장애와 조현병은 그 자체만으로 타인을 이유 없이 공격하는 원인으로 볼 수 없다. 다만, 증상으로 인해 타인들과 잦은 마찰을 일으키고 가족, 친구와 같은 사회적 관계에서 고립되는 결과를 초래할 수 있다.

두 유형 모두 고립이라는 공통점을 가지고 있다. 성격장애에서의 고립은 자기 스스로 사회와 사회적 환경을 통제하기 위해 고립되어 살아가는 것이고, 조현병에서의 고립은 와해된 사고(思考)와 행동으로 인해 사회 구성원들로부터 고립되어지는 것이다.

3. 망상장애(Delusional Disorder)

망상장애의 증상은 필수적으로 기괴하지 않은 한 가지 이상의 망상이 한 달 이상 지속되어 나타나는 것이다. 정신장애 통계편람(DSM-5)에서 조현병 스펙트럼 및 기타 정신증적 장애의 범주에 포함되어 있으나 조현병 증상이 한 가지라도 나타난 경우는 망상장애로 진단하지 않는다. 망상장애에서 나타나는 망상의 유형은 전혀 일어날 수 없는 불가능한 일들이 아니다. 때때로 그럴듯한 내용을 포함하고 있다. 조현병에서 나타나는 망상은 자신의 피가 가루로 변한다는 등의 망상으로 기괴하고 과학적으로 설명되지 않는 내용을 주로 나타낸다. 망상장애에서의 내용은 주로 누군가 미행한다던지, 자신을 감시하고 도청한다는 등의 망상이다. 상황에 따라서는 있을 수 있는 일들에 대한 망상을 의미한다.

임상적 증상으로는 자신의 망상에 대한 반응으로 인해 불쾌감과 분노를 표현하는 경우가 많다. 불쾌감이 원인이 되어 수사기관이나 자신의 망상내용에 책임이 있다고 느끼는 정부기관에 반복적으로 편지나 전화를 걸어 항의를 하는 경우가 많다.

망상장애의 하위 유형에서는 피해망상의 비율이 가장 높게 나타나는데, 이 증상은 늘 자신이 모함을 받고 있다거나 감시, 미행을 당하고 있다는 피해의식이 주된 증상이다. 그 결과 자신을 해칠 것이라고 믿는 대상에게 급격한 분노를 표출하거나 폭력을 행사하는 경우가 많다.

발병 원인에 대한 정신분석학적 측면에서는 성장기 양육자로부터 지나친 주의를 받고 자란 경우가 원인이 되는 경우가 많다. 지나친 주의와 감독으로 인해 욕구의 좌절과 실망을 경험함으로써 편집증적 반응을 일으킬 수 있다는 것이다. 증상이 악화되면 사회전체가 자신을 해치려는 집단으로 생각하여 증오와 공격적 충동을 나타낸다.

4. 강박성격 장애(Obsessive-compulsive personality disorder)

강박성격 장애의 임상적 특징으로는 자신이 설정한 질서와 규칙, 완벽함을 추구하는 것에 집착하여 전체적인 상황을 조명하는 능력이 결여되어 있다. 쉽게 결정하지 못하고 우유부단한 행동특성을 보인다. 특히 익숙하지 않거나 예기치 못한 상황이 발생하면 심한 불안을 느끼고 공황발작을 일으키기도 한다. 대인관계 양상은 대체적으로 정형화된 방식으로 행동하지만 상대방의 지위나 계층에 따라 다르게 행동한다. 지위가 높은 상대나 상사의 경우에는 공손하고 순응적 태도를 보이지만 아랫사람에게는 다소 냉담하고 이성적인 관계를 형성한다.

발생 원인으로, 성장기 부모로부터 단호하고 억압적인 과잉통제를 경험한 경우 발병률이 높게 나타난다고 알려져 있다. 과잉통제 부모는 아동이 기대에 맞지 않게 행동하였을 경우 엄한 처벌을 가하는 태도이다. 이때 아동은 처벌을 피하기 위해 부모의 요구에 맞게 행동하려고 노력하고 자율적으로 판단하는 것을 배우지 못하게 된다. 주요 방어기제로 반동형성(reaction-formation)을 사용한다.

강박적 사고는 주로 동거하는 가족, 부부 간의 갈등을 일으키는 원인으로 작용하는 경우가 많다. 자신이 설정한 기준에 모든 주변인들이 맞추어 사는 것은 한계가 있기 때문이다.

강박적 성격장애는 완벽주의, 마음의 통제와 대인관계 통제에 집착하는 광범위한 행동양식으로서, 융통성, 개방성, 효율성이 상실된다.

✅ 강박적 성격장애 진단기준 DSM-5

① 사소한 세부사항, 규칙, 목록, 순서, 시간계획이나 형식에 집착하여 일의 큰 흐름을 잃는다.

② 일의 완수를 방해하는 완벽주의

③ 여가활동과 우정을 나눌 시간도 희생하고, 지나치게 일과 생산성에만 몰두한다(분명한 경제적 필요성 때문이 아닐 경우 해당)

④ 도덕, 윤리 또는 가치문제에서 지나치게 양심적이고 고지식, 융통성의 결여

⑤ 무가치한 물건을 감상적인 가치조차 없을 경우에도 버리지 못함

⑥ 타인이 자신의 방식을 그대로 따르지 않으면 일을 맡기거나 같이 하기를 꺼림

⑦ 자신과 타인 모두에게 금전적으로 인색

⑧ 경직성과 완고함

5. 우울증(depression)

우울증은 뇌의 감정조절 기능에 이상이 생겨 부정적 감정이 나타나는 증상이다. 우울한 감정은 단순히 일시적으로 경험하는 기분저하가 아니라 사고과정, 행동, 신체활동 전반에 걸쳐 정신기능이 떨어진 상태를 의미한다.

세로토닌과 같은 신경전달물질의 이상으로 인해 발병하기도 하고, 유전적 요인이나 심각한 스트레스와 같은 요인들이 복합적으로 영향을 주는 것으로 밝혀져 있다.

주요 증상으로는 식욕이 급격히 저하되고, 수면장애, 부적절한 죄책감, 무가치감, 자살사고 등이 2주 이상 지속되면 치료가 개입되어야 한다.

위와 같은 증상이 나타나는 경우 주요 우울증(major depression)으로 진단하고, 그 정도가 경하거나 지속시간이 짧은 경우에는 경도 우울증(minor depression)으로 진단한다. 정신장애 통계편람(DSM-5)

에서는 주요 우울증과 정도는 경하지만 2년 이상 지속되는 지속성 우울장애로 분류되어 있다.

주로 자신이 주관적으로 경험하는 우울감으로 인해 고통을 심하게 느끼며 벗어날 수 없다는 사고로 발전하여 자살을 하기도 한다.

우울증 중에도 조현병에서 나타나는 환각, 망상이 동반되는 경우가 있는데, 이 결과 자신이나 타인을 공격하는 등의 위험에 노출되는 경우가 많다.

6. 경계선 성격장애(borderline personality disorder)

경계선 성격장애는 의존성과 히스테리성 성격장애의 악화 유형이다(최정윤, 2016). 특히, 대인관계에서 불안정하며 감정변화가 극단적인 특징이 있다. 개인 감정뿐만 아니라 외부로 표현되는 평가들이 일관성이 없고 변덕스러운 것이 대표적인 특성이다. 즉, 애정의 감정과 분노의 감정이 급격히 교차하는 불안정한 대인관계가 특징이다.

행동 전반에 걸쳐 충동적이고 무모하다. 기분이 좋다가도 갑자기 화를 내며 주변인과 다투는 일이 많다. 자해와 같은 자기 손상적(self-damaging) 행동, 폭음이나 과도한 성행위, 며칠씩 밤을 새우며 도박에 빠져드는 것과 같은 자기 파괴적(self-defeating) 행동이 자주 나타난다.

대인관계에서 타인을 평가하는 기준이 매우 변덕스럽기 때문에 주변인들과 긍정적 관계를 형성하는 데 만성적으로 실패한다.

자기지각이 불안정하여 중요한 결정을 하거나 가치관에 관련된 문제에 직면하면 원만히 해결할 능력이 없고 결정을 하지 못한다.

성장기 히스테리적 특성을 가진 부모에 의해 일관되지 않은 양육을 받은 경우, 발병률이 높은 것으로 알려져 있다.

진단기준은 다음 다섯 가지 이상의 항목을 충족시키는 것을 필
요로 한다.[1]

1) 실제적인 또는 가상적인 유기(버림받음)를 피하기 위한 필사적인 노력
2) 극단적인 이상화와 평가절하가 특징적으로 반복되는 불안정하고 강렬한 대인관계
   양식
3) 정체감 혼란: 자아상이나 자기지각의 불안정성이 심하고 지속적이다.
4) 자신에게 손상을 줄 수 있는 충동성이 적어도 두 가지 영역에서 나타난다.
5) 반복적인 자살행동, 시늉, 위협, 또는 자해
6) 현저한 기분변화에 따른 정서의 불안정성
7) 만성적인 공허감
8) 부적절하고 심한 분노를 느끼거나 분노를 조절하기 어렵다
9) 스트레스와 관련된 망상적 사고, 심한 해리증상을 일시적으로 나타낸다.

진단기준에서 나타나는 바와 같이 심리적으로 극단적이고 불안
정한 상태의 특성을 가진 성격장애이다. 경계선 성격장애자들은 대
부분 성장기에 심리적 외상을 경험한 것으로 연구되어 있다(Zanarini
et al., 1989). 연구에 의하면 아동학대는 언어적, 신체적, 성적 학대의
세 가지 유형으로 분류되는데, 경계선 성격장애에서는 언어적 학대가
72%, 신체적 학대가 46%, 성적 학대가 26%, 부모의 양육문제가 76%,
그리고 74%가 18세 이전에 부모의 상실이나 이별을 경험한 것으로 보
고되고 있다.

7. 간헐적 폭발장애(IED: Intermittent Explosive Disorder)

공격적인 충동을 통제하지 못하여 반복적인 공격성 폭발을 보이
는 장애를 말한다. 공격적 언어의 사용, 비난 또는 재산, 타인에게 가

---

[1] 현대이상심리학, 권석만, 2017, p. 412.

하는 신체적 공격성이 나타나는 특징이 있다. 흔히 불안장애, 우울장애, 물질사용장애와 동반되는 경우가 많고, 미국의 경우 이 장애의 유병률은 2.7%로 매우 낮은 유병률로 보고되고 있다(권석만, 2017). 주로 10대 후반에서 35세 이하의 사람들에게서 흔하게 나타난다고 한다. 신체적 활동성이 강한 연령대에 장애가 나타나는 경우가 많기 때문에 사회적 관계의 단절, 직업의 상실, 재물파손 등으로 인한 물질적 손해, 폭력행위로 인한 사법적 처벌 등의 문제로 나타난다. 이들이 보이는 반복적이고 공격적인 행동 폭발은 사전에 계획된 것이 아닌 표면적으로 원인을 알 수 없는 충동이나 사소한 자극에 대한 분노로 유발된 행동이다. 대상은 한정되어 있지 않다.

DSM-5의 진단기준의 주요 내용을 살펴보면 아래와 같다.[2]

A. 아래 명시되는 공격적인 충동통제의 실패로 반복적인 행동폭발이 나타난다.
(1) 언어 공격성(성격울화, 비난, 언어논쟁, 다툼 등) 또는 재산, 동물, 다른 개인을 향한 물리적 공격성은 3개월 동안 평균 1주에 두 번 발생한다. 물리적 공격성은 재산의 파괴 혹은 손상의 결과를 불러오지는 않으며, 동물이나 타인에 대한 물리적 상해의 결과가 아니다.
(2) 재산의 파괴 혹은 손상과 관련이 있거나 동물 또는 타인에 반하여 물리적 상해와 관련된 물리적 폭행인 세 가지 행동적 폭발이 12개월 안에 발생하여야 한다.
B. 반복적인 폭발 동안 표현되는 공격성의 규모는 극도로 도발의 범위 밖이거나 정신적 스트레스를 촉발하여야 한다.
C. 반복적 공격폭발은 미리 예측이 되지 않는다(충동적 분노를 바탕으로 한다). 그리고 유형의 물질(돈, 권력, 협박)에 연결되어 있지 않다.
D. 반복적 공격폭발은 개인의 고통 또는 직업장애 또는 대인관계 지장, 재정/법적 결과와 연결된다.
E. 시기적으로 최소 6세 이상
F. 반복적 공격폭발은 다른 정신적 장애에 의해 더 잘 설명되지 않는다. 다른 의학적 상태(뇌외상, 알츠하이머 등) 또는 약물 오남용 등의 생리학적 영향에 기인하지 않는다.

2 이상심리학, 최정윤 외, 2017, p. 470, 학지사.

내용을 요약하면, 뇌 기능의 문제나 알코올 문제 등이 개입되지 않은 상태에서 갑작스럽고 예측되지 않는 폭발적 분노를 1주에 2회 이상 나타내는 증상을 말한다. 특히, 친밀한 관계에서 작은 촉발요인에 의해 반응하면서 발생한다. 격한 언어적 표현이 동반되며 공격 폭발은 충동적이고 분노를 기반으로 하고 있다. 발생원인의 환경적 요인으로는 신체적, 정서적 외상(trauma)을 경험한 개인에게서 많이 나타나고 있다. 가장 큰 원인으로 작용하는 것은 스트레스나 부모의 양육방식 등 심리사회적 영향과 신경생리학적 영향에 의한 상호작용의 결과로 설명하고 있는데, 간헐적 폭발 장애를 가진 사람들은 정상인에 비해 분노자극에 대한 편도체(amygdala)가 더 많이 반응하는 것으로 알려져 있다(Moellde, 2009).

갑작스런 분노감정의 폭발, 이로 인한 대인관계에서의 고립 등 범죄자의 심리적 요인을 충족시키는 대표적인 성격장애의 유형이다.

: 현대 범죄 유형분류 및 유형별 특성 분석

1. 살인 범죄 변화 양상 고찰

살인은 사람을 살해함으로써 그 피해를 다시는 회복할 수 없는 생명을 단절시키는 행위이다. 그러므로 살인은 법률에서 정하는 가장 무거운 형벌 중 하나라 할 수 있다. 우리나라에서는 고의를 가지고 의도적으로 행한다는 점을 중시하여 형법 제24장 '살인의 죄'라고 명시하고 보통살인, 존속살해, 영아살해, 촉탁·승낙에 의한 살인, 자살의 교사·방조, 위계에 의한 촉탁살인, 살인예비·음모 등으로 분류하고 있다.

　살인을 연구하는 학자들이 살인을 분류하는 데 있어서 주요하게 다루는 요소는 피해자와 가해자 관계(가족 여부, 면식, 비면식관계 등), 범죄 상황, 동기(반응적인가, 도구적인가)이며, 그 밖의 피해자 및 가해자의 성별, 약물·알코올, 가해자의 정신상태 등이 살인을 분류하는 주 요인으로 작용하는 것을 알 수 있다.

　살인에 있어서는 범행의 동기가 상당히 중요하다. 즉, 살인이 원래 계획적인가, 아니면 부차적인 행위로 나타난 것인가는 살인사건을 해결하는 데 중요한 역할을 한다. **범죄의 동기를 도구적**(instrumental) **동기와 반응적**(expressive) **동기로 구분**하는 것은 그동안 범죄학 연구에서 널리 사용되어 왔다. 도구적 동기들은 미래에 명백한 목적들(돈을 얻거나 또는 사회적 지위를 높이는 것과 같은)을 이루기 위해 행해지는 것이고, 반면에 반응적 동기들은 종종 화, 분노, 욕구불만으로 인한 계획되지 않은 행동들이다(Block & Christakos, 1995; Block, 1976; Decker, 1993, 1996; Siegel, 1998). 도구적이냐 반응적이냐 하는 구별은 간혹 계획적인 범죄들과 무의식적인(격노) 범죄들 사이의 차이들과도 유사하다(이수정, 2010). 가장 중요한 판단기준은 구체적으로 범죄 목적이 존재하고 이를 달성하기 위해 살해라는 수단이 부차적으로 동원되어 실제로 구체적인 보상물(금품, 성욕충족 등)이 생겼거나 생길 것으로 예측해서 저지른 살인이라면 도구적 동기라고 볼 수 있다. 반면에 살인 자체가 목적이거나 수단으로 이용되었더라도 이를 통해 구체적인 보상물이 불분명한 경우(피해자의 모욕, 무시, 학대 등으로 살인범이 분노, 공포, 비관하여 살해한 경우)를 반응적 동기로 볼 수 있으며, 또한 비정상적인 살인행위도 반응적 범죄로 구분한다.

　살인의 특성으로 흉기의 사용을 들 수 있다. 흉기를 사전에 소지했는가와 흉기 가격 횟수 등이 중요한 판단기준이 될 수 있다. 일반적으로 사이코패스 살인범의 경우 이기심이 많고 교활하며 냉정하기 때문에 사전에 흉기를 소지할 가능성이 높으며, 현실을 과도한 정서로 인지하는 기질불안적 살인범들의 분노와 같은 정서적 반응에 의하여 흉기 가격 횟수가 많은 것과는 달리, 목적 수행을 위한 필요 최소한의 제한적 범위 내에서 흉기를 사용한다.

1) 1990년대 이전의 살인범죄 양상

1990년대 이전의 살인범죄는 금품강취, 원한, 치정 등과 같이 뚜렷한 동기와 목적을 갖고 발생되어 왔다.

(1) 사례 1

1973. 9. 7. 22:20경 서울 성동구 ○○동 노상에서 택시운전사 ○○(36세)가 목과 팔목 등 8개소를 찔려 살해된 사건이 발생하였는데, 범인을 검거하고 보니 16세의 신문팔이 소년이 '추석이 되니 과자도 먹고 싶고 극장 구경도 하고 싶고, 쌀밥과 과자를 사먹고 싶어 범행을 했다'고 그 동기를 밝혔다(김원배, 2004). 이 사건의 경우, 범행동기인 금품강취의 목적이 기본적인 삶의 욕구와 문화적 활동을 위한 것이며, 피해 대상자는 현금 노출로 인한 안전망이 구축되어 있지 않은 택시 운전사라는 것이 의미하는 것은 결국 범죄자와 범죄 피해자가 유사한 환경에 처해 있다는 것이다. 최근 카드 택시를 확대 운영한 이후 택시 현금 강취를 위한 강도 사건은 거의 발생하지 않고 주로 현금을 취급하는 편의점 강도가 다발하고 있다는 점이 매우 중요한 연관성이 있는 것으로 볼 수 있다.

(2) 사례 2

1983. 4. 25. 19:30경 서울 중구 ○○소재 ○○병원에서 교통사고 입원환자인 피해자 염○○(38세)의 아들이 복도에서 놀고 있던 중 신원을 알 수 없는 20대 여성이 준 우유 5개가 들어있는 봉지를 받아 병실에 갖다 놓은 것을 피해자 염씨가 먹고 사망한 사건이 발생하였는데, 부검 시 우유에서 청산염이 검출됨으로써 의도적인 살인사건으로 밝혀졌다. 그리고 1986. 10. 30 서울 중구○○동에서는 범인 김○○(여, 49)가 채무면제와 금품 강취의 목적으로 자신의 친정 아버지 김○○(73)를 비롯, 5명의 형제들에게 청산가리를 넣은 음료를 피로회복제라고 속여 먹게 한 후 살해하고 500만원 상당을 강취한 사건이 발생하였다. 이 사건들은 여성 범죄자에 의해 발생한 사건들로써 직접 대인(對人) 범죄를 저지르기 어려운 조건에 있는 여성들로써는 살인범죄를 저지르는 수법으로 독극물 범죄를 이용할 가능성이 높다는 점을 시사하고 있다.

2) 1990년대 살인범죄 양상

1990년대 중반을 넘어서면서 한국사회는 외환위기(IMF)와 구조조정을 통한 대량 실직사태와 더불어 경제적 공황에 준하는 어려움을 겪게 되었고, 경제적 문제로 인한 살인 범죄가 늘어나게 되는 사회적 현상을 나타내고 있다.

1990년대의 대표적 범죄는 자신들이 사회에 가진 왜곡된 불만과 분노를 불특정 다수에게 분출하는 소위 '지존파, 막가파, 정두영' 등의 출현이었다. 이들의 출현으로 한국의 살인범죄의 양상은 크게 변화된다.

1994년 검거된 '지존파' 살인범들이 밝힌 범행동기와 행동강령은 '돈 있고 빽 있는 자의 것을 빼앗고 죽인다. 부자를 저주한다.' 등이었다. 얼마 후 강취한 택시를 이용하여 피해자들을 태운 후 납치하여 잔혹하게 살해한 '살인택시 온보현' 사건으로 검거되었는데, 역시 '세상에 내 존재를 알리고 싶다. 내 나이만큼 38명을 죽이려고 했다.'고 진술하고 있다.

1996년에는 소위 '막가파' 사건이 발생하여 또다시 사회적 충격을 안겨 주었는데, 이들 역시 '외제차를 타고 다니는 돈 많은 사람들은 모두 죽이고 싶었다.'라고 자신들의 범행 이유를 밝히고 있다.

이 사건들의 공통점은 지존파는 6명, 막가파는 5명으로 구성되어 모두 공범이 있었으며, 사회에 대한 공격적인 분노를 표출하고 있다.

(1) 지존파 사건

1994년 추석을 전후하여 우리 사회에 큰 충격을 준 사건으로 대표적인 지존파 사건이 발생하였다.

이들은, 두목 김○○(26)을 중심으로 전남 ○○군 ○○소재 마을에 살인 공장을 차려 놓고 경기도 성남에서 벌초를 하던 부부를 납치, 현금 8천만원을 빼앗고 살해 후 자신들의 아지트에서 화장하는 등 93년부터 94년 9월 검거될 당시까지 총 5명을 살해하고 시신을 훼손한 사건이다. 이들은 93년 6월 대전 소재 모 아파트 건설 현장에서 노동일을 하다가 만나게 된 자들로, '지존파'를 결성하고 ① 조직을 배반하는 자는 죽인다. ② 돈 많은 자들로부터 10억원을 갈취한다. ③ 돈 많은 자들을 저주한다.'는 행동강령을 만들어 희대의 살인범죄를 저지르기 시작한다.

93년 7월 충남 ○○ 노상에서 혼자 지나가던 23세 가량의 여성을 범죄 실습용으로 납치한 뒤 집단으로 성폭행하고 살해한 후 인근에 암매장하는 사건을 시작으로, 범행을 지속한다.

두 번째 범행은, 1차 범행 후 양심의 가책을 느끼고 도주한 공범 송○○(23)를 붙잡아 야산으로 끌고 가 조직을 배반하였다는 이유로 대검과 곡괭이 등으로 고문 살해하고 암매장하였다.

세 번째 범행은, 범행이 진행되는 과정에서 두목 김○○이 개인적으로 저지른 강간치상죄로 검거되어 구속되자 변호사 비용 조달을 위하여 조직원 강○○을 중심으로, 94. 9. 8. 경기도 ○○노상에서 데이트를 하던 남녀를 자신들의 아지트로 납치한 후 몸값을 요구하였으나 능력이 없는 것으로 판단되자 신고를 우려해 함께 납치한 피해 여성을 위협하여 같은 피해자를 목졸라 살해하게 하고 공범 관계를 형성한다.

네 번째 범행은, 1994. 9. 13 경기 성남시 소재 ○○묘지에서 벌초를 하던 부부를 납치하여 아지트로 끌고 간 후 위 사건의 피해 여성으로 하여금 공기총 방아쇠를 당기게 하여 살해하고 자신들은 피해자들을 손도끼 등으로 살해한 후 소각장에서 불태웠으며 이 과정에서 인육(人肉)을 먹는 등 엽기적인 범행을 자행하던 중 감시가 소홀한 틈을 타 도주한 세 번째 사건의 피해 여성이 경찰관서에 신고함으로써 검거된 사건이다. 검거 후 이들은, 자신들의 두목을 검거 구속한 경찰관서 등을 습격하고 방송국을 점거해 세상을 놀라게 하고 자결하려 하였다고 진술하고 있다.

이들은 범행 당시 20대 초, 중반이었고 70년을 전후하여 출생한 자들로 당시의 시대적 상황은 군사 정권이 유지되면서 권력을 통한 정경유착이 난무하며 사회경제적 양극화가 형성되기 시작하던 시기로 사회적 불평등 의식이 형성되고 확산되는 과정이었다. 이러한 상황에서 빈부의 격차로 인한 사회와의 고립감 속에서 성장기를 거쳤으며, 이로 인해 낮은 자존감과 사회구성원으로서 타인과의 비교를 통해 '패배' 의식이 깊이 자리 잡고 있었던 것으로 판단된다. 젊은 20대 중, 후반의 나이에 모두 아파트 건설 현장에서 막노동을 하며 만나 조직을 구성하였다는 점은 이들의 성장기 가정 상황과 경제 상황을 알 수 있고, 돈 있고 빽 있는 자의 것을 빼앗고 죽인다. 부자를 저주한다는 이들의 행동강령을 통해서도 이러한 점을 파악할 수 있다.

범죄현장에서 만난 피해 여성을 자신들의 살인 공범으로 만들어 끌고 다니면서 범행을 계속한 점은 사회적 박탈감과 무력감, 벗어날 수 없는 자신들의 상황과 유사한 상황이 되면 세상 사람 누구라도 사람을 죽일 수 있는 살인자가 될 수 있다는 것을 세상에 알리고자 한 의도적인 행동으로 해석할 수 있다. '방송국을 점거해 세상을 놀라게 하고 싶었다.'라고 진술하는 부분에서도 자신들이 갖는 사회적 지위로는 어떤 형태로든 세상에 자신들이 갖고 있는 생각과 뜻을 알릴 수 없고 꿈을 이룰 수 없다는 무력감이 존재한다는 것을 알 수 있다.

범행 과정에서도 금품을 강취하고자 납치한 피해자들을 목적 달성 여부와 관계없이 살해하고 인육(人肉)을 먹는 행위는 결국 자신들이 이 사회의 구성원인 인간으로써 지켜야 할 기본적인 모든 것을 잃고 살아왔다는 의식 때문에 그러한 것을 모두 포기하겠다는 의미로 분석된다. 검거 후 기자들의 질문에 '인간이기를 포기하고자 먹었다.'라고 진술하는 것에서 그러한 의미를 유추할 수 있다.

결국, 70−80년대를 거치면서 성장한 이들은, 어떤 방법으로도 헤어날 수 없는 자신들의 상황과 불공정한 방법으로 경제적 성장을 이룬 사회구성원들을 비교함으로써 극도의 분노감이 형성된 것으로 보인다.

(2) 막가파 사건

지존파 사건이 검거된 이후, 1996년 또다시 이들을 모방한 살인 집단 범죄자들이 나타나게 된다. 20대 중, 후반으로 결성된 이들은 교도소 및 사회 선후배들로 구성되어 있으며, 지존파의 조직 체계 및 행동강령을 모방하여, '① 배신하는 사람은 죽인다. ② 화끈하고 멋있게 살다가 죽는다. ③ 우리가 잡히면 그 자리에서 모두 죽기로 맹세한다.' 등의 행동강령을 만들고 범행을 시작하였다. 96. 10. 2. 02:00경 서울 강남구 ○○동 노상에서 피해자 김○○이 운행하던 일본제 외제차를 범행대상으로 선정하고 위 차량을 미행하여 거주지를 확인한 후 다음 날 출근하기 위해 차량에 승차하는 피해자를 납치해 현금 900만원을 강취하고 경기 ○○폐가로 끌고 가 생매장 살해하는 사건을 시작으로, 96. 10. 17. 경기 ○○소재 주유소에 침입하여 현금 14만원을 강취하고 피해자들을 폭행하고 도주, 서울 ○○로 이동하여 재차 주유소에 침입, 반항하는 피해자들을 살인 및 중상해를 입히고 범행을 계속하던 중 검거되었다.

이들 역시, 검거 후 더 많은 사람을 죽이지 못하고 검거된 것에 대해 불만을 나타내며 사회를 향한 극도의 분노를 표시했다.

이 범죄자들 역시 70년대 전후 출생한 자들로, 지존파 사건의 범죄자들과 유사한 성장기를 거치면서, 특히 같은 교도소 출신들로 결성되었고 이미 수감될 정도의 강력 범죄에 노출되어 있었다는 점에서 지존파, 막가파 범죄자들은 성장기의 사회적 배경, 그를 통한 분노와 무력감 등의 공통분모를 갖고 있는 자들로써 유사한 범행동기와 범행수법의 형태를 나타낸 것을 보여준다. 어차피 자신들은 사회에서 고립되고 분리되어 있다는 사고(思考) 속에서 언젠가 검거될 것이라는 생각보다는 현재 눈 앞에 보이는 이득과 심리적 갈등의 해소를 범죄라는 일탈 행위를 통해 취하고자 하였다는 측면에서 합리적 선택이론과 범죄 억제 이론의 내용을 포함하고 있다.

(3) 정두영 사건

앞서 사건들과 달리 정두영은 강도 등의 범죄로 수회 수감 생활을 한 후 출소하여 조직을 결성하지 않고 단독으로 1년 동안 13건의 강도사건을 자행하던 중 9명을 살해하고 8명에게 중상을 입혔으며 1억원 이상의 금품을 강취한 사건이다. 10억원을 강취하여 동거녀와 행복하게 사는 것이 범행의 동기로 밝혀졌다.

정두영은 칼을 소지하고 가던 중 검문을 받자 당시 방범대원을 살해하고 검거되어 수감생활을 하였는데, 출소한 후 1999년 6월 2일 부산 손○○(69·여)씨 집에 침입하여 가정부 이○○(59·여)씨를 흉기로 살해하였고, 9월 15일에는 부산 서구 이○○(42·여)씨 집에 침입하여 가정부 조○○(54·여)씨를 살해하였다. 이어 10월 2일 울산 박○○(60)씨 집에서 박씨의 아내 김○○(54)씨와 아들(24·대학원생)을 살해하였다.

이후, 경찰의 추적에도 불구하고 부산 ○○동 박○○(43)씨 집에서 박씨의 처형 김○○(48)씨와 가정부 김○○(55)씨를 살해하고 박씨의 아내 김○○(39)씨에게 중상을 입힌 뒤 6,000여만원 상당의 금품을 강취 도주하였으며, 며칠 후 부산 동래구 ○○동 정○○(76)회장 집에서 정회장 부부와 파출부 등 3명을 흉기로 살해한 뒤 벤츠승용차와 롤렉스시계 등의 금품을 빼앗아 달아났다.

검거된 후 정두영은 '마음껏 돈을 쓰면서 남들처럼 살고 싶었다.'고 범행동기를 밝히면서, 그러나 '내 속에 악마가 살고 있는 것 같다.'는 말을 남겼다.

　　1968년 출생한 정두영은 가난하고 불우한 가정환경과 5세 이후 보육원 등을 전전하며 성장기를 거쳤으며, 학교생활에 적응하지 못하고 중퇴한 이후 15세에 경제적 문제를 해결하고자 특수절도의 범죄로 소년원에 수감된 것을 시작으로 강력범죄자가 되기 시작하였다.

　　86년 검문하는 방범대원을 살해한 사건으로 12년의 수감생활을 마치고 나온 이후 자신의 배경과 범죄경력, 해체된 가족 등은 정두영의 살인범죄 동기 형성과정에서 큰 영향을 미친 것으로 분석된다.

　　정두영 역시 70년을 전후하여 출생한 지존파, 막가파 등의 범죄자들과 같은 시기인 68년도에 출생하였고, 성장기 사회적 상황은 소위 '부자'와 같은 사회경제적 계층에 대한 분노감으로 전이되었고, 이들의 돈을 강취하여 동거녀와 함께 남들처럼 실컷 쓰면서 살고 싶었다고 진술하는 점에서 매우 유사한 점을 나타내고 있다.

　　위 사건들의 공통점을 살펴보면, 다음과 같다.

　　첫째, 범행동기의 변화이다. 7~80년대의 살인 범죄들은 대부분 금품강취의 목적으로 지인들을 대상으로 발생한 반면, 이들은 모두 자신들의 범행동기를 밝히는 과정에서 금품강취와 더불어 사회와 부자들에 대한 왜곡된 분노감을 표출하고 있다. 자신들의 처지가 불공정한 사회, 계층의 장벽을 넘지 못하는 사회구조적 모순에 있다고 범행을 합리화 하고 근본적 원인을 투사(Projection)하고 있다.

　　둘째, 금품강취의 목적이 달성되었음에도 피해자를 잔혹하게 살해하는 수법의 변화이다. 즉, 금품을 강취하는 목적 이외에도 피해자들의 삶과 가족들의 안녕을 파괴하는 살인범죄 행동을 통해 자신들이 처한 상황으로 인해 훼손되고 낮아진 자존감을 회복하고, 자신들이 가진 경제적 현실마저 극복하고자 노력하였다.

3) 2000년대 살인범죄 양상

2000년 이후 연쇄살인범으로 한국사회에 등장한 유영철(1970년生), 서울 서남부 연쇄살인범 정남규(1969년 生), 강호순(1970년 生)은 같은 연령대로 그들의 범행동기와 행동양상은 기존의 살인사건과 달리 연쇄적이고 가학적인 수법적 측면과 동기(motivation)적 측면에서 매우 유사한 특성을 갖고 있다.

대부분의 범죄자들은 자신의 범죄 행동이 발견된 이후 경찰 수사뿐만 아니라 현장 상황이 어떻게 변화되는지에 대한 궁금함 때문에 범행 후 자신의 범행 현장을 다시 찾는 경우가 많다. 그러나 유영철은 '범행 후 범행 현장에 다시 가 보았느냐?'라는 질문에 '인터넷 뉴스에 많은 정보가 올라오기 때문에 굳이 현장에 다시 가볼 필요가 없었다.'라고 진술하였다. 경찰이 주로 피해자들의 면식범 수사에 집중하고 있다는 기사를 보고 다음 범행에서는 면식범의 소행으로 보여지기 위한 노력을 하는 등 수법을 변화시키기도 하였다. 인터넷 정보의 발달은 90년대 연속살인범들과는 달리 범죄자의 행동과 판단에 영향을 주고 있다는 것을 알 수 있다. 정남규 역시 자신의 범행이 보도된 기사를 모두 스크랩 해 놓았으며 자신의 범행이 보도되는 기사를 보고 자신이 살해하려고 공격한 피해자가 사망하지 않았다는 내용이 보도되면 자신의 범행이 완성되지 못하였다고 느끼고 다음 범행에서는 더 많은 공격을 자행하였다고 진술하고 있으며, 강호순도 범행이 진행되는 동안 각종 언론, 인터넷 등을 통해 피해자 선정 지역을 이동하는 등 범죄 행동에 반영한 것으로 진술했다.

4) 2010년 이후 살인범죄 양상

현대 사회를 분노사회(Anger Society)라고 표현한다. 대한신경정신의학회는 전국 성인 남녀 1006명을 대상으로 행복과 스트레스에 대한 인식조사 연구를 발표하였다(경향신문, 2011. 4. 8). 결과에 의하면 한국인들의 행복점수는 100점 만점에 68.1점으로 나타났으며, 자신의 행복 점수가 90점 이상이라고 답한 사람은 15%에 불과했다. 또한 국민 4명 중 1명(26.2%)은 일상생활에서 심한 스트레스를 받고 있었는데, 직업문제(25.8%), 경제적 문제(21.5%), 인간관계 문제(12.4%)의 순으로 나타났다고 한다. 직업과 경제적 문제가 같은 맥락을 갖고 있다고 보면 결국 47% 정도가 경제적 상황으로 인한 스트레스를 겪고 있다는 것이다.

이 중 스트레스를 받으면 분노한다는 사람이 25.4%의 수치를 보였는데, 분노를 해결하는 구조적 시스템은 부재한 상황이다. 이에 따른 우발적 살인과 자살이 크게 증가하는데, 대검 범죄분석 결과에 의하면 2009년 한해 동안 '화가 난다'는 이유로 살인을 저지른 사건은 578건에 이르고 있다. 전체 사건의 47%에 해당된다. 현실불만에 의해 발생한 살인사건 80건을 포함하면 2005년에 비해 17% 증가한 것이다. 2010년 1월 서울 영등포에 거주하는 강○○(46)은 100만원을 빌려주지 않는다는 이유로 90대 노파와 아들을 살해하였다. 또한 전남 순천 거주 구○○(40)는 길을 가던 중 만난 내연녀가 '아는 체 하지 않는다'는 이유로 살해하였고, 경남 양산에서는 정○○(46)이 전세방을 보러왔다고 속여 금품을 빼앗고 피해자를 살해한 사건이 발생하였다. 2010년 이후 사소한 촉발요인에 의한 살인 범죄가 급증하고 있는 이유는 다양하게 분석되고 있으나 '조기 퇴직, 실직 등 생활상의 스트레

스가 가중되면서 내면의 폭력성이 외부로 나타난 것(표창원, 2010)', '40
대에 삶의 좌절에 직면해 사회로부터 고립되는 경우 엉뚱한 곳에서 우
발적 분노를 표출하는 것(박형민, 2010)'이라고 전문가들은 진단하고
있다.

✅ 2005-2009년간 발생한 살인사건 범행동기

연도	총계	우발, 현실불만 %	범행동기 구분	
			우발적	현실불만
2009	1,208	54%	576	80
2008	989	53%	458	74
2007	968	38%	333	44
2006	959	40%	354	32
2005	980	37%	319	44

출처: 2009, 대검찰청 범죄분석 자료.

(1) 사례

2010. 2. 18. 00:41경 서울 중구 ○○동 노상에서 귀가하던 피해자
김○○(여, 31세)이 예기에 의해 오른쪽 등 부위가 찔린 채 피를 흘리고
쓰러진 것을 행인이 발견하고 신고되어 동일 01:55경 병원 응급실로 후
송되어 응급치료를 받던 중 복강 내 과다출혈로 사망한 사건이 발생하
였다. 이 사건의 범인은 2010. 2. 9. 아무 이유 없이 ○○역 근처에서
범행도구인 식칼(칼날길이 18cm, 폭 4cm)을 구입하고 자신이 어릴 적부
터 약 10년간 거주해 지리감이 있는 서울 중구 ○○동 ○○고등학교
후문 부근에서 불특정 행인을 상대로 살인범죄를 저지를 것을 마음먹
고 배회하던 중 귀가하던 피해자 김○○(여, 31세)이 혼자서 걸어가는
것을 발견하고 뒤따라가 등을 찔러 살해하고 도주한 것이다.

① 진술 내용 발췌

문: 최근에 피의자의 생활에 있어서 불만은 어떤 것이 있었는가?

답: 사실 제가 제 자신에 대하여 불만이 많았던 것 같습니다. 저는 뭔가 어떤 일을 하고는 싶은데 제 능력은 안되고 … 여하튼 제 생활에 제가 스스로 불만이 많았던 것 같습니다. …

문: '10. 02. 09. ○○에 간다고 하고 집을 나왔는데 범행일인 02. 18까지 ○○에 가지 않은 이유는 무엇인가?

답: 잘 모르겠습니다. 그때쯤에는 제가 뭔가 특별한 이유도 없이 화를 참지 못했고 범행날짜까지 화를 죽이지 못하고 그랬던 것 같습니다. 저는 어릴 적부터 말수가 없었습니다. 그래서인지 학교를 다닐 때 같은 학교 친구들한테 오해를 많이 받았었습니다. 저는 말을 하고 싶지 않았을 뿐인데 친구들은 그것을 자기 마음대로 생각을 했고 저는 이에 대하여 친구들과 싸움을 많이 했던 것입니다. 그러다 보니 자연적으로 제 주변으로는 친구들이 없어져 있었던 것 같습니다.

저는 늘 조용히 있고 싶었는데 학교에서 이유도 없이 시비를 거는 애들과 싸움을 많이 했습니다. 이런 학교생활이 국민학교 때부터 시작되다 보니 저를 이해해주는 친구들이 없었던 것입니다. 제가 이렇게 학교생활을 마치고 군대에 갔는데 군대생활에서도 저는 말수가 없었는데 그렇다 보니 고참들과 사이가 좋지 않았고 저는 가끔씩 하극상을 하였던 것이고 결국 탈영도 하게 되었던 것입니다.

제가 저에 대하여 실망을 하는 마음이 들면 특별한 이유도 없이 화를 참지 못했는데 그때는 이성을 잃었던 것 같습니다. 사람을 죽이려는 마음은 아니었습니다. 그냥 화가 나서 누군가

때려주고 싶거나 다치게 하고 싶은 마음이었습니다.

문: 특별히 누구를 증오하여 범행한 것은 아닌가?

답: 그것은 아닙니다. 전부 다 싫었고 저를 알아주는 사람이 없었습니다. 제가 이렇게 살고 있는 것이 다른 사람 때문이라고 생각을 했던 것 같습니다.

② 면담 내용 요약

유소년기 아버지로부터 사소한 이유 등으로 체벌 및 학대를 당했다고 하며, 대화 등 상호작용이 거의 없는 가족 관계를 유지하고 있으나 적대적인 분위기는 아니라고 진술하고 있다. 가족간 상호작용은 기본적인 사회화 과정에 큰 영향을 미치는 것으로 알려져 있는데, 적대적 분위기는 아니라고 하지만 이미 해체된 가족 형태라고 분석할 수 있다. 가끔 혼자 술을 마시거나, 인터넷으로 영화를 다운받아 보지만 한번도 다른 사람과 같이 술을 마시거나, 다른 사람 앞에서 담배를 피우거나 영화관에 가본 적도 없다고 진술하는 점에서도 이러한 해체된 가족 형태가 사회와 고립된 생활을 지속시킨 원인으로 볼 수 있다. 그러나, 오히려 본인은 이러한 사실에 불편을 느끼지 않는다고 한다. 범인은 전반적으로, 친밀한 대인관계를 회피하고 사회적으로 고립되며 의심과 불신감이 많고, 적대적인 태도로 타인과 항상 정서적인 거리를 유지하려고 애쓰는 것으로 보인다. 따라서 예측하기 어렵고 사회적으로도 부적절한 행동을 하게 되며, 정서성도 거의 드러내지 않는다. 깊은 열등감과 불안정감으로 인해 대인관계에 소극적이고 자신감과 자기 존중감이 결여되어 있다. 대체로 범죄와 관련된 사실관계에 대해서는 긍정하는 편이나 범행동기나 생각, 느낌에 대한 질문에 있어서는 일관되게 응답을 거부하였는데, 이는 감정적 공감욕구가 결여되어 있다

는 점을 알 수 있게 한다. 피해자와 가족에 대한 죄책감을 느끼지 못
하고 화풀이의 대상이 된 피해자가 운이 없었다고 느끼는 감정과 유
사하다. 자신의 생각을 묻는 질문에서는 짧게 응답을 거부한 반면, 가
족관계의 문제를 묻는 부분에 있어서는 입술을 다물고 침을 삼키거나
의자 뒤로 기대는 행동을 보인다. 특히, 아버지와 관련된 질문에서 경
멸의 미세표정이 나타나며, 이에 대한 언급을 회피하는 등 해체된 가
족의 전형적인 형태를 보이고 있다.

자신이 괴롭힘을 당한 부분을 가장 길게 진술하면서 면담자의 공
감과 심리적 지지를 받고자 노력하는 모습을 보이며, 괴롭힘의 내용이
나 결과로 자신이 어떤 행동을 했었는지에 대한 설명은 있으나, 결과
가 발생하기까지의 원인, 사건에 대한 자신의 생각이나 느낌은 응답을
거부하였다. 외형적으로 나타난 범죄형태는 동기를 알 수 없는 무동기
범죄의 특성을 나타내고 있으나, 타인에 의해 자신이 뭔가 잘못되고
있고 자신의 능력이 부족하다는 무력감과 자존감이 매우 낮은 감정
상태에서 비롯된 분노에 의해 발생한 범죄로 분석된다.

2. 현대사회 범죄 유형 분류 및 분석

현대사회 범죄 개념 정립을 위해 묻지마, 무동기, 분노범죄 등의
제목으로 실시된 선행연구, 경찰청 실무 연구(2017, 한국의 이상범죄 유
형과 특성)를 활용하여 ① 범행동기, ② 범행대상, ③ 범죄행동의 세 가
지 요인을 기준으로 현대범죄의 이상범죄 유형을 분류하였다. 이 분류
과정에서 세 가지 유형으로 나누어 각각의 특성을 분석하였다.

첫 번째 유형은, 가해자가 피해자와 아무런 자극 없이 무작정 공
격하는 유형이다. 자신의 내면에 존재하는 분노를 무작위로 표출하는

유형이다. 두 번째 유형은, 사소한 자극에 매우 과도하게 반응하는 유형이다. 쳐다보았다는 이유로 살인을 저지른다던지 어깨를 부딪힌 이유로 과도한 폭력을 행사하는 유형이다. 충동성이 높고 스트레스 자극에 예민한 경향성이 있다. 세 번째 유형은 두 유형에 포함되기 어려운 기타 범죄자 유형이다. 행위가 잔혹하거나 비이성적 행동을 하는 유형으로 분류하고 사례 연구를 실시하였다.

1) 자극요인 없이 공격하는 유형

피해자와 상호작용 없이 불특정인을 대상으로 이루어진 범죄를 말한다. 해고, 실연 등 개인이 지속적으로 경험하는 스트레스가 범행 동기로 작용한다. 직장 상사, 실연 등 스트레스를 유발하는 대상이 아닌 다른 사람에게 스트레스를 해소하고자 범행이 저질러지기 때문에 목적적 공격행동으로 분류된다. 주 범행동기인 분노의 감정이 이미 개인적 자극으로 인해 범죄의도가 형성된 상태에서 자행된다. 범죄의 원인적 측면에서는 이상심리, 사회적 고립과 같은 상황을 지속적으로 경험하기 때문에 타인과의 상호작용이나 갈등 문제해결 방식에 미숙하다. 그 결과 스트레스가 합리적으로 해소되지 못하고 분노로 발전하여 타인을 공격하는 범죄행위로 나타난다. 범행 장소나 대상자를 물색하지 않고 화가 나면 거주지와 가까운 곳에서 아무에게나 범죄를 실행하고, 증거인멸 시도를 하지 않는 특성이 있다. 다른 유형보다 가해자들의 범죄경력이 많게 나타나고 비면식 여성을 대상으로 연쇄적으로 발생하는 특징이 있다.

(1) 사례연구 1

가해자는 24세 남성으로, 버스정류장에서 혼자 버스를 기다리고 있던 피해자 곽○○(18세, 여)를 이유 없이 칼로 찔러 살해하였다.

가해자는 범행 당시 군복무를 마치고 부모와 함께 생활하고 있었다. 부모 진술에 의하면 청소년기부터 내성적이고 대인 기피증이 심해 다른 사람들 앞에서 적절하게 의사 표현을 하거나 자기주장을 잘 하지 못하는 성격이라고 했다. 자신의 성격이 어떠하다고 생각하는지 질문하자 어릴 때부터 만성적으로 원인을 알 수 없는 우울감과 불안감을 지속적으로 경험하여 왔다고 진술하였다.

또한 극히 내성적이라서 남들 앞에서 의사표현을 잘 하지 못하고 긴장도가 높아서 결정적인 순간에 실수를 많이 하는 편이라고 했다. 실제 대학입학 시험에서 평소보다 100점 정도의 낮은 점수를 받고 하향지원하게 되어 부모와 갈등을 겪었다고 한다. 유사한 실수가 원인이 되어 갈등이 반복되면서 가해자는 모든 일을 철저히 준비해야 한다는 강박적 사고와 불안이 매우 높은 편이었다.

일반적으로 회피성 성향의 주된 감정은 수치심으로 평가하고 있다. 사회적 억제와 부적절감, 부정적 평가에 대한 과민성이 여러 가지 상황에서 나타난다. 이러한 성향이 있는 사람들은 자신이 사회적으로 부적절한 존재라는 자아상을 가지고 있는 반면, 타인은 늘 자신에 대해 비판적이고 위협적인 존재라고 지각하는 경향이 높다(현대 이상심리학, 권석만, 2017, p. 429). 특히, 소외감과 외로움을 느끼는 것이 특징으로 대인관계에서 실패 또는 거부당할 것에 대한 두려움과 관련이 있고, 기질적으로 수줍어하고 억제적인 경향성이 높은 것으로 알려져 있다(이상심리학, 최정윤 외, 2016, p. 109).

인지적 입장에서는 회피성 성격장애가 아동기 경험에서 유래하는 자신에 대한 부정적 신념과 관련이 있다고 본다(Beck & Freeman, 1990).

    즉, 대인기피 현상을 일으키는 원인으로, 기질적 문제와 더불어 사회적 상호작용에서의 거절, 의사전달 실패 등에 대한 두려움이 대인회피적 성향을 형성하는 데 영향을 준다는 것이다. 가해자는 특히 군 전역 이후 더욱 대인기피가 심해졌다고 진술하고 있는데, 협업과 집단생활, 계급에 따른 상호작용과 역할을 중요시하는 군의 특성과 환경이 대인회피적 성향을 가진 가해자 입장에서는 심한 스트레스 요인으로 작용한 것으로 보인다.

❷ 회피성 장애의 진단기준[3]

① 비난, 꾸중 또는 거절이 두려워 대인관계가 요구되는 직업과 활동을 회피한다.

② 호감을 주고 있다는 확신이 없으면 사람과의 만남을 피한다.

③ 창피와 조롱을 당할까 두려워서 대인관계를 친밀한 관계에만 제한한다.

④ 사회적 상황에서 비난당하거나 거부당하는 것에 사로잡혀 있다.

⑤ 부적절감 때문에 새로운 대인관계 상황에서 위축된다.

⑥ 자신을 사회적으로 무능하고 개인적인 매력이 없으며 열등하다고 생각한다.

⑦ 당황하는 모습을 보일까봐 두려워서 개인적 위험이 따르는 일이나 새로운 활동에 관여하지 않으려고 한다.

    진단기준에서는 최소 4개 이상 해당될 경우 회피성 성격장애의 증상으로 구분하고 있다. 가해자의 경우 가족과 본인의 진술, 범행 전 삶의 패턴을 보면 창피와 조롱, 비난이나 거부에 대한 두려움, 열등하다는 의식 등 진단기준에 상당 부분 부합되는 특성을 갖고 있다.
    군을 전역하였으나 대인관계 문제로 인해 학교생활이나 사회생활에 적응치 못하자 자신이 점차 사회로부터 배제되어 있다는 느낌을 받

---

[3] 현대 이상심리학, 권석만, 2017. p. 427.

앉다고 한다.

윤상용, 홍재은(2016)의 연구[4]에서는 정신장애가 타 장애보다 경제, 정치, 문화, 관계망의 4개 영역에서 사회적 배제를 심화시키는 요인으로 작용하고 있는 것으로 보고하고 있다. 즉, 정신장애에 대한 사회적 편견으로 인해 자신이 부적절하다는 사고와 타인이 늘 자신에게 비판적이고 평가적이라는 관념이 형성됨으로 인해 사회와 사회구성원에 대한 무력감, 분노감이 형성된다는 것이다.

애그뉴(Robert F. Agnew)의 일반긴장이론에서도 무력감과 분노가 형성되는 과정을 사회 통합력의 약화에 따른 결과로 해석하고 있다. 사회적 고립, 집단 따돌림, 가정폭력으로 인한 학대나 체벌 등은 분노나 불안, 우울과 같은 부정적 자극(presentation of negative stimuli)이 무력감과 분노의 감정을 양산하는 요인이 된다는 것이다(황성현 외 2016).[5] 정서적으로 우울감과 괴로움은 지나친 긴장상태가 유지되는데, 감정을 내재화하고 내적 세계에서 발산하는 경향이 높기 때문에 대인관계 욕구를 다른 사람이 알 수 없는 음악, 시, 일기 등으로 표출한다(최정윤, 2016).

이 사건 가해자의 범행 전 환경을 보면 사건 발생 전 3년간 경제활동이나 일체의 대인 관계 없이 인터넷 게임만 하는 등 심리·사회적 고립 상태가 지속되고, 표출되지 못한 부정적 감정이 사회와 사회구성원에 대한 무력감과 분노감을 형성하는 과정에 영향을 준 것으로 보인다.

성장기에 가정 형편은 크게 어렵지 않고 어머니가 지병으로 인해 수차례 큰 수술을 하고 우울증이 심해져서 여러 차례 자신이 보는 앞

4 정신장애가 사회적 배제에 미치는 영향에 관한 연구: 타 장애와의 비교를 중심으로(윤상용, 홍재은, 한국장애인복지학, 2016, 통권33호, pp. 149-174.)
5 황성현 외, 한국 범죄심리학, 2016. p. 145.

에서 자살을 시도하였다고 한다. 학창시절 힘든 가정사를 겪었지만 교우관계에 문제가 나타나지 않고, 학교 성적도 우수한 편이다. 그러나 오래 전부터 신경성 다한증이 있어 특별히 긴장상황이 아닌 경우에도 손과 발에 땀이 많이 나서 사람들을 만날 때 위축되는 콤플렉스가 있다고 진술하고 있다.

대인 회피적 성향과 신체적 콤플렉스로 인해 스스로 사회와 단절된 상태에서 삶을 살아가고 있으며, 삶에서 부딪히는 문제 상황을 현실보다 과도하게 받아들이는 성향이 심리적 소진(burn−out)[6]으로 이어진 것으로 보인다.

나름대로 자신이 처한 상황을 극복하기 위해 학업에 열중하고 친구들과 호의적 관계를 형성하기 위해 노력하는 등 의도적으로 억제된 감정 상태를 유지하려고 하였으나 감정의 소진, 분노나 무력감과 같은 부정적 감정이 악화되는 원인으로 작용한 것으로 보인다. 범행을 저지르기 전 술에 취한 상태에서 늘 자신이 말을 잘 듣고 따르기만 하던 아버지에게 반항하고 대들거나, 여학생 기숙사에 들어가는 등 일탈 행위가 나타나고 있다. 술에 의존하여 자신의 감정을 표출하게 된 것으로 보인다.

이와 유사한 사례로, DSM−5 임상사례집[7]에서는, '수줍음' 때문에 모든 사람들이 자신에게 비판적으로 대한다는 생각으로 어려움을 겪는 마틸다 허버트(Mathilda Herbert, 23, 여)의 사례를 제시하고 있다.

---

6 Maslach(1982)가 정의한 감정소진(심리적 소진)은, 자신의 일이 힘들게 느껴지고, 힘든 일이 지속되면 스트레스가 매우 증가하게 되고, 이는 곧 업무에 대한 열정과 동력을 상실하게 된다는 것이다.

7 DSM−5, CLINICAL CASES, John W. Barnhill, M, D 편저, 강진령 역, p. 485, 2016. 학지사.

이 사례에서도 역시 자신의 감정을 감추기 위해 순응적이고 주의를 기울여주는 태도로 주변 학생들과 좋은 관계를 형성하기 위해 노력하였지만, 결국 감정을 조절하지 못하고 알코올 중독자가 되어 사회적 관계를 스스로 단절하였다.

이 사건의 가해자 역시 술을 마시고 한 행동의 책임성과 결과 예측에 대해 질문하자 '잘 기억나지 않지만 내가 한 행동이 맞는 것 같다.'라는 표현을 하고 있다. 이러한 표현은 술을 매개로 스트레스 상황을 회피하고 억눌린 감정을 표출하는 도구로 이용하려는 심리적 의도로 해석된다.

결국 자신의 미래와 삶의 고민들을 주변인들에게 도움을 요청하거나 합리적으로 해결할 수 없다는 고립감이 범행 당시 가해자의 지배적인 감정 상태인 것으로 보인다.

① 성격유형 검사(PAI: Personality Assessment Inventory) 결과

어떤 한 가지 문제에 대해 반복적으로 반추하고 사소한 일에 지나치게 신경을 쓰는 등 불안과 긴장도가 높다. 긴장해소의 방법으로 정기적으로 술을 마시고 회피하려고 하지만 오히려 술로 인한 부정적 감정의 악화와 일탈 행위들이 나타나고 있다. HTP[8]와 같은 투사적 검사를 실시한 바, 충동조절에 문제가 있고 공격성이 높은 것으로 분석된다. 자아강도가 부족하여 스스로 현실 기반이 없다고 생각하여 자신감이 위축되어 있다. 특히, 자신이 타인에게 어떻게 보여지는가에 대해 매우 예민하고, 의존하려는 욕구와 애정 욕구가 높다. 이러한 가해자의 심리적 특성은 회피성 성격장애(Avoidant Personality Disorder)의

---

[8] HTP: Home-Tree-Person 검사는 정신 분석가인 버크(Buck)가 개발한 투사적 검사기법으로 대상자의 그림을 통해 심리적 특성을 파악하는 검사기법.

성향[9]과 가장 많이 부합되고 있다.

주요 증상으로 사회관계의 억제, 부적절감, 부정적 평가에 대한 예민함이 광범위한 양상으로 나타나는 특징이 있다. 이 사례의 경우 가해자가 가진 대인회피적 성향은 사회적 관계를 철회하게 되면서 우울감이 동반된 것으로 분석된다.

사건 당일 혼자 술을 마신 상태에서 갑자기 '누군가를 살해하고 싶다.'는 생각이 들어, 칼을 가지고 집을 나와, 버스를 기다리던 여성을 발견하고 살해하였다. 직접적인 범행동기에 대해 질문하자 '우리 집은 부모님이 사이도 좋지 않고 행복하지도 않다. 사람들은 내 의견을 들으려고 하지 않고 무시한다. 왜 다른 사람들은 다들 행복하게 지내는 것이냐. 그래서 화가 났다.'고 진술하고 있다. 대인회피 스트레스의 핵심은 '타인과 상호 작용의 실패'이다. 가해자로서는 지속적인 대인관계 실패의 원인이 되는 '타인'을 공격함으로써 자신의 긴장과 분노의 감정 해소를 추구하기 위해 범행이 동기화되고 실행된 것으로 분석된다.

(2) 사례연구 2

가해자는 35세 남성으로, 거주지 근처 산책로에서 운동 중이던 피해자 김○○(18세, 여)를 발견하고, 갑자기 이유 없이 머리채를 잡아 넘어트린 후 옆구리, 얼굴 등 15개소를 찔러 살해하였다.

가해자는 범행 당시 35세로 부모와 함께 생활하며 정신지체 3급 진단을 받은 자이다. 부모는 자신들이 소유한 땅에 농사를 짓고 있으며 경제적으로 어려운 편은 아니다. 중학교에 다니던 14세경 가해자의

---

9 정신질환 진단 및 통계 편람 제5판(DSM−5; p. 734) 참조.

얼굴표정이 자꾸 일그러지고 발작 증상을 나타내자 병원에 가서 뇌전증(epilepsy)[10] 진단을 받았다고 한다. 뇌전증은 전해질의 불균형이나 알코올 금단증상, 심한 수면 박탈 상태와 같이 발작을 유발할 수 있는 원인이 없는 경우에도 반복적으로 발생하거나 만성화된 질환 군(群)을 말한다. 간헐적으로 부분 발작과 전신 발작 등 신체 발작을 나타낸다.[11]

　고교를 졸업하였으나 전신발작 등으로 인해 수치심을 느끼고 외부 활동을 거의 하지 않고 부모의 일을 돕거나 신문 배달 등 최소한의 대인관계를 할 정도의 경제적 일을 하였고, 역시 수치심으로 인해 이성교제 등 대인관계를 시도하지 않았다. 특히, 사건발생 1년여 전 공공근로를 하러 나갔는데 같이 일하는 사람들과 소통에 어려움을 겪고 스트레스를 심하게 받았다고 한다. 이로 인해 대화 도중 상대방을 공격하는 등 갑작스러운 폭력적 행동을 나타내어 정신병원에서 2개월간 입원 치료를 받았다. 이때 환청, 환시 등의 증상이 동반되어 조현병 진단을 받았다고 한다.

　편집적(paranoid) 사고로 인해 특정 대상이 없이 타인과 사회 전반에 걸친 분노감이 형성되어 극도로 높아진 상태이다. 전신 발작 등 자신이 가진 여러 증상들과 관련하여 타인들이 비웃거나 다툼이 생길 경우 반드시 되갚아 준다고 한다. 그러나 편집적 사고는 타인들의 행동과 언어를 왜곡 인지할 가능성이 높다.

---

[10] 예전 '간질병'으로 지칭되었으나 사회적 편견 등의 이유로 뇌전증으로 공식 명칭을 전환함.
[11] 서울대학교 병원 의학정보(네이버 지식백과사전).

① 진술 내용 중 일부 발췌

질문: 칼을 구입한 이유가 무엇인가요?

가해자: 그냥 아무 사람이나 죽이고 싶어서 칼을 샀습니다.

질문: 아무나 죽이고 싶은 이유는?

가해자: 그냥 찌르고 싶어서 찔렀다니까요.

질문: 오늘 피의자가 칼로 찌른 사람은 전혀 관계가 없는 사람이죠?

가해자: 네.

질문: 전혀 상관없는 사람을 찌른 것은 사회에 대한 복수심인가요?

가해자: 사회가 더러워서 찔렀다고요.

질문: 경찰관이 출동했을 때 피의자는 도망가지 않았나요?

가해자: 아니요, 도망가지 않고 그냥 있었어요.

질문: 반항을 하지는 않았나요?

가해자: 반항 안했어요.

질문: 그럼 순순히 경찰관에게 잡혔다는 건가요?

가해자: 네, 그냥 잡혔어요, 감옥에 가서 영원히 살고 싶어서 그랬
어요.

수사관의 질문에 진술한 내용을 보면 내재된 분노를 사회와 타인
에게 투사(projection)하고 있다는 것을 알 수 있다.

가해자가 가진 분노의 가장 큰 원인은 뇌전증과 같이 자신의 질
병과 관련한 수치심과, 이러한 문제들로 지속되어 온 사회구성원들과
의 적절하지 않은 대인관계로 보인다. 정신병원 입원 치료 후에도 지속
적으로 공공근로에 나가서 일을 하면서 다른 사람들과 갈등관계가 지
속되어 온 것이 분노가 폭발되는 과정에 영향을 준 것으로 분석된다.

(3) 사례연구 3: 조현병 사례

가해자는 자신의 거주지에서 잠을 자던 중 "다리를 잘라라", "팔을 잘라라" 등의 환청을 들었다. 환청을 듣고 잠에서 깨어 자전거에 낫을 싣고, 예전에 일하던 농장으로 찾아가 피해자를 낫과 현장에 있는 돌로 약 30회 가량 가격하여 살해하고 이불을 피해자 시체 위에 덮어 놓고 도주하였다.

가해자는 52세 남성으로, 상해, 재물손괴, 절도, 폭력, 도로교통법 등으로 수차례 징역과 벌금형으로 처벌받았다. 대부분의 사건이 음주와 관련이 되어 있다. 만성적으로 술을 마시며 술에 취한 상태에서 사회적 규범을 지키는 것에 관심이 없고 미숙하다. 이러한 이상행동은 알코올 유도성 장애에서 나타나는 증상과 매우 부합되고 있다. 알코올 중독(Alcohol Intoxication)은 술에 취한 상태에서 부적절한 공격, 정서의 불안과 판단력의 장애, 사회적, 직업적 기능이 손상되는 경우이다 (권석만, 2017).

7세경 친부 사망 후 친모와 함께 전국을 돌아다니며 빈곤한 생활을 하였다고 한다. 이로 인해 초등학교 3학년 중퇴 후 정규 교육을 받을 기회가 없었다. 친부는 사망 전 알코올과 가정폭력이 심했다고 진술한다. 친모와 전국을 돌아다니며 여러 일을 하며 돈을 벌어 생계를 유지하였는데, 심지어 돈을 벌기 위해 친모가 자신이 보는 앞에서도 낯선 남성들과 성관계를 하는 장면을 자주 목격하였다고 한다. 결국 자신을 제대로 돌보아 주지 못한 친모에 대한 원망과 분노, 무력감과 두려움으로 인한 애정 등에 복합적 양가감정을 갖고 있다.

범죄 발생 당시 거주지는 20여 가구가 모여 살고 있는 지역이다. 특히, 소수의 마을 구성원들이 상호간 친밀감을 형성하고 살아가며, 가족 구성원과 유사한 관계를 형성하고 있다. 그러나 가해자의 경우 자신의 비정상적 사고와 태도, 음주로 인한 폭력 등으로 인해 구성원 모두와 지속적인 갈등 상황이 유지되고 있었다. 면담 시 주제를 벗어난 이야기를 장황하게 이어가며, 과거의 부정적 사건들을 현재 시제와 잘 구분하지 못하고 혼란스럽게 표현하는 양상을 나타내었다.

심리적 특성으로, 자신의 감정을 잘 표현하는 것에 미숙하고 주변인들에게 무관심하다. 주변인들에게 무관심한 삶의 태도가 자신의 감정을 잘 표현하지 못하고 미숙하게 만드는 결과적 원인으로 보인다.

이러한 원인들로 인해 사회적 관계에서 필요한 적절한 의사표현이 어렵다.

사건발생 4~5년 전부터 환청을 경험하는 등 조현병적 증상을 나타내고 있었다. 마을 사람들이 자신에 대해 수근거리는 소리를 자주 들었고, 특히 정체를 알 수 없는 누군가로부터 예전에 자신에게 폭행을 가한 사람을 살해하라는 환청이 들려서 매우 괴로웠다고 진술한다. 편집적 사고(思考)는 항상 타인들이 나를 위해하려고 한다는 망상이 존재하기 때문에 자신에 대해 수근거리는 것이 자신을 모함하는 것으로 왜곡 인지되는 경향이 높다. 이와 관련해, 평소 자신을 무시한 사람들을 죽이겠다고 공공연히 이야기를 하고 다녔다는 주변인 진술이 수사 기록에 첨부되어 있었다.

① HTP(House-Tree-Person test) 투사적 검사 결과[12]

✔ 범죄자가 그린 집, 나무, 사람 그림

- 일반적인 집의 형태를 그리지 못하고 망상 속의 집의 형태를 그렸다. 조현병/경계선적 성격장애 특성과 유사한 경향을 나타낸다.
- 문에 대한 구체적인 표현이 없고, 견고하지 못한 벽이 내부를 둘러싸고 있는 형태는 **자아통제력이 약하며, 사회관계에 대한 불편감**을 시사한다.
- 지붕은 자기관념, 내적 인지과정, 기억 등을 표상하는 것으로 지붕이 없다는 것은 **사고력 장애, 현실검증력 장애** 등을 시사, 주로 정신분열증 환자의 그림에서 나타난다.
- 형태적으로는 일차원적 나뭇가지의 대칭 형태, 하단에 부러진 나뭇가지 묘사, 땅이 없이 투명하게 드러난 뿌리 묘사 등은 성

12 심리검사를 실시한 경북지방경찰청 범죄분석요원의 검사 결과 요약 및 일부 인용.

장기 경험한 무기력감 및 좌절감, 사회적 상호작용에 대한 불안감 등 주변에 대한 경계를 시사하고, 나뭇가지 그림은 수동적이고 고립된 사고를 의미한다.

전체적으로 그림의 크기가 작고, 지면 하단에 배치된 형태로 보아 내적 자존감이 낮고, 억제된 자아상을 갖고 있다. 만성적 고립감, 스트레스 등으로 자아 강도가 약하고 과거 시점에 고착되어 현재와 혼돈하는 경계선적 특성으로 나타나고 있다. 과거의 폭행, 멸시 경험 등이 범죄가 동기화되는 과정에 영향을 준 것으로 분석된다.

이 유형 범죄자들의 범행동기는 주로 내적 갈등과 주관적으로 경험하는 분노에 의해 발생하였다. 분노를 야기하는 대상을 직접 공격하는 것이 아니라 제3자를 공격함으로써 긴장을 해소한다. 분노의 원인이 되는 대상이 아닌 다른 사람에게 감정을 표현한다.

주 범행동기인 분노의 감정이 이미 개인적 자극으로 인해 범죄의 도가 형성된 상태에서 거주지 근처를 돌아다니다가 범행하기 때문에 선행 자극이 없어도 공격하게 된다. 범죄의 원인적 측면에서는 망상 등 이상심리, 고립과 같은 상황에 의해 타인과 상호작용이나 문제해결 방식에 미숙한 특성을 나타내고 있었다. 그 결과 스트레스가 합리적으로 해소되지 못하고 분노로 발전하여 범죄행위로 나타난 것이다. 범행장소나 대상자를 물색하지 않고 화가 나면 거주지 가까운 곳에서 아무에게나 범죄를 실행하고, 증거인멸 시도를 하지 않는 특성이 있다.

2) 사소한 자극 요인에 과도하게 공격하는 유형

범행동기가 범인과 피해자와의 상호작용으로 인해 유발된 경우를 말한다. 여자친구가 헤어지자고 한다는 이유로 여자친구 몸에 휘발유를 뿌려 전신을 소훼시켜 살해하거나, 층간소음으로 인해 윗집 주민과 다투던 중 살해하는 사건의 경우와 같이 분노를 유발하는 대상을 향해 충동적으로 심각한 공격을 하는 경우가 해당된다. 특정 대상에 대한 순간적인 분노에 의해 저질러지기 때문에 반응적 공격행동으로 구분된다. 주된 범행의 원인은 충동과 분노를 조절하는 능력이 저하되어 있기 때문에 사소한 자극에 민감하게 반응하는 특성에 기인한다. 시끄럽다고 조용히 하라는 말을 듣고 자신을 무시한다고 생각하여 살해하는 경우와 같이 타인의 행동과 의도를 왜곡 인지하는 경향성이 높다. 스트레스로 인한 무력감이 팽배하고 평소 무작정 타인에 대한 적개심을 표현하지 않지만 자극이 있을 경우에는 폭발한다. 범행 장소는 집안의 비율이 높으나 특정되어 있지 않고 자극에 반응한다. 충동적 분노가 해소되고 나면 자신의 범행에 대한 증거를 인멸하는 노력을 보이기도 한다. 선행자극이 없는 경우의 가해자들보다 범죄경력이 적게 나타난다. 면식관계 남성을 대상으로 1회성으로 발생하는 특징이 있다. 이들이 1회성으로 그치는 이유는 분노해소를 위한 충동적 공격행위를 행동으로 옮긴 후에는 일시적인 쾌감, 또는 긴장의 해소를 경험하기 때문인 것으로 해석된다(DSM-5).

(1) 사례연구 1

가해자는 대학 동아리 소속 후배인 피해자 홍○○(여, 20세)에게 지속적으로 만남을 요구하였다가 피해자가 싫다는 이유로 거부당했다. 그런 이유로 보복을 하겠다고 마음먹고 아파트 배관공으로 위장하여 피해자 집에 침입한 뒤, 피해자의 부모를 준비한 망치, 칼로 살해하였다. 밀가루를 시체에 뿌린 후 도주하지 않고 현장에서 기다리다가 귀가한 피해자를 성폭행하였다.

가해자는 25세 남성으로, 뚜렷한 정신병적 증상으로 인해 입원이나 치료한 경력은 없는 자이다. 자신이 다니던 대학 동아리 회장을 하는 등 여러 사회 활동을 하였으나 피해 여성이 자신의 지속적인 만남을 요구하는 대화를 나누던 중 말을 듣지 않는다는 이유로 폭행한 것이 교내에서 문제가 되어 회장직을 그만두게 되는 등의 갈등을 겪고 있었다.

갈등은 자신이 유지하려고 노력하였던 동아리 회장 직위와 사회적 관계의 박탈로 이어져 우울감이 급격히 높아졌다고 진술한다. 평소 동아리 활동을 하면서도 자신의 의도와 달리 만족스럽지 않은 상황이 전개되면 폭발적으로 분노를 표출하거나 후배들에게 폭력을 행사하는 일이 많았다고 한다.

이러한 특성은 간헐적 폭발장애의 일부 특징들을 나타내고 있는데, 매우 친하거나 관계가 있는 사람에 의해 유발된 자극에 대해 공격적 행동폭발이 발생한다(DSM-5, p. 511).

간헐적 폭발장애는 일탈이나 법규 위반 행동을 조절하지 못하고 발생하는 문제와 달리, 잘 조절되지 못한 감정, 대인관계 스트레스 등에 대한 부적절한 분노 표현을 핵심으로 한다(권석만, 2017).

폭력의 증상은, 격한 언어적 표현이 동반되며 충동적이고 기본적으로 분노를 바탕으로 하고 있다. 발생원인의 환경적 요인으로는 신체적, 정서적 외상(trauma)을 경험한 개인에게서 많이 나타나고 있다. 가장 큰 원인으로 작용하는 것은 스트레스나 부모의 양육방식 등 심리사회적 영향과 신경생리학적 영향에 의한 상호작용의 결과로 설명하고 있다(권석만, 2017).

★ 범행 과정

피해 여성에 대한 애정의 요구에 대한 거부(선행자극) → 거부의 반응으로 폭행 등 부적절한 분노 표출(자극에 대한 부정적 반응) → 분노 표출의 결과, 동아리 회장직 퇴출과 소문으로 인한 사회적 지위의 상실(부정적 결과) → 모든 원인이 피해자와 부모에게 있다는 투사(projection)적 심리상태 → 피해자 부모 살해, 피해 여성 성폭행

일련의 모든 과정에서 부적절한 대응과 과도한 분노 표출과 같은 감정의 부적절한 대응이 나타나고 있다. 즉, 피해 여성에 대한 애정 추구의 실패가 결국 살인과 성폭행으로 이어지고 있다.

(2) 사례연구 2

가해자는 노상에서 담배를 피우던 중, 폐지를 수거하러 다니던 피해자 고○○(75세, 여)가 마스크를 벗고 인상을 쓰며 자신에게 욕을 했다고 생각하였다. 순간 손으로 피해자를 잡아 땅바닥에 넘어뜨린 후 발로 머리를 수회 짓밟아 두개골 골절로 인해 사망케 하였다.

가해자는 40세 남성이다. 범행 당시 우울증으로 신경정신과에서 신경안정제를 처방받아 6년간 복용하였으나 자신은 약을 먹을 이유가 없다는 이유로 자의적으로 복용을 중단하였다. 면담 중에도 자리가 불편하다는 등 사소한 일로 감정을 잘 조절하지 못하고 폭발적인 폭력성을 보였다.

사건 발생 한 달 전부터 식칼을 휴대하고 동네를 돌아다녀 주변 이웃들이 불안해했다는 주변인 진술이 있다. 범죄경력으로 존속 폭행, 가족 폭행 등으로 수회 처벌 받았다. 가족 등 가까운 사람들의 반응에 폭발적으로 반응하여 감정과 충동을 조절하지 못하는 간헐적 폭발장애의 성향이 높다. 특히 공격적 행동 폭발을 유발하지 않는 주관적인

스트레스 요인에 대한 반응으로 충동적인 공격행동을 스스로 통제하지 못하는 특성을 갖고 있다(DSM-5, p. 512). 이러한 성향이 피해자의 행동을 왜곡 인지함으로써 사건 발생에 영향을 준 것으로 분석된다.

★ 범행과정

편집성 조현병 → 상대방 행동 왜곡 인지(욕을 한다는 이유로) 살해

이 유형의 주된 범행의 원인은 충동과 분노를 조절하는 능력이 저하되어 있기 때문에 사소한 자극에 민감하게 반응하는 특성에 기인한다. 시끄럽다고 조용히 하라는 말을 듣고 자신을 무시한다고 생각하여 살해하는 경우와 같이 타인의 행동과 의도를 왜곡 인지하는 경향성이 높다. 스트레스로 인한 무력감이 팽배하고 평소 무작정 타인에 대한 적개심을 표현하지 않지만 자극이 있을 경우에는 폭발한다.

범행 장소는 집안의 비율이 높으나 특정되어 있지 않고 자극에 반응한다. 충동적 분노가 해소되고 나면 자신의 범행에 대한 증거를 인멸하는 노력을 보이기도 한다.

3. 기타 유형

명확한 동기, 피해 대상이 특정된 범죄라 할지라도 행위가 비전형적인 형태로 나타나는 범죄를 말한다. 살인 후 80여 조각 이상으로 시체를 절단하고 훼손하거나, 사망한 변사자를 발견한 후 시간(屍姦)을 한 행위 등이 이에 속한다.

기타 이상 범죄의 하위유형 역시 정신질환에 의한 범죄를 포함한다. 예를 들어, '누군가를 죽여라.'라고 뇌에서 명령하였다는 망상으로

인해 살해하거나, 편집증적 피해망상으로 살해하는 경우도 해당된다. 범죄행위가 잔혹하게 나타나는 기타 범죄유형은 반사회적 성향이나 타인의 감정을 공감하는 능력이 현저히 낮게 나타났다. 공감능력의 저하로 인해 잔혹행위를 하면서도 죄의식을 갖지 못한다.

1) 사례연구: 조현병 관련

가해자는 마트에서 과도를 구입하여 자신이 다니던 교회 사택에 침입한 뒤 교회 일을 보고 있던 피해자에게 갑자기 화를 내며 공격하여 복부 등을 찌르는 등의 상해를 가하였다.

(1) 분석

가해자는 23세 남성이다. 범행 당일 자신이 늘 다니던 교회에서 새벽 기도를 마친 후 귀가하였는데, 교회 목사가 자신을 교회의 종으로 삼으려 한다는 망상으로 인해 갑자기 욕설을 퍼붓는 등의 이상행동을 보였다.

이러한 모습을 본 친부가 2-3회 뺨을 때리며 폭행하고 돈 1만원을 주며 나가라고 하였다. 이 상황을 해결하기 위해서는 결국 목사를 죽여야 한다고 생각하고 찾아갔으나 목사를 만나지 못하자 그 장소에서 다른 일을 하고 있던 피해자를 공격하였다. 늘 교회 목사나 타인들은 자신을 이용하여 일을 시키려고 모함을 꾸미고 있다는 편집적 성향으로 인해 대인 관계에 공격적이다.

◎ 범죄자가 그린 집, 나무, 사람 그림

- 집을 그린 그림 -
- 집을 보면, 분노가 치밀어 오르고 불을 지르고 싶다고 표현

- 나무를 그린 그림 -
- 팔아버리기 위해 쓰러트린 나무
- 나무를 보면 분노가 치밀어 오름

- 아버지를 그린 그림 -
- 분노가 치밀어 오르고, 죽이고 싶음

HTP 검사에서 나타난 그림들은 가해자의 와해된 정신증적 증상을 잘 표현해 나타내고 있다. 모든 그림의 내용을 설명하는 과정에서 분노를 표현하고 있는데, 실체가 없는 대상에 대한 막연한 분노가 범죄 발생에 영향을 준 것으로 보인다.

★ 범행과정

조현병, 망상, 편집적 사고-타인에 대한 극도의 분노감 형성 → 자신의 삶을 지배하고 통제하는 부모와 교회 목사 등이 분노의 대상이 되어 공격하는 과정으로 이어지고 있다.

모든 유형에서 공통되게 나타나는 것이 분노의 감정이다. 개인이 주관적으로 경험하는 스트레스 상태가 지속되면서 해소할 방법이 없거나 주변인의 도움을 받지 못하는 상황에서 범죄가 주로 발생하고 있다. 고립상태의 지속이 결국 분노감을 양산하게 되고, 불특정인에게 격한 감정을 표현하는 범죄로 귀결된다.

프로파일링 분석 사례

07

프로파일링 분석 사례

: 연속 강도강간살인 사건[1]

　범죄현장은 복잡한 행동들이 존재한다. 현장이 흐트러져 있거나, 과도한 폭력을 동반한 공격행위(over-kill), 여러 가지 범죄행동이 혼합되어 나타남으로써 범행의 동기를 추정하기 어려운 경우들이 빈번하게 나타난다.

　연쇄살인범 유영철의 경우 초기 범행은 부유층이 밀집된 지역에서 주택에 침입하여 주로 노인들을 상대로 범행하였지만 혜화동 사건을 마지막으로 여성들을 자신의 거주지로 유인하여 살해 후 토막 유기하는 방법으로 범행하였으며, 서남부 연쇄살인 정남규의 경우에도 초

---

1 現 광주지방경찰청 과학수사계 양애란 프로파일러의 분석내용을 참조하여 작성함.

기 범행은 보라매 공원 일대를 배회하며 귀가하는 여성들을 공격하였으나 이후, 봉천동 일대 주택가에 침입하여 살인을 저지르고 방화하는 형태로 수법을 변화시켰다. 범행수법의 유사성만 가지고 동일성 여부를 판단할 수는 없다.

특히, 연쇄적으로 살인을 저지르는 범죄자들은 금품강취나 성폭행, 방화, 절도 등의 행동이 함께 나타난다.

본건은, 짧은 기간에 연속적[2]으로 불특정인을 대상으로 발생한 살인사건이다.

한 명의 범인에 의한 범죄행동이 연속적으로 발생되는 과정에서 전혀 다른 행동을 나타낼 경우 어떤 변인(variable)을 위주로 분석할 것인가에 대한 고찰과 어떠한 유형의 범죄자(Profile)인지를 파악하는 것을 목적으로 한다.

1. 사건의 발생

1) 첫 번째 사건

2007. 7. 16. 11:00경 충북 ○○의 한 농가에서 방학을 맞아 집에 와 있던 여대생이 부모가 외출한 사이 옷이 벗겨진 채 살해된 사건이 발생한다.

---

[2] 일반적으로 다수살인(multiple murder)은 복수의 피해자를 가지는 살인범죄 일반을 지칭하며, 이것은 대량살인(mass killing), 연속살인(spree killing), 연쇄살인(serial killing)의 세 가지 하위 유형으로 구분할 수 있다. Gresswell and Hollin, 1994; Keeney, 1995; Lester, 1995; Holms & Burger, 1988, 2008 한국형사정책연구원, 살인범죄의 실태와 유형별 특성, p. 22).
연속살인은 짧은 시간에 지역을 이동하며 연속적으로 살인을 저지르는 경우이며, 연쇄살인은 일정 기간(소위 냉각기)을 두고 살인을 저지르는 경우에 해당된다(유영철, 정남규, 강호순 등).

지방도로변 피해자 가옥 진입로

잠겨져 있던 안방의 장롱 등 금품 물색이 선행되고 피해자가 엎드려 사망하였다.
공격도구로 사용된 목침과 범인이 남기고 간 속옷이 피해자의 하의 위에 놓여 있다.

(1) 사건 현장 재구성을 통한 행동분석

① 현장 및 피해자

현장은 일반 지방도에 3가구가 따로 떨어져 모여 있는 주택 형태
로 유일하게 담이 없는 가옥이다. 낮 시간대 인적 통행이 거의 없으며,
차량 접근이 용이하여 타인의 눈에 쉽게 띄지 않고 침입하기 용이하
다. 농사일을 하느라 낮 시간대에 비어있는 농가(農家)를 대상으로 발
생하는 절도 범죄에 노출될 위험성이 높은 지리적, 환경적 조건을 가
지고 있다.

피해자는 타 지역에서 대학에 다니고 있고, 방학을 맞아 집에 와
서 생활하고 있었다. 사건 당일 7:40경 부모님이 외출한 후에 일어나

음악을 들으며 11:09에 컴퓨터에 로그인하여 인터넷 소설을 읽고 있던 상황으로 추정된다.

부모의 진술에 의하면 외출할 당시 안방문을 잠그고 출근하였으며 당일 피해자는 운전면허 학원에 등록을 할 계획이 있었다고 한다.

사건 발생 당시 상황으로 피해자는 음악을 들으며 인터넷을 이용하고 있던 중 누군가의 침입에 의해 금품강취가 선행되고 성폭행 살인 사건이 발생한 것이다.

② 범죄 행동

① 방이나 거실에 나타난 다툼의 흔적, ② 피해자의 방에 속옷의 방뇨 흔적, 칼 등 범행도구를 이용하여 공격하지 않은 점, ③ 피해자와 조우 시 금품강취를 먼저 시도한 점, ④ 범인이 자신의 속옷을 벗어놓은 상태로 도주한 점으로 미루어 보아 금품 강, 절취 목적으로 침입하여 금품을 물색한 이후 성폭행을 시도하던 중 반항하는 피해자를 현장에 있던 목침으로 머리를 공격하여 살해하고 도주한 것이다.

(2) 범죄발생 상황 재구성 및 판단

사건 발생 당시 상황으로 피해자는 음악을 들으며 인터넷을 이용하고 있던 중 누군가의 침입에 의해 금품강취가 선행되고 성폭행 살인 사건이 발생했다.

금품 강, 절취적으로 침입하여 금품을 물색한 이후 성폭행을 시도하던 중 반항하는 피해자를 현장에 있던 목침으로 머리를 공격하여 살해하고 도주했다.

이 사건에서 가장 특징적인 행동으로 볼 수 있는 사항은,

① 발생시간대가 정오를 전후한 낮 시간이다. 가족들이 언제 귀

가할지 모르는 상황에서 자신의 속옷까지 벗고 성폭행을 시도하고 그 대로 벗어 놓은 채 도주했다.

② 피해자를 결박하여 제압하였음에도 방안에 있던 목침(木枕)에 의해 이마가 바닥에 지지된 상태[3]에서 머리부위를 집중적으로 공격하여 분쇄골절로 사망한 것 등 피해자를 제압하기 위한 범위를 벗어난 과도한 폭력이 행사된 점이다.

명백한 살인 의도로 판단된다.

2) 두 번째 사건

2007. 7. 23. 20:40경 평택시 ○○동 소재 ○○회관 공용 주차장 인근 논둑에서 피해자 이○○(여, 38)가 둔기에 의해 머리에 심한 상처를 입고 살해된 채 발견된다. 피해자는 주차장에 자신의 차량을 주차하고 볼 일을 보고 나온 것이 확인되었으나 실종된 후 시신으로 발견되었고, 차량은 발견되지 않았다.

3) 세 번째 사건

같은 날 21:50경 ○○상행선 휴게소 뒤편 주차장에서 피해자 정 ○○(남, 32)가 주차된 두 번째 사건의 피해자 차량 밑에서 둔기에 의해 머리부위(頭部)에 심한 상처를 입고 살해된 채 발견되었다. 피해자 정○○ 소유 차량은 없어졌으며 차량 내에서 두 번째 사건 현장 주차장에 있던 용의자 차량의 열쇠가 발견된다.

---

3 공격행동에 대한 부검결과 참조.

4) 네 번째 사건

위 사건 다음날 2:40경 중부고속도로 하행선 도로상에서 피해자 진○○(남, 27)가 친구 김○○(남, 29)와 함께 차량을 운행하고 가던 중 신원을 알 수 없는 자가 고의로 자신들이 타고 가는 차량을 접촉하였다. 사고 처리를 하기 위해 차량에서 하차하자 가해 차량 운전자는 야구 방망이를 들고 와 피해자들을 폭행하여 전치 3주의 상처를 입히고 차량을 강취하는 사건이 발생하였다. 그 사건의 현장에서 세 번째 사건의 피해자 차량이 발견되었다.

5) 다섯 번째 사건

같은 날 20:00경 경북 ○○군 ○○학교 옆 주차장에 주차해 둔 소나타 차량의 앞, 뒤 번호판이 도난당하는 사건이 발생한다.

6) 여섯 번째 사건

다음날 12:30경 안성시 소재 ○○저수지 부근 산길에서 네 번째 사건의 피해자들이 강취당한 승용차가 화재로 인해 전소되어 발견된다.

7) 일곱 번째 사건

같은 날 13:00경 안성시 소재 ○○저수지 낚시터 주변에 주차해 둔 피해자 김○○(남, 36)의 이스타나 차량이 절취되는 사건이 발생하게 된다.

✅ 사건 발생

개요 일시	사건 내용
2007. 7. 초순 21:00경	○○휴게소 내 야구연습장에서 알루미늄 야구방망이를 절취, 차량에 보관
2007. 7. 16 11:00경	○○가정집 침입 금품을 강취, 방학기간에 집에 와 있던 피해자를 목침과 야구방망이로 머리를 내리쳐 살해
2007. 7. 23 20:40경	평택 ○○회관 주차장에서 주차시비를 걸어 피해자 이○○을 야구방망이로 머리 가격, 살인한 후 피해자의 차량을 강취 도주
2007. 7. 23 21:50경	○○휴게소 뒤편 주차장에서 주차시비를 걸어 피해자 정○○를 야구방망이로 머리 가격, 살인한 후 피해자의 차량을 강취 도주
2007. 7. 24 02:40경	중부고속도로 상에서 차량 서행 운행으로 시비가 되어 고의로 앞차의 뒷 범퍼를 충격하여 차량에서 피해자 2명을 내리게 한 후, 야구방망이로 공격하여 피해자들이 도망치자 차량을 강취 도주
2007. 7. 24 20:00경	경북 ○○면에서 피해자 신○○의 차량 번호판을 절취하여 강취한 카렌스 차량에 부착 운행
2007. 7. 25 11:40경	안성시 ○○면에서 위 카렌스 승용차를 방화 전소
2007. 7. 25 12:10경	안성시 ○○면 낚시터에서 이스타나 차량을 절취 도주

✅ 각 사건의 특성

변수 사건	진천 살인사건	안성 살인사건	평택 살인사건	차량 강도 등
계획성	강도-계획적 살인-우발적	싸움-우발적 살인-계획적	싸움-우발적 살인-계획적	싸움-우발적 폭력-계획적
피해자 물색 과정	강도 목적 침입	자신의 화물이 대상	자신의 화물이 대상	자신의 화물이 대상
피해품	피해자가 준 10만원 도금 목걸이, 귀걸이 돼지저금통에 든 4만원	피해자 소유의 자동차 및 현금 5만원	피해자 소유의 자동차 및 현금 88만원과 방에 있던 금목걸이 등 35만원 상당	피해자 소유의 자동차
도구	목침(현장물건) & 야구방망이	야구방망이	야구방망이	야구방망이
공격부위	머리	머리	머리	머리 등

지리적 특징	외딴 시골집	주차장	주차장	도로상
범행동기	금품강취, 성	분노	분노	분노
약물 여부	감기약(20일) 복용 24시간 후	사건 전후로 약물 복용 가능성 ○	사건 전후로 약물 복용 가능성 ○	사건 전후로 약물 복용 가능성 ○
범행과정	현장에서 살인 현장에 시체방치	현장에서 살인 시체 유기	현장에서 살인 시체 유기	현장에서 폭력 후 그대로 도주
특이사항	살인 후 범행위장 (피의자 진술)	과도한 폭력	과도한 폭력	과도한 폭력

2. 사건의 연관성과 피의자 특정, 검거

세 번째 사건 현장에서 발견된 두 번째 사건 피해자 소유 차량 내에서 차량 열쇠가 발견된다. 이 열쇠는 두 번째 사건의 현장에 남아있던 용의자의 차량 열쇠인 것이 확인되었다. 차량의 소유자가 연속된 살인 사건의 용의자로 특정되고, 차량 등에서 발견된 용의자의 DNA와 ○○여대생 살인사건의 현장에서 채취된 DNA가 일치하여 동일범으로 판단하고 검거하였다.

3. 범죄행동 분석

범인은 첫 번째 사건 이후 차량을 이용하여 고의적으로 피해자들과의 갈등을 일으키고 과도한 폭력과 살인을 자행하였다. 연속적으로 사건이 발생하였으나 무작위로 선정된 피해자들에게 '차량 시비와 갈등 상황'을 유발하여 범행이 진행되었다. 결과적으로 범인은 연속적으로 살인을 저지르려고 하는 의도로 범죄를 실행하였다. 그러나 피해자를 물색하거나 구체적인 계획을 수립하고 범행한 것이 아니라, 갈등 상황을 유발하고 피해자를 공격한 것이다. 범행 당시 범죄자의 혼란스러운 심리상태를 나타내는 행동이다.

4. 범죄자

범인의 전과 경력은 마약류 범죄와 절도로 나뉘어진다.

마약은 88년도부터 대마 및 메스암페타민(필로폰)으로 시작되었다. 마약류에 대한 위반 사항이 많다. 절도는 금품 절취부터 고물상의 전선 절취까지 다양하게 나타나는데, 범죄행동에서 나타나는 특성과 같이 자신의 금전적인 문제를 손쉽게 타인의 금품을 절취하여 해결하고, 상황과 필요조건에 맞으면 일상생활처럼 범행했다.

성장기에는 경제적으로 윤택했으나, 아버지가 도박으로 재산을 모두 탕진하게 되자 학비가 없어서 중학교 3학년 때 중퇴하였다. 이 시기에 학교 밖 비행청소년들과 범죄에 노출되면서 결국 절도죄로 구속되어 징역형을 선고 받았다. 출소 후 운전면허를 따서 택시 운전을 하다가 대형면허를 취득하여 레미콘과 펌프차 운전을 7~8년간 하면서 기본적인 생활을 유지하였으나 레미콘 차가 도로에서 전복되는 교통사고가 발생하여 관절을 많이 다친 후 주로 노동일을 하면서 생계를 유지하게 되었다.

레미콘을 운전하는 중에 대마초를 시작으로 필로폰에 손대게 되었는데, 88년부터 지금까지 대마나 필로폰 혹은 특정 감기약 과다(한꺼번에 20알 이상씩 환각 목적) 복용 등 장기적으로 약물 노출이 되어 있었다. 검거 당시 약물 남용 상태였다.

범인은 내연 관계를 유지하기 위해 가지고 있던 돈을 낭비하고 난 이후의 경제적 스트레스, 가족의 문제 속에서 현실을 도피하기 위해 약물을 남용하였다. 자포자기 심정으로 성폭행과 무차별적 살인을 저지르고, 범죄로 인해 급격한 심리·정서적 변화를 경험하면서 점차 분노가 증폭된 것으로 보인다. '누군가 나를 화나게 하면 다 죽여버릴거다'는 등의 문구가 적힌 글이 범인의 차에서 발견되었다. 피해자들에 대해 죄책감이나 후회도 보이지 않았으며, 오히려 잘 죽었다며 여전히 자신의 분노를 참지 못하고 있다. 어린 시절부터 반복되는 범법행위, 절도, 약물 복용, 폭력, 학교생활 부적응, 죄책감 결핍 등 반사회적 인격장애(Antisocial Personality Disorder)의 전형을 보여주고 있다.

　　PAI(personality assement inventory)검사 결과를 종합할 때, 장기적으로 다양한 약물 사용으로 인하여 몸에 땀이 많이 나거나 순간순간 일어난 일을 잊어버리는 단기 기억력 손상을 보이고 있다. 이는 누가 옆에 없어도 있는 것처럼 느껴지는 등 심리·생리적 환청, 환시 등의 증상을 나타내며, 우울감과 함께 반복적으로 죽고 싶다는 생각을 하며 실제 팔목을 긋는 등 자살시도를 한 경험을 보고하고 있다.

✅ 반사회적 인격 장애(antisocial personality) 진단기준

A. 15세 이후에 시작되고, 다음에 열거하는, 타인의 권리를 무시하거나 침해하는 광범위한 행동양식이 있고 다음 중 3개(또는 그 이상) 항목을 충족시킨다.
　(1) 법에서 정한 사회적 규범을 지키지 못하고, 구속당할 행동을 반복하는 양상으로 드러난다
　(2) 개인의 이익이나 쾌락을 위한 반복적인 거짓말, 가명을 사용한다든가 타인을 속이는 것과 같은 사기
　(3) 충동성 또는 미리 계획을 세우지 못함
　(4) 빈번한 육체적 싸움이나 폭력에서 드러나는 과흥분성과 공격성
　(5) 자신이나 타인의 안전을 무시하는 무모성
　(6) 일정한 직업을 갖지 못하거나 채무를 청산하지 못하는 행동으로 드러나는 지속적인 무책임성
　(7) 자책의 결여, 타인에게 상처를 입히거나 학대하거나 절도행위를 하고도 무관심하거나 합리화하는 양상으로 드러난다
B. 연령이 적어도 18세 이전이어야 한다
C. 15세 이전에 발병한 품행장애의 증거가 있어야 한다
D. 반사회적 행동이 정신분열증이나 조증삽화경과 중에만 나타나는 것이 아니어야 한다.

연쇄 또는 연속적으로 살인을 자행하는 범죄자들은 다양한 범죄행동이 동시에 연결되는 경우가 많다. 동기가 불분명하고 이상행동이 나타나는 범죄가 발생할 경우 수법에만 국한하여 연관성 여부를 판단할 것이 아니라, 타 지역에서 발생하는 유사한 맥락을 나타내는 범죄들에 대한 면밀한 분석이 필요하다.

• 노부부 살인사건[4]
: 조현병 관련 사건의 행동특성을 중심으로

정신장애와 관련된 살인사건 대부분은 조현병(schizophrenia)에 의한 망상과 관련이 있는 경우가 많다. 불특정 다수를 상대로 계획적인 범행을 저지르기보다는 가해자의 가족이거나 가까운 친척, 주변인을 상대로 저질러지는 경우가 상당 부분 차지하고 있다. 환시, 환청 등의 증상과 연결되면서 매우 가학적인 공격 또는 사체훼손 등이 동반되는 경우가 많다. 때문에 정신장애 범죄자들은 위험하고 공격적이라고 인식하지만 정신장애가 범죄와 직접적인 관련이 있는 것은 아니다.

이 사건은 조현병이 있는 자에 의한 살인사건 사례이다. 그러나 조현병에 의한 살인사건 사례가 아니라는 점을 명확히 밝힌다.

2009. 4. 10. 19:50경 일을 마치고 귀가하던 한 여성은 자신의 거주지 옆 집인 제주시 ○○읍 ○○리 ○○-○호 대문 앞 노상에서 피해자 한○○(72세, 여)가 피를 흘리며 쓰러져 있는 것을 발견하고 신고하

---

[4] 제주청 검시조사관 임형수, 범죄분석관 서종한 공동 '정신분열 살인에 관한 연구' 2008, 원고 인용 작성.

였다. 현장 출동한 경찰관 및 119 대원이 피해자를 병원으로 긴급 후
송한 후 집 내부를 확인하는 과정에서 안방에 피해자 한○○의 남편
김○○(73세)가 피를 흘리며 쓰러져 있는 것을 발견하고 후송하였으나
피해자 한○○(이하 ② 피해자)는 후송 중 사망하고 피해자 김○○(이하
① 피해자)는 응급치료 중 21:25경 사망하는 사건이 발생한다.

1. 현장 상황

지방청 과학수사팀에서 현장에 임장할 당시(21:50경) 피해자들
은 이미 병원으로 후송된 상태로 구체적인 피해자의 손상 특징은 알
수 없는 상태였고, ① 피해자가 쓰러져 있었다는 대문 앞마당에 다량
의 혈흔이 흘러내린 상태로 발견되었다. 앞마당에서 안방 입구까지 약
10m 정도의 거리에 낙하 혈흔이 많이 나타나고, 안방문의 양쪽은 모
두 열려진 상태였다.

거실에 혈흔이 발견된 모습

안방의 입구 쪽에 이불과 옷가지, 휴지통이 흐트러져 있는 것으
로 보아 어느 정도 몸싸움이 있었던 것으로 추정되고, TV는 켜져 있

는 상태로 장롱과 맞은편 벽면에 비산된 혈흔과 손바닥 모양의 혈흔
이 묻어 있었다. 매트 위 이불에 다량의 혈액이 묻어있고, 이불 위에
는 범행에 사용되었을 것으로 추정되는 반창고를 감아 만든 칼집이
발견되었다.

안방 매트, 이불과 혈흔   이불 위의 칼집

안방 맞은편 건넌방에 위치한 아들 방은 문이 닫혀져 있었고 소
재 파악이 되지 않은 상태에서 방 안에 정신과 진료 처방약이 발견되
었다. 이외 주방이나 욕실에는 특이한 점을 발견할 수 없었으며 흐트
러진 흔적이나 물색의 흔적 등은 관찰되지 않았다.

2. 현장상황을 통한 범죄행동 재구성

1) 범행현장 주요 특징과 분석

안방에 피해자가 누워있던 자리와 문 앞 거실 이외 혈흔을 발견
할 수 없었고 피해자와 조우 시 나타날 수 있는 특징적인 방어흔적이
미약하게 나타났다.

족적과 혈흔의 이동 등을 통해 추정해 보면, 범인은 신속하게 대문으로 침입하여 바로 안방으로 들어가 누워서 TV를 보던 ① 피해자를 흉기로 살해하고, 비명 소리를 듣고 부엌에 있던 ② 피해자가 거실로 나오자 수회 공격하고 도주한 것으로 판단된다.

범인은 살해 전 피해자들과 일체의 상호작용이 없이 공격한 것으로 보인다.

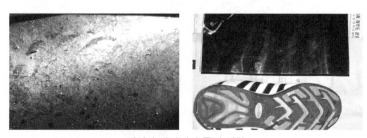

거실과 안방에서 족적 채취

(1) 1차 분석

범행이 이루어진 신속성과 이동 경로에서 불필요한 이동선이 없으며, 초저녁 시간대인 19:50경 주택이 밀집한 장소에 소재한 가옥에 침입하여 오직 살인범행을 실행함으로써 범행동기와 목적이 비교적 뚜렷하게 나타나고 있는 점은 면식범에 의해서 '감정에 의한' 범행으로 보는 것이 타당한 상황이다.

사망한 피해자들의 아들이 평소 부모와 말싸움이 잦고, 방에서 발견된 각서에 쓰여진 내용을 보면 술과 도박을 좋아해 사이가 좋지 않은 관계인 것을 알 수 있었다. 방 안에서 아들의 정신과 치료 처방약이 발견되었고 아들의 행방을 찾을 수 없어 1차 유력한 용의자로 특정하여 수배하게 된다.

(2) 추가 분석이 필요한 사항(의문점)

피해자 각각 16개소와 12개소의 가슴과 등 부위에 집중된 찔리고 베인 상처가 나타나고, 특히 ① 피해자의 왼쪽 눈 부위에 안구가 파열된 찔린 상처, ② 피해자의 코 오른쪽 부분에 베인 상처가 관찰되는 것은 범죄자가 살인범행을 다소 계획하였음에도 불구하고 매우 혼란한 상태에서 공격을 하였다는 것을 의미한다. 현장에서 발견된 칼집(반창고를 연결하여 범인이 제작한 칼집)은 가족 간의 '갑작스런 감정에 의한' 존속살해 현장에서 나타나는 범행도구로 보기에는 부적절할 수 있다.

따라서, 피해자들과 가장 가까운 관계에 있으면서 정신과적 문제가 있는 아들이 1차 용의자로 보여지나, 공격행동을 제외하고 비교적 정돈이 잘 되어 있는 상황을 볼 때 유사한 정신적 문제를 가진 자에 의한 범행 가능성도 충분히 존재한다.

이러한 상황에서 수사팀의 탐문조사 중 최근 교도소에서 출소한 자가 평소 노부부에게 "다음에는 꼭 죽여 버리겠다."라고 떠벌리며 다녔다는 동네 주민의 진술을 듣게 된다. 특히 그 사람이 당일 현장을 배회하였다는 진술이 확보되면서 수사는 새로운 국면을 맞게 된다.

① 검거

수사 중 유력한 첫 번째 용의자인 피해자 아들의 신병을 확보하여 범행관련 사항을 추궁하였으나 범죄사실에 대해 부인하며 횡설수설하는 등 혐의점이 뚜렷하게 밝혀지지 않은 상태에서 현장에서 채취된 족적을 대조해 본 결과 전혀 다른 족적으로 나타나는 상황이 발생하게 된다.

수사팀은 탐문 수사에서 평소 노부부에게 "오늘은 죽이지 않고 그냥 간다. 다음에는 꼭 죽이겠다."는 등의 말을 한 자를 용의자로 지목하고 소재 수사를 하던 중 인근 여관에 숙박한 것을 발견하고 검거하려 했으나 자해 소동을 벌이며 형사와 대치하고 완강히 저항을 하게 된다. 용의자는 여관 방문을 시정한 후 "내가 죽었다. 들어오면 목을 따버리겠다."며 자해할 듯 위협하였고 알 수 없는 이야기와 심한 욕설을 하며 자신의 억울함을 토로하기도 하였다. 결국, 2:30경 특공대를 투입하여 용의자를 검거하게 되었다. 검거현장에서는 과도와 회칼 등 총 2자루 및 혈흔이 묻은 운동화, 장갑 등을 압수하였으며 이 족적은 발생현장 족적문형과 일치함을 확인하였다.

자신이 보관하던 칼과 범행 시 착용한 장갑

② 범행

피해자들과 평소 안면이 있었던 피의자는 저녁 19:00~20:00경 피해자들이 집에 있다는 사실을 알고 자신의 은신처(여관)에서 범행현장까지 택시로 이동한 후 주변 정황을 살피는 등 살해하기 위한 범행준비를 하였다.

침입 후 곧장 안방으로 들어가 누워서 TV를 보던 피해자를 준비한 칼로 무차별 공격을 하고, 부엌에서 작업을 하던 할머니가 비명소리를 듣고 거실로 뛰어나오자 안방 문 앞에서 피해자를 다시 흉기로 수회 찔러 심한 자창을 입힌 후 도주하였다.

✅ 피의자 주요 면담내용

	내용
피의자 주요 증상	① 인분과 관련된 언어 반복과 같은 환각, 망상, 와해된 언어(지리멸렬) - 이해할 수 없는 언어의 나열과 현실성이 없는 독백 - 코에서 인분 냄새가 나는 등 환취 경험 ② 심하게 와해된 행동이나 긴장증적 행동 ③ 환각 및 환청과 관련된 행동(관찰사항) - 계속적으로 행동이나 생각에 대해 간섭하는 목소리 - 최소 1인 이상과 서로 대화하는 목소리 - 반복된 자극(TV소리, 화장실 소리 등)에 대한 두통과 심리적 스트레스 호소 - 낮에 주변에 아무도 없으나 책을 보는 사람을 본다(환시). ④ 관련된 아형(피해망상 혹은 과대망상, Paranoid Type) - 범행의 계획 및 살인 수법 등의 정교함을 볼 때, 인지 기능과 정동이 비교적 보전 - 불안, 분노, 따지기 좋아하는 양상 등이 동반됨 - 타인에 대한 피해 및 과대망상 증상이 커 난폭성이나 폭력성이 현저함 ⑤ 발병 이후 상당 기간 동안 재소기간 혹은 출소 후라도 직업이나 대인관계, 또는 자기 관리와 같은 주요 생활 영역의 기능 수준이 발병 이전과 비교하여 현저히 감소된 상태 ⑥ 범행 전 최소 6개월 이상 지속된 정신분열증 장해의 징후가 있었던 것으로 추정되며, 적어도 1개월 이상 조현병의 특징적 증상을 포함하고 있다.
범행동기 분석	• 면담 결과, 직접적인 동기의 명확성과 특징성이 없고 모호 혹은 추상성을 띠며 이에 대한 언급을 극도로 회피하거나 거부함(타인에 대한 믿음이 없고 의심의 고리가 심함). • (피해 혹은 관계망상) 자신이 괴롭힘을 당하거나, 함정에 빠진다거나, 고통을 받는다고 믿는 믿음이 뚜렷하고 어떤 환경적 단서들이 특별히 자신을 겨냥하고 있는 것이라고 믿음. • 자신을 괴롭히거나 억울하게 처하게 한 주체자가 일부분 노부부에게 투영되었을 가능성을 반영

	• 다양한 비상식적인 또는 이상한 믿음이 존재-비상식적인 지각 경험: 형태를 갖춘 환각은 없을 수도 있지만, 기계, 인공위성 등과 같은 물질 혹은 인분, 국가와 관련된 보이지 않는 사람이나 힘의 존재를 느끼는 것이 현저하게 나타나고 있음
종합 의견	면담 시 피의자의 진술거부로 살인에 대한 직접적인 동기를 확인할 수 없으나 국가나 혹은 개인에 대해 갖는 비상식적 혹은 이상한 믿음에 근거하여 보이지 않는 사람이나 힘의 존재(기계 혹은 인분 등)를 느끼는 것이 현저함을 볼 때 피해망상과 관련된 정신이상이 동기 형성과정에 영향을 준 것으로 보임

③ 범행동기와 피의자 특성

피의자 윤○○(남, 43세)은 '08년 12월 원주교도소에서 출소한 후 제주시 ○○장 여관에서 3개월 정도 혼자 기거하며 지내왔다. 사람들과 대화가 거의 없이 혼자 생활하였고, 교도소 출소 전부터 이미 15년 정도 정신분열증, 피해망상·관계망상, 정신병 경력을 가지고 있었다. 교도소에서 자신을 무시한다는 이유로 수감자를 폭행하거나 기물을 파손하여 추가 형을 받은 이력이 있다.

피해망상으로 인해 직업 및 사회적 관계와 대인관계에서 최소 1여 년 이상 심각한 정신적 손상을 받아 왔으며 출소 전후 2·3개월여 정도 부분적인 환시와 환청을 경험하였다고 진술한다.

정확한 범행동기는 밝히지 않았으나, 2회의 면담 결과 이미 피해자인 노부부에 대한 관계망상이 있었던 것으로 보인다.

15년 전 첫 번째 살인 범죄는 선원 생활을 하던 동료들이 계속 자신을 잠 못 자게 하고 괴롭힌다는 이유로 칼로 무참히 찔러 살해한 것이다. 실제 피해자와는 특별한 원한 관계가 없었던 것으로 보아, 당시의 범죄도 조현병 등 직접적인 피해자들과의 갈등과는 무관한 동기가 형성되어 발생한 것으로 보인다.

• 광주 살인사건

1. 사건의 발생

2009. 5. 20. 21:20경 광주 북구 소재 ○○교회 앞 노상에서 피해자 안○○(43세, 여)가 예리한 흉기로 목이 베여 사망하는 사건이 발생하였다.

1) 범죄행동을 통한 유형 분석과 범죄자 프로파일링(현장의 장소적 특성, 피해자 이동상황과 가변요소(휴대폰 문자), 공격행동을 중심으로)

피해자 안○○(43세, 여)는 광주시내 ○○병원 마취과 의사로, 치과의사인 남편과 초등학교에 다니는 딸 2명(11세, 9세)과 함께 생활하고 있었다. 독실한 기독교 신자이며 주변인들로부터 원만하고 온순한 사람으로 평가되고 있다.

2. 사건 발생당일 이동상황

피해자는 2009. 5. 18~5. 22간 전북 전주시 ○○병원에서 개최되는 세미나에 참석하고 있던 중으로, 합숙을 하지 않고 집에서 동료 1명과 매일 버스터미널에서 만나 출퇴근 형식으로 참석하고 있었다.

사건당일 18:00경 광주 터미널에 하차하여 남편의 병원에 들러 함께 귀가하였다가 남편이 수요예배(보통 19:30~20:30) 참석을 위해 먼저 교회로 갔고, 예배를 마친 후 남편은 다른 교인들과 모임이 있다고 하여 피해자가 예배가 끝나는 시간인 20:40경 딸들을 데리러 가기로 약속을 하였다.

3. 피해자 행적(사건의 발생과정)

집에서 쉬고 있던 피해자는 딸들을 데리러 가기 위해 20:34경 주거지에서 나온 것이 확인되고, 21:16 사건 현장 주변 ○○동사무소 앞을 통과한 것이 CCTV에 확인되었다.

사건 현장 주변에 도착한 피해자는 21:17분 큰 딸에게(○○아, 예배 끝나면 아빠에게 곧장 가서 아빠 차 타고 오너라. 혹시 아빠 못 만나면 엄마에게 전화하렴. 엄마가) 문자 메시지를 전송하였고, 메세지 전송 직후인 21:17~21:20 사건이 발생하였다. 21:25 현장 주변에서 비명 소리를 들은 주민에 의해 노상에 쓰러진 채 발견된다.

사건 당일 피해자는 예배에 참석하지 않고, 예배 후 남편이 교인들 모임에 참석하는 관계로 자녀들을 데리러 가는 도중 교회 앞까지 이르렀을 때 살해된다.

1) 피해자 이동수단 분석

(1) 도보이용
- 주거지에서 현장까지 도보로 이동할 경우 1.3km~1.5km 거리로 30~35분 소요
- 20:34 주거지에서 출발 후 21:16 동사무소 앞 통과 시간과 일치 (CCTV)

(2) 차량이용
- 차량이용 시 약 2.3km 거리로 5~10분 소요
- 피해자의 차량이 주거지에서 발견되었고, 버스의 경우 기다리

는 시간을 고려해 15~20분, 택시의 경우 10~15분으로 예상되어 일치되지 않고, 바지 뒷주머니에 1만원권 1장만을 소지하고 있던 상태로 대중교통 이용과 관련한 소지품(잔돈, 교통카드 등)도 발견되지 않았다.

집에서 나와 걸어서 현장까지 이동한 것으로 판단된다.

2) 생활패턴 관련 분석

독실한 기독교 신자인 피해자는 평소 가족과 함께 수요예배에 참석하나 사건당일 피해자가 세미나 참석 후 피곤하여 예배에 함께 참석하지 않았고, 예배가 끝나는 시간에 딸들을 데리러 교회에 가기로 약속된 상황이다. 이러한 상황은 평소 피해자의 고정적 생활패턴에서 벗어난다.

피해자가 혼자 범행이 발생한 시간과 장소에 있었던 것은 평소의 생활패턴과 일치되지 않은 상황이다. 노상에서 발생한 사건의 범행도구로 칼이 사용된 것은 범행의 계획성을 의미하는 것으로 피해자와 우연히 만난 면식범이 살해하였을 가능성은 매우 낮다.

4. 엇갈리는 목격자 진술과 평가

현장주변 탐문을 실시하던 중, 사건이 발생하던 당시 피해자의 비명소리를 들은 목격자가 나타났다. 첫 번째 목격자는 사건 현장과 인접한 아파트 6층에 사는 부부인데, 베란다에서 밖을 내다보며 대화를 나누고 있던 중 비명 소리가 들리고 교회 방향(피해자가 진입한 골목 반대편)으로 뛰어가는 범인을 목격하였다.

두 번째 목격자는 현장에서 약 50여미터 떨어진 동사무소 골목쪽을 지나가던 초등학교 6학년 학생으로, 어떤 차량이 자신의 옆을 지나가고 나서 바로 비명 소리가 났으며 범인이 차를 타고 도주하는 것을 목격하였다는 진술을 하게 된다.

범인이 차량으로 이동한 것인지, 도보로 이동하며 범행한 것인지에 대한 평가는 수사상 매우 중요한 사항이다. 목격 진술에 의한 신뢰성을 평가한 바, 다음과 같다.

1) 아파트 6층에서 목격한 상황

피해자의 비명 소리를 듣고 도주하는 피의자를 부부가 같이 목격한 것으로 비교적 객관적 관찰이 가능한 상태이다. 사건 현장 위에서 바라본 것으로 공간적 지각이 높은 상황에서 목격한 것으로 타당성과 신뢰성이 높은 것으로 평가할 수 있다.

2) 초등학생 목격

어떤 차량이 지나가면서 피해자 옆에 차를 잠시 세우고 범인이 내려서 피해자를 공격하고 도주하였다는 내용이다.

어두웠던 골목길 상황, 수평적 거리에서 바라본 상황 등으로 공간적 조망 여건이 상대적으로 떨어진다. 범인이 이미 도주하고 차량이 지나간 상황이라면 성인이 아닌 초등학생 목격자의 경우 맥락상 차량과 사건이 관련 있다는 주관적인 왜곡이 있을 수 있다.

CCTV 상 발생시간 직전 어떤 차량이 지나가는 것은 확인이 되지만 범인이 차량을 타고 가던 중에 내려서 범행하고 도주하였다는 내용의 목격 진술은 사실과 다를 가능성이 높다.

두 목격자의 진술 중, 부부가 목격한 진술 내용에 높은 신뢰성과 타당성이 부여된다. 범인은 걸어서 이동하던 중 교회 앞에서 피해자를 만나 공격한 것으로 판단된다.

5. 종합 분석

피해사가 당일 예배가 끝날 무렵 딸들을 데리러 가겠다는 약속에 따라 집에서 나와 걸어서 현장에 도착하였으며, 누군가 알 수 없는 범인에 의해 살해당한 사건이다.

1) 범죄자(Offender) 유형 분석(Profiling)

이 사건의 범죄행동 특성은 걸어가는 피해자를 치명적인 상처를 주기 위한 공격행위 이외 다른 목적(폭력, 강도, 강간 등) 행동이 없다는 것이다. 범행 시간이 매우 짧고, 피해자와 가해자 간 대화, 욕설, 기타 언어적, 비언어적·상호작용이 없으며, 위협하거나 분노를 표현할 때 일반적으로 나타나는 다발성 상흔이 존재하지 않는다.

2) 범죄와 범죄자 유형 분석

피해자와 관련 없는 비면식범에 의한 사건으로, 범죄자의 개인적 긴장과 스트레스 상황을 불특정 대상을 상대로 표현하고 통제함으로써 해소하는 유형의 범죄이다.

유영철, 강호순, 정남규 등과 같이 체계적인 연쇄살인을 저지르는 유형이 아니라 **즉흥적 분노를 표출하는 유형**의 범죄자이다. 가족이나 친구 등 자신 주변의 특정인을 공격하고 살해하기보다는, 극도의 스트레스 상황에서 돌아다니며 자신의 기준에서 적절한 기회가 마련되면 서둘러 범행하고 도주하는 타입이다.

이런 유형의 범죄자들은 차를 타고 원거리 이동하지 않으며 현장과 멀지 않은 곳에 거주하는 경우가 많으나 특정 장소 주변(교회, 사찰 등)을 목적으로 범행할 경우에는 평소 왕래가 있는 친숙한 지역인 경우가 많다. 낯선 지역에서 피해자를 물색하는 것을 두려워하며 자신이 정한 영역 안에서만 범행 대상자를 물색하는 경우가 많다. 따라서 차량을 이용하더라도 넓게는 시·도 경계까지 넘어서 이동하는 경우는 극히 드물게 나타난다.

이런 유형의 범죄자들은 피해대상자와 적절한 범행기회를 물색하기 위해 장시간 발생장소와 유사한 지역을 배회하는 경우가 많으므로 CCTV를 최대한 확보하여 우선 수사에 활용할 필요가 있다.

범인은 본 건 피해자에 대한 공격행위를 통해 개인적인 분노와 감정을 해소할 시간이 매우 짧았는데, 범인에게는 불만족스러운 상황일 가능성이 있고, 따라서 비슷한 유형의 사건이 또 발생할 가능성이 있다. 범인은 심각한 정신장애 등으로 인해 혼란한 상태에서 막연한 분노를 표출하기보다는 계획적인 유형이다. 범행 당시 피해자를 무차별 공격하는 등의 행위를 나타내지 않은 것으로 보아 자신의 범행에 대해 충분히 인식하고 있을 것이다.

3) 2차 사건의 발생

1차 사건에 대한 분석 내용, 기본적인 프로필을 토대로 수사가 전개되는 과정에서 사건 발생 50여일 만인 7. 8. 18:35경 광주 ○○동 소재 천주교회 앞마당에서 혼자 기도를 마치고 나오던 여성이 불상의 범인에 의해 목이 잘리는 공격을 당하고 살해되는 사건이 발생한다.

4) 검거

사건 발생 직후 목격자 여부 탐문 중 발생 당시 주변을 지나가던 목격자가 피해자의 비명 소리를 듣고 돌아보니 불상의 범인이 피해자를 공격하는 것을 멈추고 칼을 들고 뛰어가 발생장소에서 약 20여 미터 떨어진 곳에 주차되어 있던 '12*3456'[5] 프라이드 승용차를 타고 성당에서 급히 나오는 것을 보았다는 진술을 확보한다.

용의차량에 대한 이동 상황을 추적한 바, 사건 현장 주변도로의 방범 카메라에 18:15분 용의자의 차량이 현장 주변으로 들어오는 것을 확인하였으며, 사건 발생 후(19:04) 광주 서구 ○○동 소재 ○○센터에 설치되어 있는 CCTV에 피의자 차량이 통과한 것이 확인되어 주거지를 급습, 피 묻은 옷을 세탁하고 있던 피의자를 검거하게 된다.

5) 피의자 특성과 범행동기

피의자는 검거 당시 정확한 원인을 알 수 없는 이유로 수년 전부터 우울증 및 기분장애, 정신분열증 등으로 병원 진료를 받은 경력이 있었고, 수십년간 옆집에 거주하는 사람들과도 고개를 숙이는 정도의 인사만 나누고 생활해 왔을 정도로 주변인들과의 사회적 관계에 미숙한 특성을 나타내고 있었다. 이렇게 사회구성원으로서 고립된 생활이 오랫동안 지속됨으로써 내재적 감정 표현이 불분명하고 특히, 자신의 일상에 나타나는 문제들에 대해 적절히 대처하지 못하는 미성숙한 특성을 가지고 있었다.

면담 중 늘 타인이 자신을 무시하거나 누군가 모르는 사람에 의해 죽임을 당할지 모른다는 편집증적 망상이 일부 나타나고 있으나, 범행 실행 당시 CCTV가 없는 도로를 이용하거나, 범행대상이 나타날 때까지 일정한 장소에서 기다리는 등 체계적인 인지적 사고를 분명히 가지고 있는 상태로 판단된다.

---

5 실제 범죄자 차량번호가 아닌 임의의 차량번호를 기재한 것임.

피해자들을 살해 후 범행도구를 의미 없이 유기하고, 면담 시 자신의 어머니와 피해자들을 일부 동일시하여 피해자들에 대한 죄책감을 느끼는 감정의 상태 등으로 보아 일반적 사이코패스(Psycoh-path)와는 다른 유형의 범죄자로 볼 수 있다.

이 사건 발생 당시 언론은 '범인이 우울증을 앓고 있으면서 교회 여신도만 노리고 살해하였다'는 내용으로 보도하였다.

'우울증'이라고 하는 개념은 매우 다양한 요소를 가지고 있고, 전문가의 정확한 진단이 필요한 부분이다. 그리고 범죄 발생의 원인이 된다는 근거는 없다.

이상심리학에서는 우울증을 양상과 원인 등에 따라 다음과 같은 몇 가지 양분된 차원으로 구분한다.[6]

첫째, 정신병적 양상을 동반하느냐, 신경증적 수준이냐에 따라, 정신병적 우울(psychotic: 망상이나 환각증세로 인해 현실 검증력이 떨어지고 개인적으로나 사회적으로 기능의 장애가 발생)과 신경증적 우울(neurotic)로 구분한다.

둘째, 발병요인과 관련하여 우울에 빠질만한 납득할 수 있는 외적 요인이 존재하느냐에 따라 내인성(endogenous) 우울과 반응성(reactive) 우울로 구분되는데, 환경적 요인에 의해 발생되는 것이 반응성 우울의 개념이다.

셋째, 표면에 드러나는 정신운동 양상의 지체가 심하게 나타나느냐, 초조와 흥분이 주로 나타나느냐에 따라 지체성 우울(retarded)과 초조성 우울(agitated)로 구분된다. 초조성 우울에서는 쉽게 흥분하거나 싸움을 하는 행동양상이 주로 나타나기도 한다.

---

6 '이상심리학' p. 121, 최정윤 등 공저, 학지사. 2001.

이렇게 우울증에 대한 개념은 매우 전문적인 분야이고 다양한 내용을 포함하고 있다.

따라서, 향후 이러한 문제가 관련되었거나 의심되는 사건이 발생할 경우 수사팀에서는 일반적으로 가지고 있는 '우울증'에 대한 막연한 개념으로 수사를 진행하기보다 구체적인 범죄행동을 파악하여 범죄분석요원 또는 관련분야 전문가들의 자문과 지원을 받는 것이 효율적인 방법이 될 수 있다.

(1) 범행동기

피의자는, 부모의 권유로 몽골 여성과 결혼하였으나 폭력과 알코올, 복잡한 가정 문제 등이 겹쳐 이혼을 하게 되었다. 자신은 처와의 관계를 개선해 보고자 처를 찾아다녔으나 교회에 다니는 사람들의 모임에서 처를 고향으로 출국시키는 바람에 몽골까지 처를 찾아 처가식구들을 찾아 갔으나 이미 자신의 처가 사망하였으니 더 이상 찾아오지 말라는 소식을 듣게 되었다. 모든 문제가 교회 관계자들 때문에 발생하였다는 왜곡된 생각으로 귀국한 이후부터 막연히 자신의 처지를 이렇게 만든 교회 관계자들을 살해하고 싶었다고 진술하고 있다.

6) 프로파일링 결과 평가

1차 사건이 발생한 후 작성한 범죄의 유형과 범인 특성이 비교적 정확하게 분석된 사건이다. 피의자는 38세로 자신의 이혼과 관련된 왜곡된 분노와 스트레스를 불특정 다수인 피해자들을 상대로 표출하기 위해 범행하였으며, 탐문 수사와 언론 보도를 보고 검거에 두려움을 느껴 50여일간 범행하지 않고 부모의 거주지에서 숨어 지냈다.

범죄를 실행한 지역 일대에서 오래 거주하여 지리적 친숙감이 높고, 차량을 이용하여 배회하다가 교회 또는 성당과 같이 자신이 선정한 특정 대상 건물이 발견되면 인근에 차량을 주차한 후 주변을 배회하거나 숨어서 기다리며 공격하기 쉬운 여성이 혼자 있게 되는 순간 범행을 하고 도주하는 수법으로 범행을 계속하였다. 결과적으로 CCTV 이동 경로 확인을 통해 모든 범죄가 밝혀질 수 있었다.

독거노인 살인사건: 동기(motive)의 이해

프로파일링의 목적은 범행의 원인(Why)을 찾는 것이다. 동기(motivation)라고 하는 것은 범죄자의 주관적인 측면에서 작용하는 것이다. 범죄행동을 분석할 때 대부분의 수사관들은 자신의 입장(의견) 또는 사회 통념 속에서 이해하고 해석하려는 경향성을 가지게 된다.

범죄현장 분석은 과학적인 단서를 통해 재구성되어야 하는 것은 물론이고, 가해자뿐만 아니라 피해자에 대한 평소 삶의 방식(life style), 범죄발생 당시의 상황 등 많은 변인(variable)을 분석하여야 한다.

사건 현장에서 범행동기를 찾기 위해 실시되는 것이 피해자의 위험성 평가이다. 피해자가 많은 현금을 소지하고 있다거나, 음주 후 늦게 귀가하던 상황과 같이 특정한 범죄의 대상이 될 수 있는 위험성이 높은 경우에 발생한 사건이라면 범행동기를 피해자의 현재 상황(현금 소지, 음주 상태 등)과 맥락에서 유추할 수 있다.

이 사건의 피해자는 연령, 재산상태, 평소 주변인과의 대인관계(성격) 등을 분석할 때 범죄 피해자가 될 위험성이 매우 낮게 평가되는 사람임에도, 하의가 벗겨진 채 마치 자살을 시도하듯이 상의를 위로 들어 올리고 복부에 칼에 의한 손상을 입고 사망한 채 발견된 사건이다.

수사초기 단계에서는 대부분 피해자의 상황과 맥락을 통해 분석하려는 경향이 높다. ① 피해자는 고령의 남성으로, 성 목적 범죄의 대상이 되기 적절치 않으나 하의가 벗겨진 채 발견된 점, ② 거주 환경으로 볼 때 금품을 강취하기 위한 재산 범죄 목적의 대상이 되거나 살인의 목적으로 보기 어려운 점, ③ 상의(上衣) 위에 칼에 의해 찔린 흔적이 없는 점 등은 사건 발생의 동기와 원인을 밝히기 어려운 이상(異狀) 행동으로 해석되어 범행동기를 찾는 데 어려움을 겪게 된다. 현장에 나타난 행동특성이 자살, 성, 금품강취 등의 범죄현장에서 나타나는 행동특성과 복합적으로 연결되어 있기 때문에 궁극적인 범행의 동기가 무엇인지, 즉 왜 발생한 사건인지를 알 수 없어서 누가 이러한 행동을 저질렀는지에 대한 접근이 어려운 것이다.

검거된 이 사건의 범인은 피해자와 친분이 있는 인근 거주자로 밝혀졌다. 범인이 진술하는 내용은 일반적인 상식으로 이해할 수 없는 살인의 동기를 가지고 있었다.

그러나, 과연 우리는 사회현상, 범인의 특성, 피해자의 특성, 수사관의 경험 등 어디에 기준점을 두고 범행의 동기를 이해하여야 할 것인가?라는 물음에 보다 심층적으로 접근할 필요가 있다.

1. 사건의 발생과 검거[7]

2007년 12월 중순. 충북 ○○ 한 마을 노인정의 같은 동네에 거주하는 전○○(27세)가 들어와 모여 있던 노인들에게 손○○(83)가 죽어있다는 소식을 전하면서 사건이 발견된다. 사망한 피해자는 허리띠로 사용하는 넥타이가 허리에 그대로 묶여있는 상태로 하의가 거의 벗

7 現 광주청 양애란 분석관, 現 충북지방경찰청 홍희선 분석관의 분석내용 참조.

겨졌으며, 상의에는 흉기에 찔린 흔적이 없으나 복부에 흉기로 수회 찔린 상태로 발견되었다.

2. 증거물의 확보와 검거

현장감식을 실시하던 과학수사팀은 발생장소 내 싱크대에서 루미놀 반응을 확인하고 깨끗이 닦여진 채로 놓여있던 부엌칼을 감정한 결과 피해자와 DNA뿐만 아니라 다른 불상자의 DNA를 확보하게 된다. 피해자의 목에는 약간의 피하출혈이 보이고 있고, 복부에는 자창에 의한 탈장 상태로 사망한 것이 확인되었다.

즉, 누군가 피해자의 목을 조른 후 현장에 있던 칼로 피해자의 상의를 위로 올린 상태에서 공격하여 살해한 것이다.

다음날, 국과수에서 부검하는 동안 동네 교회 목사가 수사팀을 찾아와 최초 피해자를 발견하고 신고한 전○○가 자신이 피해자를 살해한 것이라는 말을 하였다고 진술하였다고 하여 수사팀이 당사자의 진술을 확보하여 검거하고 범행 일체를 자백 받는다.

그러나, 수사팀은 자백을 한 전○○가 지적장애 3급으로 밝혀지

범인이 입고 있던 옷에서 혈흔 채취

자 허위자백이거나 심신상실 상태에서 자신이 범인이라고 주장할 가능성을 배제하지 않고 과학수사를 통한 증거물 확보에 주력하게 된다. 결국 수집한 증거물에서 범인과 피해자의 DNA를 모두 찾아 증거를 확보하게 되었다.

3. 범인 진술에 의한 범행동기와 범죄행동

범인 전○○는 사건 당일 10:00경 평소 알고 지내던 피해자를 찾아가 술을 마실 것을 제의하고 함께 술을 마시던 중 불상의 이유로 14:00경 가게 앞에서 다투는 장면이 동네 주민들에게 목격되었다. 이후 술을 더 구입하여 피해자의 집으로 함께 이동하였으며 술을 마시던 중 피해자가 자꾸 마을에서 먼저 죽은 사람 이야기를 반복적으로 꺼내자 피해자 혼자 남겨 둔 채 외출을 하게 된다. 얼마 후 다시 돌아온 범인에게 피해자가 다시 반복하여 죽은 사람들 이야기를 하자 짜증이 난다는 이유로 목을 조르고, 하의를 벗긴 채 부엌에서 칼을 꺼내와 상의를 올리고 찔러 살해하였다.

4. 범인 진술 일부 발췌(문답 요약)

문(수사관): 피해자가 죽은 사람들에 대해 어떤 이야기를 하였는가?

답: 술 마시고 늘 죽은 사람에 대해 이야기를 하고 어제(발생당일)도 계속 이야기를 하여 듣기 싫고 짜증이 나서 죽였다.

문: 어떻게 살해하였나?

답: 갑자기 화가 나서 쓰러뜨리고 목을 조른 후 부엌에서 칼을 가져와 배를 찔렀다. 바지를 벗겨 놓은 것은 자기 스스로 자살한 것처럼 보이기 위해서이며, 상의를 올리고 찌른 것은 자기

스스로 찔러 자살한 것처럼 보이기 위해서이다. 칼을 빼자 숨을 빨리 쉬면서 죽는 것 같아 이불을 덮어주고 칼을 싱크대에서 깨끗이 닦아 원래 자리에 놓아두었다. 누군가에게 배운 것은 아니고 그냥 그런 생각이 들었다(범인은 자살로 위장하고자 상의를 올리고 찔렀다고 진술하면서 사망한 피해자를 이불로 덮어두고 칼을 깨끗이 세척하여 놓아두었다. 범인의 지적 상태를 포함한 여러 가지 비계획적 범행의 정황을 알 수 있는 행동이다).

칼이 놓여 있던 자리

주방용 세척제로 칼 세척

5. 범죄자 분석(profiling)

범인의 지적장애는 IQ 68 정도로 추상적인 사고 능력이 현저히 떨어진다. 계획 능력, 미래 예측, 주의력, 의사소통, 기억, 결과에 대한 이해 등이 낮은 상태로 평가된다.

성장기에 어머니와 헤어져 살았으며, 지적 장애로 인해 학교에서 타인과의 상호작용에 적응하지 못하는 부적응적 생활이 계속되어 온 것으로 보인다. 이런 생활을 통해 술을 마시면 폭력적인 행동을 빈번

하게 하고 평소 자신을 무시한 친구들에 대해 극도의 부정적인 감정을
가지고 있었다.

　동기이론에서 살펴본 바와 같이 지적장애의 문제를 포함시키지
않더라도 범인은 피해자가 자신이 듣기 싫어하는 내용의 말을 반복적
으로 한다는 것을 제지하고픈 욕구가 형성되고 욕구실행을 자신만의
방법으로 선택한 결과가 살인으로 나타난 것이다.

　성장기 모친상실 경험, 부적응으로 인한 사회적 고립과 지속적
스트레스는 내재된 폭력성, 알코올 등에 의해 촉발되었을 것으로 보
인다.

　몇 가지 심리·사회학적 이론으로 복잡한 범죄 상황에서 일어나는
모든 범죄자들의 심리상태를 다 설명할 수 없고, 범죄자의 말을 모두
다 받아들일 수는 없다.

　다만, 범죄행동을 재구성하는데 '과학'과 '학문적 연구 결과'를 끝
없이 적용하고 해석하는 과정을 통해 범행동기에 대한 이해의 폭을 넓
혀가는 노력이 필요한 것이다.

∙범행동기와 촉발요인(사건발생 징후 이해)[8]
: 남편 살인사건 사례 분석

　살인범죄와 같은 큰 사건은 우연히 어느 순간 갑작스럽게 발생하
는 것이 아니라, 이미 경미한 사건들이 반복되는 과정을 거쳐서 발생하
게 된다. 경미한 사건들이란 범죄자와 피해자 모두에게 해당된다. 범죄

---

[8] 충북지방경찰청 과학수사계, 홍희선·신강일, 분석자료 참조 작성.

자에게 있어서는 범행 초기 단계에서 미수에 그쳤거나 실패한 경험을 의미할 수 있는데, 서울 서남부 사건 정남규의 경우 노상에서 성기 노출, 대중교통 내 성추행 범죄로 시작하여 직접 피해자를 공격하는 성범죄로 발전하게 되고, 결국 살인에까지 이르게 된 것을 예로 들 수 있다. 포괄적인 의미에서 이러한 범죄의 발전 과정은 범죄자 개인에게 있어서 연쇄살인을 자행하기까지의 전조 범죄 개념으로 볼 수 있다. 때문에 대부분의 수사관들이 동일범죄 경력 조회를 통해 용의자를 압축하게 되며, 살인 사건이 발생할 경우 범죄분석요원들은 범죄자의 범죄수법을 통해 유사한 형태의 범죄가 지역 내에서 이미 발생하였는지, 또는 그러한 시도(미수에 그친)가 있었는지에 대한 자료수집 분석을 통해 범죄자의 정보를 얻어내어 용의자를 추정해 나갈 수 있는 것이다.

살인 사건이 발생하면 수사관들은 가장 먼저 범행동기를 찾기 위해 피해자의 주변 수사를 진행하게 된다. 그러나, 가족 간의 범죄나 가해자, 피해자가 매우 가까운 관계를 유지하고 있던 경우는 외부로 드러나지 않은, 그리고 오랫동안 지속되어 온 당사자들 간의 문제들을 상당 부분 밝혀내기 어려운 한계가 있다.

사례에서 나타난 것과 같이 촉발요인과 본질적인 동기를 구분하고 찾아내는 것이 사건을 이해하는 데 가장 필요한 요소가 될 것이다.

사례는 지속적인 남편에 의한 무시와 성폭력 등을 겪어오던 범죄자(妻)가 극단의 결정으로 살인을 저지르고 난 후 범죄현장을 위장하고 알리바이를 만들었으나 현장에 임장한 과학수사요원 현장 상황과 최초 목격자이면서 신고자인 처의 진술이 일치하지 않은 점을 발견하여 범인을 검거하고 해결된 사건이다.

1. 사건의 발견

2010. 9. 21. 7:00경, 충북 ○○군 ○○읍 소재 피해자 최○○ (50)의 거주지 거실에서 딸과 함께 친정집에 다녀온 피해자의 처 전○○ (54)가 남편이 머리부위에 상처를 입고 사망한 것을 발견하였다.

피해자의 거주지 마당에서 발견된 범행도구

2. 현장 상황과 처의 진술을 통한 사건의 분석

1) 현장 상황

사건이 발생한 가옥은 전형적인 농가(農家) 형태로 출입문 손괴 등의 침입 흔적이 없었으며, 피해자의 시신은 이불에 덮혀 있었다. 족 적 또는 범행 후 생길 수 있는 혈흔 족적 등이 발견되지 않았다. 현장 감식 중 마당에서 범행에 사용된 것으로 보이는 망치가 발견되었다(당 일 비가 많이 내려 망치에서 눈에 보이는 혈흔은 발견되지 않았으나 감식 결과 범행도구로 밝혀짐).

피해자 처의 진술에 의하면, 전일 피해자는 집에서 같이 일하 는 사람들과 돼지를 잡아 해체하여 고기를 나누었으며 17:00경 같이 있던 사람들과 술을 마시고 저녁식사 생각이 별로 없다고 하며 거실에 이불을 깔고 누웠으며, 자신은 고기를 조금 준비하여 택시를 불러 21:30경 전후하여 친정집으로 갔다고 진술하고 있다.

피해자는 처가 집을 나간 21:30분 이후부터 익일 7:00 사이에 잠을 자고 있던 중 살해됐다.

2) 초기 분석

(1) 현장

① 범행 장소가 전형적인 농가 주택으로 강, 절도 범죄의 대상이 되기 어려운 점

② 저항의 흔적이 없이 자고 있던 모습의 피해자가 망치에 의해 머리를 공격당하고 살해된 점

③ 범행전후 족적 등 침입과 도주의 이동 흔적이 나타나지 않는 점

④ 피해자의 거주지에서 전일 돼지를 잡는데 사용한 망치가 범행의 도구로 사용되고 마당에 버려진 채 발견된 점

(2) 발생 당시 상황

피해자의 처가 당일 친정집에 간 것은 일정하지 않은 계획, 즉 불특정한 사유로 고기를 가지고 친정집에 가게 된 상황이므로, 범행도구를 준비하지 않고 가족들이 함께 있을 가능성이 높은 가정집에 침입하여 자고 있던 피해자를 살해한 점으로 보아 면식범에 의한 범죄 상황으로 초기 범죄 유형을 판단했다.

(3) 수사내용

면식범의 범행으로 추정한 수사팀이 처의 이동 상황 등을 파악한 후 진술 내용과 상이한 부분에 대해 집중 추궁하자 처는 갑자기 실신

하여 병원 응급실로 후송하였다.

사건 발생 직후 집을 나가 친정으로 갈 때의 복장과 익일 귀가하여 피해자를 발견할 당시 착용한 복장이 다른 것을 확인하고 친정집 세탁기 내에서 범행 당시 입고 있던 혈흔이 묻어있는 의류를 확보하였다.

(4) 범죄자 분석과 프로필

가족 범죄에 있어서 유사하게 나타나는 현상 중의 하나는 자신이 범죄 현장을 혼자 발견하여 신고하지 않고 다른 가족 또는 주변 사람들과 함께 집으로 귀가하여 자연스럽게 함께 발견하는 경우가 많다. 본 건 역시 범인은 범행 후 자고 있던 아이를 안고 나와 택시를 불러 친정으로 갔고, 친정어머니와 여동생과 함께 술을 마셨으며, 아침에 동생을 데리러 온 제부(弟夫)의 차를 타고 함께 집으로 귀가하여 발견되게 하였다.

범인의 진술에 의하면 피해자는 지속적으로 자신을 무시하고 폭력을 행사하였는데, 술을 마시고 오면 성적 수치심을 갖는 온갖 모욕적인 언동과 비정상적인 성 행동으로 자신을 괴롭혀 왔다고 했다.

이때마다 자신은 심한 굴욕감을 느끼게 되었고, 울거나 이 순간만을 지나가기를 바라는 마음으로 매우 수동적으로 고통을 감내하였다고 한다. 이 부분은 전형적인 가정 폭력 피해자들이 갖는 심리적 방어기제와 같다. 즉, **학대받는 여성 증후군**(Battered Women Syndrome)[9] 가능성을 시사하고 있다.

---

[9] 학대받는 여성 증후군(BWS): 가정 내 상습적인 구타로 인하여 여성이 우울, 불안, 수면장애 등의 증상을 보이고 장기적으로 무력감을 갖게 되는 증상으로 남편의 학대에 시달리는 여성이 남편의 사소한 구타나 언어폭력으로 긴장이 조성 → 남편의 구타 → 구타 중지와 화해라는 악순환을 반복함으로써 상황에서 벗어나지 못하고 무기력증을 학습하게 되는 현상(Lenore E. Walker)이다.

❷ 학대받는 여성의 심리적 변화 단계와 사건 비교 분석

	단계	주요 내용	본 사건 범인의 진술
1	긴장수립 (tension-building phase)	사소한 구타나 언어폭력을 행사하면서 긴장 조성	• 남편의 모욕적인 언어 폭력 • 신체적인 폭력 사용
2	격심한 구타 (acute battering incident)	남편의 육체적, 정신적, 성적 학대	• 성적 학대 • 동의 없이 변태적 성관계 강요
3	조용하고 애정이 있는 휴지 (calm loving respite)	다시는 때리지 않겠다는 단호한 약속, 남편의 행동이 향후 개선될 것이라는 믿음이 강화되어 구타하는 남성과 감성적으로 묶이는 단계	• 폭력을 행사한 후 피해자에게 "내가 고칠 게 있으면 고치겠다. 말을 해 달라." • 음주를 하지 않았을 때는 성관계 거부에 대해 언어적으로 거절 시도함

- 세 국면의 단계가 계속 순환, 반복되고 폭행과 학대가 빈번해지고 악화됨.
- 이러한 현상이 장기간 반복됨으로써 피해 여성은 '학습된 무기력'이 형성됨.
- 자신을 구타하는 남성의 힘을 믿게 되고 가해자에게 대항하는 어떠한 시도도 희망이 없다고 느끼게 됨.
- 상황이 지속되는 경우 학대받는 여성은 자신이 처해있는 상황을 벗어나려고 시도하지 않고 바로 반격행위(살해)로 나아가게 되기도 함

평소 남편에게 수동공격적인 태도(무관심한 척 하기, 피하기, 말대꾸 안하기 등)를 가지고 있었으며, 화를 직접적으로 표출하지 않은 것으로 보인다. 이러한 과정이 반복되자 어느 순간부터 피해자를 살해하고 싶은 충동을 갖게 되었지만, 구체적인 방법과 계획을 수립하지는 않았다고 한다.

(5) 촉발요인과 범행동기

부부관계가 점차 악화되면서 3개월 정도 기본적인 말 외에는 하지 않고 지내기도 하였으며, 정서적 유대감이 악화되자 성적 유대감도 반복적

으로 악화되어 왔다. 범행 당일 집에서 돼지를 잡아 지인들과 함께 술을 마신 뒤 피의자에게 성관계를 요구하였으나 거절하자 심한 모욕적인 말을 듣게 되어 모멸과 멸시로 분노감을 느끼고 돼지를 잡은 후 수돗가에 놓아두었던 망치를 들고 들어와 살해하였다.

결국, 지속적인 언어/행동적 무시를 통해 정서적인 유대감이 악화되고 비정상적인 성폭력 등의 장기적 성적 학대가 사건의 원인으로 분석된다.

(6) 범죄자 면담 시 행동특성

작은 키에 보통 체격으로 손을 만지작 거리며 면담 내내 눈물을 흘렸으며, "이런 얘기는 처음이지만~", "이런 얘기를 누가 이해할 수 있겠습니까마는"이라는 단서로 대화를 진행한다. 부부 간의 성관계 부분에 대해 이야기 할 때, 화를 이기지 못하고 오열을 하는 등 감정을 주체하지 못할 정도로 흐느꼈으며, 혹시 보여줄 수 있는 증거가 있느냐는 질문에 여성 범죄분석요원에게 바지를 벗어서(잘린 음모) 확인시켜주는 등 적극적으로 행동하기도 하였다.

(7) 성장/생활환경(profile)

3세 때, 친모가 이혼 후 자신을 데리고 계부(슬하에 딸 하나)와 재혼하였다고 한다.

오히려 친모가 눈치를 많이 주어 가정 일을 도맡아 하며 눈치를 보는 등 피해 의식이 많이 형성되어 있다.

계부는 강직하고 권위적이며 가부장적인 성향으로 어머니를 구타하는 광경을 자주 목격했으며, 그럴 때마다 친모는 자신에게 감정적으로 폭력을 행사하였다고 진술하고 있다.

초등학교 4학년 중퇴로 생활 형편이 어려워 어려서부터 주로 밭농사

일과 식모살이를 하며 자랐으며, 20세에 서울에 있는 공장에서 일을 하다가 첫 번째 남편을 만나 결혼하여 2남매를 키우다가 남편의 외도로 이혼한 후 주변인의 소개로 한살 연하인 피해자를 만나 재혼하였다.

자신은 엄마와 같은 인생(이혼, 재혼, 남편의 폭력, 가난)을 되풀이하고 싶지 않았다고 반복 진술한다. 어린 시절의 환경을 아주 부정적이며 고달픈 환경이었다고 지각하고 있으며, 가족관, 남성관, 성적인 부분에 있어 부정적이며 냉소적인 태도를 나타내고 있다.

범행당일 범인의 입장에서는 지속적인 인격적 모욕과 무시, 성과 관련된 폭력과 폭언 등으로 남편의 성기를 잘라 버리고 싶은 충동을 느낀 적이 있다는 진술 내용과 같이 수없이 많은 시간을 혼자 다양한 방법으로 마음속 복수의 상상을 하며 견디어 온 것으로 보인다.

범죄분석요원들이 범죄자의 입장에서 사건을 바라보는 이유는 사건의 본질적인 동기를 파악함으로써 향후 유사사건이 발생할 경우 효과적인 증거물의 수집과 더불어 부인(否認)하는 범인의 자백 등을 전략적 신문에 활용하기 위함이다.

: 노인 살인사건(살해 후 시체 훼손)
: 범죄현장에 나타나는 범죄자의 계획성에 대한 고찰을 위주로

범죄 수사에 있어서 수사관들이 갖는 사건에 대한 판단, 용의자에 대한 확신, 과학적 근거 등은 해당 사건의 해결과 직결되는 부분이다. 심리학적, 사회학적 분석이 사건에 '확신'을 갖게 하는 것에 도움을 줄 수 있는 이유 중의 하나는 인과관계(Causality)의 검증가능성이 존재하는 '과학'의 요소를 갖고 있기 때문이다. 이를 위해 범죄분석요원들은 사건해결 후 범죄자와의 면담을 통해 자료를 수집하고 있다. 인간은 스스로 예측 가능한 결과가 존재하기 때문에 원인이 되는 행동을 하게 되는 것인데, 이를 외형적 행동만으로 일반화 시킬 수 없기 때문에 그 행동에 대한 본질적인 이해를 통해 오차범위를 줄이는 방법론적인 접근인 것이다.

인간의 행동은 판단의 연속이고, 그러한 판단은 결국 확률과 깊은 연관성을 가지고 있다. 이용가능성 휴리스틱(Availability Heuristic)에 활용되는 이미지화 용이성은 매우 다양한 심리적 판단에 영향을 준다. 쉽게 담배를 끊지 못하는 이유 중의 하나가 담배로 인한 신체적 질병이 발생할 기간이 사람에 따라 차이가 있겠으나 대부분 오랜 시간이 지난 후에 나타나기 때문에 담배를 피우는 해로움에 대한 결과의 이미지가 쉽게 떠오르지 않게 되고, 현재 담배를 피우는 만족감만을 추구하기 때문인 것이다.

많은 경우 범죄자들은 범죄 행동에 대해 어떠한 결과가 나타날 것임을 머릿속으로는 충분히 예견하면서도 자신은 검거되지 않을 것이라는 확신 속에서 범행을 계획하고 실행한다.

이러한 '범행계획'은 현장에 일반적이지 않은 '이상행동'으로 보여질 수 있으며, 특별한 범행동기를 갖고 있다는 수사관의 편견을 유발하기도 한다.

1. 사건의 발생

2009. 4. 20. 6:50경 서울 ○○구 ○○동 소재 피해자 공○○(여, 78)의 거주지에서 피해자가 며칠째 전화연락이 안되는 것이 걱정되어 찾아온 딸에 의해 약 37개소의 자창을 입은 채 사망해 있는 것이 발견된다. 피해자는 이불이 덮힌 채 그 위로 밀가루, 설탕 등이 뿌려져 발견되었다.

현장사진

2. 현장상황 검토와 주요 행동특성에 대한 분석

저소득층 주택 밀집지역에 소재한 반지하 주택이며, 약 10여평 정도로 작은 방 2개, 안방으로 구성되어 있다.

발견 당시 출입문은 완전히 시정되지 않고 반만 시정되어 걸쳐 있는 상태였다.

피해자는 안방 가운데 상하의 내복을 입고 엎드려 사망한 채 발견, 피해자 몸 위로 밀가루, 설탕 등이 뿌려져 있는 상태로 발견되었으며 뿌려진 밀가루 등의 봉지는 싱크대 하부 장에 다시 넣어져 있었다.

목 앞 부위 베인 상처 1개소, 전신 앞쪽으로 가슴부위 등 찔린 상처 9개소 등 총 37개소의 찔리고 베인 상처가 있었다.

3. 현장에 나타난 주요 행동에 대한 분석

1) 피해자의 반항 또는 예상되는 저항에 따른 제압 이상의 과도한 공격

궁극적 범행동기 이외 범인과 피해자의 감정적 상호작용 측면: 피해자는 공격 당시 잠이 들었거나 직전의 상태로 보이고, 범인의 공격에도 심한 저항의 형태가 나타나지 않았다. 저항이 분명히 존재한다는 것은 피해자가 의식이 있는 상태에서 범인과 얼굴을 마주친 것을 의미한다. 이러한 상황에서 범인은 매우 당황하였거나 또는 피해자가 가진 고유의 특성(노인이라는 점 또는 면식관계에 의한 평소 부정적인 감정이 존재하거나, 범행 당시 범인에 대한 모멸적 언행 등)에 따른 '감정적' 표현으로 해석된다. 즉, 노인에 대한 막연한 분노감이 형성되어 있다거나 면식관계로써 자신에 대한 부정적 관념을 가지고 있어서 평소 불편한 관계였다거나, 갑자기 자신에게 모멸감을 주는 언행을 하였다거나 하는 다양한 이유로 형성될 수 있는 범죄자 개인의 감정을 의미한다.

2) 살해 전 적극적 금품 물색흔적이 없고, 살해 후 피해자 가방을 만진 흔적이 나타남

침입 목적(동기)적 측면: 강도, 강간 등의 범행동기로 침입하여 살인까지 이어진 경우에 있어서 범행 현장에는 대부분 우선시 되는 행동이 일관되게 나타나지 않고 혼합되어 있는 경우가 많다. 최초 침입의 목적이 무엇인지 분석하는 데 어려움을 겪게 되는 이유이다. 본건의 경우에는 살해 후 범인의 '특별한 이유'에 의해 피해자의 신체에 밀가루 등이 뿌려졌으며, 그러한 행동 이후 마지막 단계에서 가방을 뒤진 흔적이 있다는 것은 '살인 → 제3의 행동(밀가루 뿌림) → 금품물색'이라는 스크립트(Script)가 형성되고 결국 금품 강취의 목적이 포함되어 있다는 것을 강하게 시사하고 있다.

3) 피해자의 시체 위에 다량의 밀가루와 설탕이 뿌려져 있고, 감식의 가치가 있는 족흔적 발견되지 않음

침입과 도주 시의 계획성: 범죄현장에서 가치 있는 족흔적이 나타나지 않는 경우는 다양하다. 본건에 있어서는 거실을 지나 피해자가 있는 방으로 침입, 씽크대로 왕복이동하는 등 예측 되는 이동 동선이 다소 많음에도 족흔적이 나타나지 않는 것은 증거인멸의 시도를 나타내고 있다고 볼 수 있다.

4) 피해자의 시체 위에 뿌려진 밀가루와 설탕 등은 동 장소 싱크대 아래 보관함에 다시 정리되어 놓여 있음

범인의 성격적 특성을 반영하는 부분: 이상 심리학에서 정의되는 강박적 성향의 심리적 기제는 '불안'이다. 이러한 성향의 대표적인 외형적 특성은 정리정돈에 익숙해 있고, 자신이 설정한 어떠한 기준에서 벗어나면 심한 불편감을 느끼게 된다. 본건과 같이 살인범죄를 저지른 후 현장에서 밀가루를 살포하고 그 봉투는 원래 있던 제자리에 다시 놓아두고 간 매우 짧은 행동이지만 범인의 성격(또는 성향)을 어느 정도 나타내고 있다.

종합하여 정리하면, 범인은 피해자와 직·간접적 감정의 상호작용이 어느 정도 개입되어 있는 것으로 판단됨에 따라 면식범 수사에 우선순위가 있고, 금품 강취의 목적이 동반되어 있다.

　범인은 침입과 도주에 구체적인 계획이 수립되었으며, 일상생활에서 '불안'이 심리적 기제로 작용할 정도의 '문제'를 가지고 있을 가능성이 높게 나타나고 있다.

4. 용의자

　수사를 전개하는 과정에서 가장 가까운 이웃으로, 피해가옥과 붙어있는 옆집에 거주하는 사람들을 상대로 사건에 대해 탐문하던 중 불일치되는 진술의 모순점을 발견하게 된다. 당시 옆집에는 건축노동일을 하는 아버지와 무직인 (용의자) 큰아들 한○○(22세), 업소 종업원으로 일하는 동생 한○○(21세)이 거주하고 있었는데, 사건이 발생한 것으로 추정되는 시간대에 (용의자) 한○○의 진술이 일부 일치하지 않는 것을 발견하게 된다. 현장에 임장한 과학수사팀의 감식결과 용의자의 집 출입구 부근에서 범행 현장에 뿌려진 밀가루의 성분이 발견됨으로써 중점적인 용의자 수사가 전개된다.

5. 검거(자백)

　최초 용의자는 수사팀의 당일 행적에 불일치하는 부분에 대해 집중 추궁 받는 과정에서 본인이 의심받는 행동에 대한 변명을 하고자 하였으나 오히려 자신이 범인임을 시사하는 비합리적인 진술을 하게 된다.

　'당일 밤에 pc방에 가기 위해 집을 나서던 중 평소 문이 잠겨있던 피해자의 집 문이 조금 열려 있어 이상하게 생각하고 안으로 들어가 보니 어두운 방 안에서 피해자가 이미 피를 흘리고 밀가루 같은 분말이 뿌려진 채 사망해 있었고, 너무 무서웠으며 자신이 의심받는 것이 두려워 그냥 되돌아 나와 pc방으로 갔다'는 것이다.

이러한 용의자의 진술은 용의점을 포착한 수사팀에게 오히려 용의자가 범인임을 확신시켜줄 수 있는 진술이 되었으나, 특별한 증거가 발견되지 않고 있던 상황에서 직접 자백을 통한 증거물의 확보가 필요한 상황이 전개된다.

이 과정이 진행되는 동안 과학수사팀에서 확보한 각종 증거물들에 대한 감정이 신속하게 병행되고 경찰청 및 지방청 범죄분석요원들이 투입되어 용의자에 대한 사건과의 연관성을 분석하고 면담을 실시하는 등 조직적인 수사시스템이 가동되었다.

용의자의 집에서 찾아낸 장갑에서 피해자의 혈흔과 DNA를 확보하여 범인임을 특정하게 된다.

6. 범인이 진술하는 범죄현장 행동의 의미

살인 범행 후 피해자의 신체 위에 밀가루, 소방액 등을 뿌려 놓았던 사례들이 전혀 없었던 것은 아니다. 가장 큰 이유는 증거를 인멸하기 위해 한 것으로 분석하고 있으며, 다른 이유를 굳이 찾아낼 필요가 없는 사항이기도 하다. 그러나, 향후 더욱 정교한 프로파일링을 위한 행동분석적 측면에서는 개인이 갖는 의미에 대해 분석적 관점을 가지고 접근할 필요가 있다.

1) 범죄행동에 대한 진술 내용 요약

피의자는 평소 가깝게 지내는 편은 아니지만 피해자가 이불 세탁물을 힘들게 널고 있으면 도와주거나 간혹 음식을 나누어 먹기도 하는 등 비교적 우호적 관계를 가지고 생활하였다. 범행이 일어나기 며칠 전부터 예전과 달리 인사하면 피해자가 잘 받아주지 않자 자신이 무시 당하고 있다는 느낌을 받아 기분이 상해 있던 중 범행당일 범죄관련 드라마를 보면서 등장인물이 무시당하는 것을 보고 갑자기 피해자를 때려야겠다고 결심하고 찾아가 폭력을 행사하고 피해자가 알아볼 것 같아서 살해하였다고 한다

이러한 진술은 피의자 분석에서 나오는 다음 내용과 같이 자신의 현재 상황과 피해자와의 감정적 교류를 상당 부분 동일시하고 있었던 것으로 보인다.

2) 범행 계획(진술)

피해자 집의 출입문 시정장치는 매우 허술하게 시정되어 있기 때문에 핀셋조각을 사용하여 피해자가 귀가한 후 잠을 자고 있다고 생각되는 시간에 침입을 계획하였다.

집 안에 있던 가죽장갑 및 흰색 모자를 착용하고 핀셋조각을 이용하여 현관문을 열고 침입하였다.

(1) 공격과 시체 훼손

피해자 집 주방 서랍에서 식칼을 꺼내어 안방으로 들어가는 순간, 피해자가 깨어 일어나자 등 부위를 찌르고 옆구리 등 총 37회 가량 가격하였다. 피해자가 의식을 잃자 싱크대에서 밀가루, 설탕 등을 꺼내어 피해자 위에 뿌리고, 빈 봉지는 다시 싱크대에 넣어둔 후 시체 옆에 있는 검정색 손가방을 흔들어서 동전 700원을 꺼내어 도주하였다.

(2) 증거인멸과 도주

도주과정에서 피의자는 침입한 순서의 반대로 뒷걸음으로 이동하면서 자신의 발자국을 지우면서 나왔고, 싱크대에서 칼을 씻고 다시 핀셋조각으로 현관문 돌려놓아 잠겨진 것처럼 위장하고 자신의 거주지로 도주하였다.

피해자 살해 후 시체 위에 밀가루를 뿌려 놓으면 피가 빨리 흡수되고 냄새가 나지 않을 것이라고 생각하였다고 진술하고 있다.

7. 피의자 심리상태를 통한 범죄행동 분석

피의자는 5살 때까지 가족과 함께 생활하다가 생모가 가출하게 되면서 가족들이 흩어지기 시작했고, 결국 7살 때 가족들이 뿔뿔이 흩어져 아버지는 남동생을 데리고 재혼하였으며 피의자는 조부모에게 맡겨져 성장하게 되었다. 이 과정에서 피의자는 특히 조모에게 깊은 애착관계를 형성하였는데, 중학교 3학년 때 조모의 사망으로 애착대상을 잃으면서 고등학교 때는 거의 집에 들어가지 않았고 친구들과 어울리며 폭행과 절도 등의 범죄에 빠져들게 된다. 군 전역 후 뚜렷한 직업 없이 월 2~3회 가량 아버지를 따라 설비현장에서 노동을 하며 지내며, 사건 당시 주로 낮에는 집에서 잠을 자거나 TV 등을 시청하며 밤에는 PC방에서 7~8시간 게임을 하는 등 사회와 고립된 생활을 지속하게 된다.

전반적으로 해체된 가족과 부모에 대한 원망이 깊게 자리 잡고 있었으며, 이러한 상황들이 반사회적 성향을 더 극대화하게 된 요소로 작용한 것으로 보인다.

피의자에게 부모는 적절한 사회적 모델로서의 역할을 제대로 수행하지 못함으로써 애착과 신뢰의 대상이 아닌 증오와 원망의 존재이며, 이러한 애정과 안정의 욕구를 조모를 통해 얻으려 했으나 갑작스런 사망을 겪으면서 이 또한 언제 잃을지 모른다는 두려움이 피의자를 불안하게 만들었으며, 쉽게 좌절하는 성향과 공격성이 타인을 향한 행동으로 표출되고 불안은 더욱더 심화된 것으로 판단된다.

1) 심리상태[10]

피의자는 불안, 긴장, 반추적 염려, 충동성, 잠재적인 행동화적 경향 등을 동시에 가지고 있기에, 겉으로 보기에는 상반되는 성격적 요소가 번갈아 나타날 수 있다. 즉, 충동적으로 행동한 뒤, 그러한 행동의 결과에 대해 걱정하고 죄책감을 갖기 쉽다. 자제력이 없어서 행동을 통제할 수 있는 능력이 없다고 생각하며 이러한 자신의 행동을 외적인 스트레스에 대한 반응이라고 치부해버리는 경향이 있다. 이러한 충동적 행동패턴이 반복되기 때문에 주변인들은 이들을 적대적으로 보며 신뢰할 수 없다고 평가할 뿐만 아니라, 자신의 행동에 대한 관심의 표현이나 행동을 변화시키려는 의도를 표현해도 그 진실성을 의심하게 된다.

또한, 피의자는 특징적으로 면담자의 질문 내용에 대해 시점 및 인칭 등을 재차 확인한 후 대답하는 행동을 보였다. 실수하면 안 된다는 강박개념을 상쇄하기 위한 강박적 행동의 습관에서 비롯된 것으로 해석된다.

사건 해결 후 프로파일러와의 면담에서 나타난 심리적 특성은 사건 초기 범인의 행동을 통해 분석한 사항과 일치되는 내용이 많이

---

[10] 당시 서울지방청 과학수사계 범죄행동 분석팀 보고서 참조.

나타나고 있다.

: 강화 해병대원 살인, 총기피탈 사건[11]
: 범죄자의 의도적 상호작용(Communication) 시도에 대한 분석을 위주로

영국의 범죄심리학자인 Canter는 "범인의 행동을 심리적으로 분석하고 비교하는 것은 행동 양식을 비교하는 것이지, '셜록홈즈'처럼 하나의 단서에서 어떤 사실만을 추론하는 것이 아니다. 행동과학적 분석을 통해 범인을 추정한다는 것은 그 범죄자가 가지고 있는 여러 특징들의 전체적인 모습에 초점을 맞추는 것을 의미한다."고 하였다(Brian Innes, 2003, p. 166).

즉, 범죄 현장에 나타난 특정한 어떤 물건[12]의 속성을 통해 개인의 직관을 활용하여 추론하기보다는 체계적이고 과학적인 범죄자의 '행동양식'에 대한 분석이 필요하다는 것을 의미한다고 할 수 있다(윤외출, 2007, "범죄관련 언론보도와 범죄자의 반응에 관한 연구", p. 2).

위 논문 결과를 보면 많은 경우 범죄자들은 범행 후 자신의 범죄 관련 언론보도를 주의 깊게 살피고 범행을 일시적으로 중단하거나, 범행지역 이동, 수법의 변화를 통해 추적을 벗어나고자 하며, 주거지에서 도주하는 등의 행동변화를 나타내는 것으로 연구조사되었다.

---

[11] 인천지방경찰청 이진숙, 프로파일러 보고서 참조 작성.
[12] 심리적, 문화적 요소에 따른 행동특성을 포함하는, 범죄자가 남긴 포괄적 의미의 '물건'을 의미.

외국의 경우에도 유사한 양상을 보이고 있으며, 특히 수사기관이
나 언론에 편지를 보내거나 전화를 걸어 자신의 범행에 대해 자랑하거나
수사기관을 조롱함으로써 자신의 힘(power)을 과시하는 이상심리를 나
타내기도 한다. 일례로, 1974년부터 1986년까지 8명을 연쇄적으로 살
해한 소위 BTK 살인범(Bind, Torture, Kill: '묶고, 고문하고, 살해한다'라는
의미로 범인이 수사기관에 보낸 편지에 스스로 자신을 BTK 살인자라고 지칭
한 것)의 경우에 있어서도 자신은 군대에서 복무한 경력이 있고, 아버지
가 2차 세계대전 때 사망하였다는 등의 신상 정보를 밝혔다. 수사기관
에서는 이 편지를 단서로 DNA를 확보하고 검거하였다.

본 사건은 발생 당시 대선을 앞둔 사회적 상황에서 총기가 탈취되
었기 때문에 특히 언론에 집중 조명을 받았으며, 수사가 전개되는 과정
에서 범인은 자신의 범행에 대한 대대적인 언론보도를 주의 깊게 살펴보
고 범행 당시 자신의 머리에 상처가 난 것에 대해 보도되자 두발 형태를
변형시켜 이를 감추고 다니는 등의 행동을 하였다.

추적을 우려한 범인은 자신이 작성한 편지 한 통을 수사팀에 보내
게 된다. 결국 이 편지로 인해 결정적인 단서를 포착한 수사팀에 검거되
었으나 편지의 내용은 범죄자의 의도대로 일정 부분 수사상 혼선을
겪게 한다.

사건의 분석보다는 편지에 나타난 범인의 심리적인 특성 등에 대
한 분석을 위주로 범죄수사 중 나타나는 범죄자의 소위 '의도된 커뮤
니케이션'에 중점을 두고 분석해보자.

1. 사건의 발생

2007. 12. 6. 17:47경 인천 강화군 ○○면 소재 선착장 해변 도로에

서 불상의 범인이 해안초소 교대 후 이동 중인 해병대원 2명을 코란도 차량으로 충격하고 총기 및 실탄 등을 강취, 도주한 사건이 발생한다.

2. 현장 상황(피해자 이송 후 촬영한 현장)

피해자들이 걸어가던 도로에서 차량으로 공격하여 이○○ 병장이 추락한 장소와 범행 후 도주하면서 방화하여 전소시킨 범행 차량

범행 전 촬영된 용의차량

3. 사건의 내용과 분석

1) 범행계획과 진행과정

범인 조○○은 범행 당시 35세로, 사귀던 여성과 2007년 9월 헤어진 이후 10월경부터 사회적으로 큰 파장을 일으킬 정도의 사건을 저지를 것을 계획한다.

10월 10일 강남 논현동 노상에 주차되어 있던 그랜저 차량을 절취하고, 다음날인 10월 11일, 경기도 이천에 소재한 중고자동차 매매상사에서 코란도 차량을 시승해 보겠다고 속이고 절취하여 범행에 사용하였다.

자신의 억눌려 있던 분노를 표출함과 동시에 사회적 파장 효과를 극대화하고자 무장 군인을 노상에서 접근할 수 있는 장소로서 강화도에 소재한 범행 장소를 선택하고 사전 답사를 하는 등 범행 후 도주, 증거인멸의 구체적 계획 등을 수립하게 된다.

절취한 차량의 번호판을 위변·변조하고 목격이 될 경우 혼선을 주기 위해 차량 뒷 유리에 '대리운전' 스티커를 부착하고 비닐로 범퍼를 가려 놓았으며, 생선회칼 2자루를 구입하는 등 범행 도구를 준비하고 2007. 12. 6 범행을 실행하였다.

2) 범인이 진술하는 범행 목적

범인은 애초에 자신이 무장군인을 공격하면 피해자들이 저항하는 과정에서 그들이 쏜 총에 맞아 죽거나 크게 다쳐 언론에 보도됨으로써 자신과 헤어진 여성이 죄책감을 느끼게 하고자 하였다고 진술하였다.

그러나, 일련의 범행계획 수립 과정에서 나타난 것과 같이 자신의 차량을 이용하지 않고 절취한 차를 위장하여 범행에 사용하고, 회칼을 준비하였으며, 특히 피해자들을 살해 후 총기와 탄약 등을 강취 도주한 것으로 보아 애초에 자신이 군인들에게 사살되기 위해 범행을 계획하였다는 주장은 타당성이 없다.

3) 범행동기와 분석

범인은 "헤어진 여성에게 자신을 배신하고 헤어진 것에 대해 자책감을 주고 평생 기억하게 만들고 싶었으며, 이를 통해 사회에 자각을 주고 위협을 주고 싶었다"고 진술하였다. '자신을 배신하고 헤어진 여성이 죄책감을 갖게 한다'는 내용은 대상자에 대해 매우 수동−공격(Passive−Aggressive)적인 성향을 나타내고 있다. 일반적으로 분노에 대처하는 방식은 크게 몇 가지로 나눌 수 있는데, '공격형'은 분노의 대상을 향해 직접적인 공격과 적극적인 분노를 표현하는 형태인 것에 반해, '수동형'은 분노의 대상에게 적절한 분노표현을 하지 못하고 마음에 담아두고 다른 대상(주로 분노의 대상보다 약한 대상)에게 화풀이를 하는 경우가 있다. 수동−공격형은 소위 보이지 않는 복수를 하는 타입으로 자주 적대감과 공격심을 느끼면서도 감정을 직접적으로 표현하지 못하는 대신 부정적인 방식으로 표현하는 타입이다. 자신의 분노의 대상인 여성의 마음을 아프게 함으로써 복수하고자 하였다는 내용은 충분히 이러한 요소를 가지고 있다고 볼 수 있다.

사건은 범인이 주장하는 것과 달리 성장배경, 양육환경, 대인관계 성향 등에 있어서 누적된 심적 갈등과 애착대상의 부재(不在) 등이 복합적으로 작용한 것으로 보인다. 사귀던 여성과의 이별이라는 자극은 범행을 저지르게 된 동기라기보다는 촉발요인으로 보는 것이 타당할 것이다.

4) 범행과 관련된 분석

(1) 범행 지역과 장소의 선정은 범인에게 어떤 의미가 있는가?

범인은 차량 동호회 회원으로 평소 자주 차를 가지고 혼자 지방을 돌아 다녔으며, 특히 강화에서 개최되는 지역축제 참석 등의 사유로 여러 차례 방문한 적이 있었던 발생지역과 장소는 범인에게 비교적 친숙감이 있는 곳이다. 군인을 대상으로 범행하겠다는 자신의 계획에 매우 적합한 환경적 요소를 가지고 있는 지역이기도 하다. 인적이 드문 길가에 소총과 탄창을 어깨에 메고 걸어 다니는 군인들을 보면서 차량과 칼을 이용하여 갑자기 공격하면 충분히 군인들을 제압, 살해하고 총기와 탄약 등을 강취할 수 있을 것이라고 판단한 것으로 보인다.

(2) 피해자 공격 후 총기 탈취 행동은 왜 연속적으로 일어났는가?

일반적으로 총기라는 것은 효과적으로 다수(多數)를 제압하는 도구로서의 의미가 있다. 주로 방어적 성격으로 총기를 사용하는 미국과는 달리 한국사회에서는 공격적 성격이 강한 것을 의미한다.

특히 범인의 입장에서 '선하고 상처 입은' 연약한 시민(범인 자신)에게 총을 가진 군인은 '악당'의 역할을 충족하기에 적격이며, 실연과 같은 대인관계에 기인한 스트레스 상황에서 총기를 휴대하고 있다는 것만으로도 충분히 사회적으로 위협적인 상황을 전개할 수 있고, 자신의 무력감에 대한 극복을 경험할 수 있었을 것이다. 심리적 안정감 추구와 자기파괴적 행동을 포함한 강력한 의사전달의 도구로서 총기 탈취라는 범행을 선택한 것으로 보인다. 사회와 불특정 다수에 대한 막연한 불만과 공격성이 총이라고 하는 공격적 대상물에 전이되어 나타난 것으로 판단된다.

(3) 강취한 총기와 탄약 등을 사용하지 않고 유기한 이유는 무엇인가?

피해자가 사망하고 대대적인 언론보도와 경찰, 군수사기관이 합동으로 수사본부가 설치된 상황에서 총기를 가지고 있는 것 자체가 심리적인 부담으로 작용했을 것이다. 그리고 대선을 앞둔 시점에서 총기로 인한 2차 범행에 대해서 우려의 내용들이 보도되자 오직 총기만 버리면 자신에 대한 추적이 다소 완화될 것으로 생각하였을 것이다. 자신이 더 이상의 범행을 저지르지 않을 것이라는 점을 공식적으로 보여줌으로써 사회적 안심을 이끌어내어 총기피탈 사건의 사회적 관심을 축소하고자 한 것으로 판단된다.

(4) 범행 전후과정에 있어서 공범이 존재할 가능성은 없는가?

일반적으로 공범이 있는 범행의 경우, 범행을 통해 획득되는 이득에 대한 범인들 간의 공통된 목적 혹은 매력을 느껴야 하는 것이 전제가 되어야 하나, 본건 범행은 범인의 개인적인 원인에 의해 발생된 것으로 공범존재 가능성은 희박한 것으로 판단된다. 다만, 도주과정에서 타인의 조력 없이 단독으로 이동하기에는 무리가 있었던 점이나 진술에서 나타난 바와 같이 조력자는 존재하고 있다.

(5) 언론 보도와 범죄자의 행동은 어떤 관계를 가지고 있나?

범행 전후 톨게이트, 기타 CCTV에 촬영된 사진 및 몽타주, DNA와 혈액형이 보도되자 "내 주위 사람들은 '나'라고 생각했을 것 같다"라며 **심리적 압박감을 느낀 것이 총기를 버리고 편지를 쓰게 된 결정적 계기로 작용한다.**

범행에 대한 스트레스와 범행 중 다친 자신의 머리 봉합행위 등 정신적·신체적 피로감과 스트레스가 높은 상황임에도 범행 후 거주지로 돌아와 뉴스를 시청하는 등 범행과 관련된 언론보도에 적극적인 관심을 가지게 된다.

특히, 총기 유기 후 언론보도(2007.12.12. 3:00경 뉴스 시청)를 통해 수사진행사항을 주의 깊게 살펴보며 의도적으로 수사에 혼선을 빚기 위해 총기 유기장소 외 용의자 혈액형 등 수사의 결정적 단서에 대해 거짓된 정보를 기록한 편지를 제공하게 된다.

당시 언론에서는 편지 내용에 따라 "월세 8개월 밀려(범행동기)… 실직 상태 돈 구하려 범행했을 수도", "세상을 놀라게 하려고 범행했다(자기 과시 및 영웅심리 등을 충족)", "전투게임과 현실 혼동?", "누군가의 사주를 받아 범행", "피의자는 총기수집광" 등 범행동기에 대한 추측성 보도를 하였는데, 실제 이 사항이 범인에게 어떤 영향을 주었는지는 사실 더욱 세밀한 분석이 진행되어야 할 과제로 남아있다.

4. 범인이 보낸 편지에 대한 분석(편지 내용 발췌-범인의 의도적 오탈자를 원문 그대로 기재하고 분석)

'저는 이번 총기사건의 주범입니다. 먼저 저의 잘못으로 희생된 일병의 죽음에 큰 사죄를 드립니다. 그의 가족과 동료들에게 너무나 큰 고통과 슬픔을 드렸습니다. 이에 책임을 지고 자수를 하고자 결심을 하였습니다.

먼저 총기는 고속도로 백양사 휴게소 지나자마자 옆 강에 버렸습니다. 주변을 수색하면 찾을 것입니다.

… 중간 생략 …

또한 민간인으로부터 모자 혈액등을 구입 범행현장에 방치 수사망을 돌림 이로 인해 선량한 시민에게 피해를 준 점 사과드립니다.'

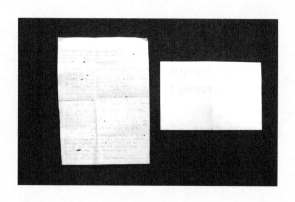

표기에서 나타난 특징	어휘에서 나타난 특징
1. 글자 획 마디마디가 끊어진 글씨체, 'ㅇ' → ' . '로 표시, 오탈자 – 자신의 글씨체를 감추려는 의도 – 편지봉투와 편지 중간중간 'ㅇ'이 표기됨으로써 ' . ' 표기의 위장 2. 편지봉투: "경찰서 보내주세요 총기탈치범입니다" – 수신처와 발신인의 표현이 간략하며 절제되어 있고, 의도적 오자(誤字)(탈취–탈치)	1. 자신에 대한 표현 – 주로 '저/제'로 표현되며, '주범' 1회 사용 자신을 1인칭 대명사로 지칭 – '주범'이라는 표현으로 공범가능성 제시하나 편지 전반에서 공범 흔적 나타나지 않음 2. 틀린 맞춤법 – 맞춤법이 틀렸으나 '비공개원칙', '민간치안', '매스컴 추측기사의 심화', '삼권분립' 등의 어휘력 사용 등 맞춤법과 문자를 의도적으로 틀리게 작성

※ 편지에 나타난 의도
 – 범인만이 알 수 있는 부분을 추가해 편지에 대한 신뢰성을 획득함으로써 자신의 의사전달이 제대로 이루어질 수 있도록 함
 – 범행 차량의 출처·용의자 DNA 등 중요 증거에 대한 거짓 진술을 함으로써 수사의 혼선 야기 의도함
 – 총기발견과 자수 가능성을 제시함으로써 수사 축소 효과

5 · 18민주항쟁, 대나무 총 등을 언급하고 있고, 총기 역시 장성 백양사 부근에 버리는 등 전라도권으로 수사방향을 돌리려 하며 **신분 위장**에 세심한 주의를 기울였다.

군인과의 대치 상황 중 이병장의 갯벌 추락 사실, 차량 방화 방법 및 장소, 범행도구(부엌칼) 등 언론에서 보도되지 않은 내용을 언급함으로써 편지의 신뢰성을 높였으나, 현장의 DNA나 혈액이 범행과 무관한 제3자의 DNA 가능성을 제시한 점 등 자수 목적이라기보다 **수사에 혼선**을 주어 도주 및 앞으로 일어날 일에 대한 **대비시간을 충분히 확보**하고자 한 의도로 평가된다.

실제 범행 목적에 대해서는 전혀 언급하지 않고, 군 수사에 대한 거부, 비공개 수사에 대한 요구를 하는 등 **'검거' 상황에 대비해 협상의 의도**가 있었다.

심리적인 **불안감 해소**와 동시에 군에 대한 부정적 내용을 강조하면서 **자기 행위**의 당위성을 이해받고자 하는 시도로 판단된다.

5. 범죄자 분석(profiling)

피의자는 우울 및 불행감이 만성화되어 있으며, 자기 손상감 및 자괴감 등 심리적 스트레스가 심한 상태이다. 정서적 경험이 미발달되어 있어 이러한 감정을 제대로 인식하거나 표현하지 못할뿐더러 감정을 적절히 조절하지 못하고 압도되는 경향이 있다.

또한, 자신의 감정이나 생각을 무조건 억압만 하며 적절히 해소하지 못하고 있어, 평상 시에는 무덤덤한 사람 같지만 사소한 자극이라도 자신을 무시한다고 지각될 때에는 상황을 고려하지 않고 매우 충동적으로 폭발하는 성향이다. 특히, 표면적으로 사회정의에 관심을 갖는다고 하나, 실제로는 내적 공격성을 분출할 수 있는 대외명분을 찾는 등 자기정당화하려는 경향이 강하다.

사소한 규범을 지키지 않는 사람들에게 불만감을 표시하는 등 자신만의 영웅적 행위는 내재된 공격성을 자기정당화시키며 표출할 수 있었던 기회인 동시에 자신의 존재가치감을 찾기 위한 행동으로 보인다.

어린 시절 자연스런 감정표현 및 교류가 부재했던 가족에게서 성장하며 오로지 '종손'이라는 신분 외에는 자신의 가치나 존재를 찾기 어려웠던 것 같고, '대통령이 되어 법제정을 통해 변화시키고 싶었다'는 등의 내용에서 표현했듯이 자기존재의 미약함이나 무력감이 심했었던 것으로 보인다. 이런 피의자에게 여자 친구는 애인이라는 의미보다는 자신의 존재를 인정해주는 유일한 사람으로 중요한 존재였으며, 애인과의 결별은 피의자에게 매우 힘든 사건이 되었을 것이다. 성격적으로 내향적, 수동적인 경향이 강하여 스스로 어떤 행동을 통해 문제를 해결하기보다는 누군가가 자신을 자극해주기만을 기다리는 특성이 있어, 이별 후의 힘든 내적 감정 역시 혼자 해결하지 못하고 외부 상황에서 공격성을 표출할 수 있는 계기를 찾았던 것으로 보인다. 이것이 범행으로 연결된 것으로 보이며, 범행과정에서도 자신이 먼저 공격하기보다는 공격할 수 있는 상황을 유발하였던 것으로 보인다. 가족 및 자신의 문제를 개인적으로 해결하지 않고 국민, 국가라는 객관적인 객체에 대하여 심리내적 불만 및 분노감을 투사하며 공격성이나 분노감을 정당화시켰던 것으로 분석된다.

찾아보기

저자 소개

권일용
범죄학 박사(Ph.D. Criminology)
현) ㈜융합사회안전연구교육센터 대표
　　동국대학교 경찰사법대학원
　　광운대학교 범죄학과 겸임교수

주요 경력
- 1989. 8. 5. 경찰입문
- 서울지방경찰청 CSI/경찰청 범죄행동분석팀장
- 경찰청 1호 프로파일링 마스터
- 경찰수사연수원 강력범죄, 프로파일링 담당 교수
- 2017. 4. 30. 명예퇴직(경정)
- 2011. 11. 4. 대한민국 과학수사대상 수상
- 2016. 10. 21. 옥조근정훈장 수훈
- 現 KCSI(사단법인 한국 과학수사학회) 법심리 분과위원장
- 경찰청 수사국, 과학수사 범죄 심리, 프로파일링 자문위원
- 現 감사교육원, 경찰청, 국방부 등 수사관련 부서 신문기법 강의 출강

대표 논문
- 비정상 잔혹범죄자 행동특성과 유형에 관한 연구
- 연쇄살인범의 동기화에 관한 연구

프로파일링 이론과 실제

초판발행	2019년 5월 20일
중판발행	2022년 9월 26일
지은이	권일용
펴낸이	안종만 · 안상준
편 집	배근하
기획/마케팅	이영조
표지디자인	이미연
제 작	고철민 · 조영환
펴낸곳	(주) **박영사**
	서울특별시 금천구 가산디지털2로 53, 210호(가산동, 한라시그마밸리)
	등록 1959. 3. 11. 제300-1959-1호(倫)
전 화	02)733-6771
f a x	02)736-4818
e-mail	pys@pybook.co.kr
homepage	www.pybook.co.kr
ISBN	979-11-303-0629-2 93350

정 가	18,000원